KREATIV WIRTSCHAFT SCHWEIZ

DATEN.MODELLE.SZENE

CHRISTOPH WECKERLE

MANFRED GERIG

MICHAEL SÖNDERMANN

Birkhäuser
Basel · Boston · Berlin

INHALT

	Danksagung	4
1.0	Einleitung	5
2.0	Kreativwirtschaft im internationalen Kontext	9
2.1	Entwicklung des Begriffs Kreativwirtschaft seit 1970	9
2.2	Unterschiedliche Auffassungen von Kreativwirtschaft in der aktuellen Diskussion	10
2.2.1	Supranationale und aussereuropäische Diskussion	10
2.2.2	Europäische Diskussion	17
2.3	Versuch einer Systematisierung	21
2.3.1	Definitorische Zugänge	21
2.3.2	Argumentative Zugänge	23
3.0	Kreativwirtschaft Schweiz	27
3.1	Definitorische Grundlagen	27
3.1.1	Die Vielfalt des Branchenkomplexes: Teilmärkte	28
3.1.2	Die Vielfalt der Akteure: Geschäftsmodelle	30
3.1.3	Kreativberufe, Geschäftsmodelle, Handlungsfelder – eine integrierende Perspektive	33
3.2	Empirischer Überblick	34
3.2.1	Neue statistische Gliederung der einzelnen Teilmärkte	34
3.2.2	Stärken und Schwächen der Statistikbasis	36
3.2.3	Strukturdaten der Kreativwirtschaft Schweiz	38
3.2.4	Die Entwicklung der Kreativwirtschaft Schweiz	40
3.2.5	Die Kreativwirtschaft Schweiz im Branchenüberblick	42
3.2.6	Merkmale und Trends ausgewählter Teilmärkte	45
3.3	Die 13 Teilmärkte in der Detailanalyse	47
3.3.1	Die zentralen Begriffe der Teilmarktanalyse	47
3.3.2	Musikwirtschaft	49
3.3.3	Buchmarkt	56
3.3.4	Kunstmarkt	63
3.3.5	Filmwirtschaft	68
3.3.6	Rundfunkmarkt	72
3.3.7	Markt der darstellenden Kunst	76
3.3.8	Designwirtschaft	80
3.3.9	Architekturmarkt	84
3.3.10	Werbemarkt	88
3.3.11	Software- und Games-Industrie	91
3.3.12	Kunsthandwerk	94
3.3.13	Pressemarkt	96
3.3.14	Der phonotechnische Markt	99

4.0	Schweiz – EU	101
4.1	Die Schweiz im europäischen Vergleich	101
4.2	Die europäische Kreativwirtschaft	105
5.0	Schwerpunkt Kreativszene	109
5.1	Voraussetzungen und Merkmale	109
5.2	Design und Designer als Paradigma der Kreativszene	112
5.2.1	Design	112
5.2.2	Designer	115
5.3	Das Kapital in Berufs- und Handlungsfeldern	118
5.3.1	Der Kapitalbegriff	118
5.3.2	Berufs- und Handlungsfelder	120
5.4	Handlungslogiken und Wertschöpfung	123
5.4.1	Stationen	124
5.4.2	Motive und Optionen: Das Spiralmodell	125
5.4.3	Die Wertschöpfung der Kreativszene	132
6.0	Kreativwirtschaft: Politikfelder, Förderinstanzen und Förderziele	135
6.1	Politikfelder	135
6.2	Förderinstanzen	139
6.3	Förderung der Kreativszene?	141
7.0	Handlungsempfehlungen für eine Förderung der Kreativszene	143
7.1	Entscheidungsbedarf seitens der Förderinstanzen	143
7.2	Operationalisierung des Spiralmodells	143
7.3	Ein Fördermodell für die Kreativszene	147
7.3.1	Finanzierung	148
7.3.2	Infrastruktur	150
7.3.3	Aus- und Weiterbildung	151
7.3.4	Zugang zum Markt	152
7.3.5	Geistiges Eigentum	152
7.4	Anstelle eines Fazits: ein Beispiel in vier Phasen	155
8.0	Anhang	158
8.1	Zu den Interviews und Gruppengesprächen	158
8.2	Bibliografie	160

DANKSAGUNG

Der Dank der Autoren geht an Janine Schiller für ihre wertvollen Hinweise und die umsichtige Durchsicht des Manuskripts, an Gabriela Frei für die Erstellung der online-Bibliografie sowie an Ralf Michel, Geschäftsführer des Swiss Design Networks, für seine Unterstützung.

Dank gebührt auch den Branchen- und Dachverbänden für ihre konstruktive Kritik im Rahmen des Projekts, insbesondere der Swiss Film Producers Association (Willi Egloff), dem Verband Schweizer Galerien (Hans Furer), der Swiss Design Association (Gregor Naef), dem Schweizerischen Buchhändler- und Verlegerverband (Martin Jann, Giancarlo Menk), dem Berufsverband visuelle Kunst (Sonja Kuhn, Roberta Weiss-Mariani), dem Schweizerischen Ingenieur- und Architektenverein (Jean-Claude Chevillat), dem Schweizerischen Bühnenverband (Marco Badilatti), der Schweizerischen Gesellschaft für die Rechte der Urheber musikalischer Werke (Roy Oppenheim) sowie der International Federation of Producers of Phonograms and Videograms Schweiz (Peter Vosseler).

Wir danken den Designerinnen und Designern, welche sich für Einzelinterviews und Gruppengespräche zur Verfügung gestellt haben, Robin Haller für die Koordination und den Dozierenden der Schweizer Kunst- und Designhochschulen für das Fokusgespräch.

Ferner sei der Zürcher Hochschule der Künste als inspirierende und vielseitig unterstützende Heimat der Creative Industries Research Unit gedankt.

1.0

EINLEITUNG

Es mag auf den ersten Blick erstaunen, eine Publikation zum Thema Kreativwirtschaft in den Händen zu halten, auf deren Titelseite weder Begriffe wie «Dynamik» oder «Innovationstreiber» noch «Prekariat» oder «digitale Boheme» zu finden sind.

Die im Untertitel aufgeführten Begriffe «Daten» für empirisch-quantitative Aussagen, «Modelle» für theoriebasiert-qualitative Zugänge und «Szene» für eine vertiefte Auseinandersetzung mit der Kreativszene, einem Teilsegment der Kreativwirtschaft, sind vergleichsweise nüchtern gewählt. Es handelt sich um unterschiedliche Zugangsweisen und differenzierte Blickwinkel, welche hier aufeinandertreffen und in dieser Konstellation neue Perspektiven eröffnen sollen.

Der Zeitpunkt für die Publikation ist bewusst gewählt. In den Augen der Autoren ist es notwendig geworden, neue Ansätze zu entwickeln und neue Zugänge zu versuchen. Denn die Diskussion über Kreativwirtschaft dreht sich mittlerweile nicht nur bei näherer Betrachtung im Kreis und ist ins Stocken geraten.

Entscheidungsträger aller Ebenen haben den Begriff entdeckt: Von der Wirtschafts- und Innovationspolitik über die Bildungspolitik bis hin zur Stadtentwicklung ist Kreativwirtschaft als Erfolgsmodell in aller Munde. Doch die Strategien zur Umsetzung in die Praxis bleiben erstaunlich vage. Immer dringender wird der Wunsch nach Ansätzen formuliert, welche sich im Hinblick auf konkrete Handlungsfelder umsetzen lassen. Es bleibt abzuwarten, ob der spezifische Massnahmenteil dieser Publikation Impulse zu geben vermag.

Die Frage, wie Zugänge zum Branchenkomplex Kreativwirtschaft konstruiert sein müssen, welche die Diskussion einen entscheidenden Schritt weiterbringen, lässt sich aus der Analyse der aktuellen Debatte über die Kreativwirtschaft ableiten.

Generell sind zwei Zugänge auszumachen, welche kaum Gemeinsamkeiten aufweisen und sich oft sogar widersprechen: Einerseits konzentrieren sich Studien zur Kreativwirtschaft auf die empirische Fassung des Branchenkomplexes und schildern eine höchst dynamische Welt, die sich grafisch mit steil nach oben steigenden Kurven abbilden lässt. Implizit befassen sich solche Studien mit der Frage «Was ist Kreativwirtschaft?» und bestätigen tendenziell die Aussensicht von politischen und anderen Entscheidungsträgern. Andererseits wird die Kreativwirtschaft aus soziologischer Perspektive beschrieben. Im Vordergrund stehen dann prekäre Arbeitsverhältnisse, und gefordert werden staatliche Stützmassnahmen wie etwa eine Künstlersozialkasse nach deutschem Vorbild. Diese Art von Studie stellt implizit die Frage «Wer ist die Kreativwirtschaft?» in den Vordergrund und bildet eine Innensicht ab.

Sollte es gelingen – und dies ist eines der erklärten Ziele dieser Publikation –, diese beiden Sichtweisen einander anzunähern, sie aufeinander zu beziehen und füreinander fruchtbar zu machen, so liegt darin eine Chance, die Diskussion über die Kreativwirtschaft voranzubringen.

Ein solcher Zugang wirkt sich auf die Struktur der Publikation aus. Denn die Integration von qualitativen und quantitativen Ansätzen bleibt eine Herausforderung und hat naturgemäss zur Folge, dass beide immer auch nebeneinander stehen.

«Kreativwirtschaft Schweiz» ist entsprechend in vier Teile gegliedert, welche jedoch immer wieder komplementär aufeinander bezogen werden. Ein erster Teil gibt eine Übersicht der internationalen Diskussion über Kreativwirtschaft. Begrifflichkeiten, Argumente und Besonderheiten werden analysiert und für die Diskussion in der Schweiz erschlossen.

Die Erkenntnisse aus diesem ersten Teil liefern die Grundlage für den empirisch ausgerichteten zweiten Teil. In ihm werden Fragen nach einer adäquaten und international anschlussfähigen Abgrenzung der Kreativwirtschaft Schweiz gestellt und auch beantwortet. Er weist auf wünschenswerte statistische Indikatoren für unterschiedliche Diskussionsebenen hin. Die empirisch-statistischen Analysen zu den einzelnen Teilmärkten der Kreativwirtschaft in der Schweiz und vergleichend zu Europa schreiben den 1. Kulturwirtschaftsbericht Schweiz[1] fort und erweitern ihn in der Differenziertheit der Betrachtungsweise um verschiedene Aspekte. Es werden kleinteilige Marktstrukturen und dynamische Entwicklungen in positiver wie negativer Richtung untersucht, aber auch Lücken benannt, wo die empirisch-statistische Analyse versagen muss.

Der anschliessende dritte Teil fokussiert auf ein Segment des zweiten, auf die Kreativszene und da auf die Designwirtschaft. Ein qualitativer Fokus beschreibt motivationale Dimensionen und ist aufgrund von modellbasierten Zugängen in der Lage, empirische Befunde auf einer qualitativen Ebene differenziert aufzuschlüsseln und Aussagen zum Innovationspotenzial der Kreativszene auch im Hinblick auf die gesamte Kreativwirtschaft zu machen. Porträts stellen zudem Akteure der Kreativszene in Bild und Text vor.

Der vierte Teil schliesslich führt die Resultate der vorangegangenen Teile zusammen und zeigt Dimensionen von Fördermassnahmen auf. Dabei werden am Beispiel der Schweiz konkrete Themenfelder definiert und dafür zuständige Fördermechanismen und Förderinstanzen vorgeschlagen.

Das Spektrum der Publikation ist innerhalb des spezifischen Fokus weit und richtet sich an eine entsprechend differenzierte Leserschaft. Angesprochen sind Per-

---

[1] WECKERLE, CHRISTOPH, SÖNDERMANN, MICHAEL, 1. Kulturwissenschaftsbericht Schweiz, Hochschule für Gestaltung und Kunst Zürich, 2003.

sonen, welche sich auf strategisch-politischer Ebene mit dem Thema Kreativwirtschaft vertraut machen oder sich in ihm vertiefen wollen ebenso wie all jene, welche sich auf eher operativer Ebene mit der Entwicklung von Fördermassnahmen beschäftigen. Der gewichtige Teil über die Kreativszene eröffnet auch den Kleinstunternehmern aus diesem Segment interessante Perspektiven.

«Kreativwirtschaft Schweiz» ist als argumentative Abfolge von internationalen und nationalen Sichtweisen, von qualitativen und quantitativen Zugängen zu lesen. Der Anspruch ist, verschiedene Standpunkte deutlich zu machen und aufeinander zu beziehen. Jeder der einzelnen Teile – internationale Analyse, Empirie, qualitative Zugänge, Handlungsempfehlungen – spricht bewusst seine eigene Sprache und kann für sich betrachtet werden.

Als Publikation der Zürcher Hochschule der Künste thematisiert «Kreativwirtschaft Schweiz» immer wieder auch die künstlerische und kreative Produktion an sich. Es ist diese Nähe zu den Akteuren, welche in Erinnerung ruft, dass Kreativwirtschaft nicht als stromlinienförmiges Thema behandelt werden kann und dass diesem Thema eine hohe Komplexität wie auch eine gewisse Sperrigkeit zu eigen sind.

Die Autoren verbinden mit dieser Publikation die Hoffnung, dass die Analyse der Kreativwirtschaft in dem hier gewählten Zugang einer Engführung von sonst getrennt gedachten qualitativen oder quantitativen Zugängen, von Innensichten und Aussensichten – und von vielen Phänomenen, welche sich an Schnittstellen manifestieren – zu einem vertieften Verständnis führt und es verdient, vorangetrieben zu werden.

2.0

KREATIVWIRTSCHAFT IM INTERNATIONALEN KONTEXT

Kreativwirtschaft gilt in den unterschiedlichsten Feldern von Kultur, Wirtschaft und Politik zunehmend als dynamisches und attraktives Feld. Dennoch bleibt der Begriff unscharf und ist sowohl inhaltlich als auch strukturell und empirisch schwer zu fassen. Dieser einleitende Teil versucht, die wichtigsten Ansätze zu systematisieren, und will so Kriterien entwickeln, welche eine strategische Diskussion des Themas ermöglichen.

Zu diesem Zweck werden unterschiedliche Kreativwirtschaftsbegriffe bzw. -verständnisse supranationaler Organisationen und einzelner Staaten aus der jüngsten Vergangenheit und der aktuellen Diskussion analysiert [2.1, 2.2]. Im Anschluss wird versucht, die gewonnenen Erkenntnisse zu systematisieren und so für die weiterführenden Überlegungen in dieser Publikation nutzbar zu machen [2.3].

2.1 ENTWICKLUNG DES BEGRIFFS KREATIVWIRTSCHAFT SEIT 1970 In den siebziger Jahren des letzten Jahrhunderts entwickeln sich in Europa und in Kanada Kultur- und Kreativwirtschaftsbegriffe, an welche die aktuelle Diskussion anschliesst:[2] Texte aus Frankreich thematisieren das Spannungsfeld zwischen «les pouvoirs publics» und «le secteur marchand» in einer kultur- und gesellschaftspolitischen Perspektive und fordern eine Kulturpolitik, die sich gegenüber den neuen orts- und zeitunabhängigen Möglichkeiten der Kreativwirtschaft in Stellung bringt.[3] Ebenfalls bereits Mitte der siebziger Jahre wird der Begriff «arts and culture industries» in Kanada geprägt, der aber eher handelspolitisch motiviert ist: Kulturelle Produkte und Dienstleistungen sollen gegenüber dem übermächtigen amerikanischen Nachbarn positioniert werden können.

1983 wird in Frankreich das Institut pour le Financement du Cinéma et des Industries Culturelles (IFCIC) gegründet. Es steht für eine Art Staatsgarantie gegenüber von Kreditinstituten, welche Projekte im Bereich der Kreativwirtschaft finanzieren. Auf diese Weise erleichtert es den Unternehmen der Kreativwirtschaft den Zugang zu Finanzkapital einerseits und Banken das Engagement im entsprechenden Bereich andererseits. 1985 wurden zudem die Filminvestment-Fonds «Soficas» eingerichtet, welche die vom französischen Kulturministerium ausgewählten Filme mit Finanzkapital versorgen.

Die Mitte der achtziger Jahre erscheinende Studie zur wirtschaftlichen Bedeutung der Zürcher Kulturinstitute findet grosse Beachtung.[4] Sie ist methodisch interessant und prägt die Diskussion zum Thema der Umwegrentabilität weit über die Grenzen der Schweiz hinaus.

In Deutschland wird die Kulturwirtschaft 1992 im Bundesland Nordrhein-Westfalen als Gegenpol zum Niedergang der Kohle- und Stahlindustrie unter dem Aspekt des «Image-, Tourismus-, Wirtschafts- und Arbeitsmarktfaktors» analysiert.[5]

---

[2] Auch weiter zurückliegende Auseinandersetzungen mit Teilaspekten der Kreativwirtschaft lassen sich ohne Mühe belegen: Vgl. dazu z. B. «Psychologie économique» von GABRIEL TARDE, erschienen um 1900; der Autor beschäftigt sich mit Aspekten wie den immateriellen Komponenten künstlerischer Produkte. Auch die Thematisierung der Buchwirtschaft in Deutschland zur Weimarer Zeit ist an dieser Stelle zu erwähnen.

[3] GIRARD, AUGUSTIN, Industries Culturelles, in: Futuribles 17, Paris 1978, S. 597–605.

[4] BISCHOF, DANIEL P., Die wirtschaftliche Bedeutung der Zürcher Kulturinstitute. Eine Studie der Julius-Bär-Stiftung, 1985. Aus Schweizer Sicht zu erwähnen sind ebenfalls die kulturökonomischen Ansätze von Bruno Frey.

[5] Archiv für Kulturpolitik (Hrsg.), Dynamik der Kulturwirtschaft Nordrhein-Westfalen im Vergleich, 1. Kulturwirtschaftsbericht 1991/92, ARCult, 1991.

In Grossbritannien startet die Debatte in den neunziger Jahren mit der legendären Behauptung des jungen Premiers Tony Blair vor dem Dachverband der britischen Gewerkschaften, wonach «die Exporte der Musikindustrie [...] unterdessen wichtiger für das Land als die der Stahlindustrie [seien]».[6]

Die EU schliesslich behandelt das Thema seit der zweiten Hälfte der neunziger Jahre unter dem Aspekt von Beschäftigung und Integration.

2.2 UNTERSCHIEDLICHE AUFFASSUNGEN VON KREATIVWIRTSCHAFT IN DER AKTUELLEN DISKUSSION

Mittlerweile kann Kreativwirtschaft vieles bedeuten zwischen den einzelnen Produkten und Dienstleistungen eines Künstlers und allen auf einem nicht näher bestimmten Kreativitätsbegriff basierenden Anteilen einer Volkswirtschaft. Entlang von Begriffen wie «Technologie», «Toleranz» und «Talent»[7] rückt Kreativwirtschaft in den Mittelpunkt des Interesses der Politik und wird als attraktives Gestaltungsfeld der Zukunft diskutiert.

In der Folge wird diesen Diskussionen, soweit sie aus Sicht der Schweizer Debatte von Interesse sind, nachgespürt.

2.2.1 SUPRANATIONALE UND AUSSEREUROPÄISCHE DISKUSSION

Aus globaler Perspektive erstaunen die Begriffsvielfalt und die Unterschiede in den Konzepten zur Kreativwirtschaft. Im Rhythmus von drei Monaten veranstalten staatliche Akteure aus China, Indien oder Australien nationale und internationale Fachkongresse und gründen Forschungsakademien. Neuerdings treten zunehmend supranationale Organisationen und mit ihnen Kontinente wie Afrika oder Südamerika in den Vordergrund. Zu diesen zählen verschiedene Unterorganisationen der UNO, die OECD oder die WTO.

Diese Vielfalt wird hier vorgestellt, wobei nicht weiter erläutert werden muss, dass die Übersicht in ihrer Gesamtheit nicht abschliessend sein kann und dass die einzelnen Abschnitte lediglich zusammenfassenden Charakter haben können. Im Vordergrund steht der Versuch, die weltweite Diskussion in ihren Grundzügen zu verstehen.

UNESCO – KULTURELLE VIELFALT UND ZUGANG DURCH NEUE TECHNOLOGIEN

Die Konvention über die kulturelle Vielfalt[8] der United Nations Educational, Scientific and Cultural Organisation (UNESCO) weist der Kreativwirtschaft hinsichtlich ihres Beschäftigungspotenzials und der Fähigkeit zur Integration neuer Technologien einen bedeutenden Stellenwert zu.

Die UNESCO betrachtet Kreativwirtschaft als ein globales Phänomen und sieht in ihr eine zukunftsträchtige Chance für ihre übergeordneten gesellschaftspolitischen Ziele wie den Ausgleich des Nord-Süd-Gefälles, die kulturelle Vielfalt oder die Meinungsfreiheit.

So bieten insbesondere technologische Innovationen faszinierende Möglichkeiten, lokale Kompetenzen mit den globalen Märkten zu vernetzen, neue Partnerschaften und neue Solidaritäten zwischen erster Welt und Entwicklungsländern zu etablieren.

Die UNESCO unterscheidet begrifflich Kultur- von Kreativwirtschaft. Kulturwirtschaft umfasst diejenigen Branchen, welche sich mit der Kreation, Produktion und Kommerzialisierung von kreativen, also auch immateriellen Produkten und Dienstleistungen beschäftigen. Der Begriff «Kreativwirtschaft» ist weiter gefasst: Gemeint sind Bereiche, «in which the product or service contains a substantial element of artistic or creative endeavour …».[9] Dabei handelt es sich konkret um die folgenden Branchen: «printing/publishing and multimedia/audiovisual,

---

[6] Vgl. Musikjahrbuch Schweiz, 2004.

[7] Vgl. dazu Kapitel 2.2.1, Creative Class.

[8] UNESCO, Convention on the Protection and Promotion of the Diversity of Cultural Expression, 2005.

[9] UNESCO, Global Alliance for Cultural Diversity, Understandig Creative Industries, Cultural statistics for public-policy making, o.J.

phonographic and cinematographic productions/crafts and design/architecture/advertising».[10]

WIPO – GEISTIGES EIGENTUM SCHÜTZEN, WACHSTUM STIMULIEREN Die World Intellectual Property Organisation (WIPO) beschäftigt sich mit Fragen des geistigen Eigentums. Sie ist überzeugt, dass die Anerkennung des Eigentums an Erfindungen und kreativen Werken deren Entstehung befördert und dass dies wiederum das wirtschaftliche Wachstum stimuliert: «The continuum from problem to knowledge to imagination to innovation to intellectual property and finally to the solution in the form of products, continues to be a powerful driving force for economic development.»[11] Angestrebt wird ein System, «which rewards creativity, stimulates innovation and contributes to economic development while safeguarding the public interest».[12]

Die noch junge Abteilung Creative Industries der WIPO will in Zukunft u. a. Studien qualitativer und quantitativer Natur zum kreativen Potenzial einzelner Länder erstellen, Werkzeuge zur Erfassung solcher Potenziale entwickeln und Kreativakteure bei der Wahrnehmung ihrer Interessen im Bereich des geistigen Eigentums unterstützen. Abgrenzungsmodelle finden sich in der WIPO-Konvention aus dem Jahre 1967[13] oder im Handbuch zur Erfassung der wirtschaftlichen Aspekte der Copyright-Industrien.[14]

CORE COPYRIGHT	INTERDEPENDENT INDUSTRIES	PARTIAL COPYRIGHT INDUSTRIES	NON-DEDICATED SUPPORT INDUSTRIES
Press and literature	TV sets, radios, VCRs, CD players, DVD players, cassette players, electronic game equipment, and other similar equipment	Apparel, textiles and footwear	General wholesale and retailing
Music, theatrical productions, operas		Jewelry and coins	General transportation
		Other crafts	Telephony and Internet
Motion picture and video		Furniture	
Radio and television		Household goods, china and glass	
Photography	Computers and equipment		
Software and databases	Musical instruments	Wallcoverings and carpets	
Visual and graphic arts	Photographic and cinematographic instruments	Toys and games	
Advertising services		Architecture, engineering, surveying	
Copyright collection societies	Photocopiers		
	Blank recording material	Interior design	
	Paper	Museums	

TAB.1_ EIGENE TABELLARISCHE DARSTELLUNG VERSCHIEDENER ZUGÄNGE DER WIPO ZUM THEMA KREATIVWIRTSCHAFT.

Quelle: WIPO, Guide on Surveying the Economic Contribution of the Copyright-based industries, 2003.

---

[10] Ebenda.

[11] Quelle: www.wipo.org.

[12] Ebenda.

[13] Convention Establishing the World Intellectual Property Organisation (unterzeichnet in Stockholm am 14. Juli 1967 und novelliert am 28. September 1979).

[14] WIPO, Guide on Surveying the Economic Contribution on the Copyright-based Industries, 2003.

UNCTAD – KREATIVITÄT, VERWURZELT IM KULTU-
RELLEN KONTEXT EINES LANDES Die United Nations Conference on Trade and Development (UNCTAD) steht für die Integration der Entwicklungsländer in die Weltwirtschaft. Wissen und Kreativität gehören für die UNCTAD zu den treibenden Kräften für die wirtschaftliche Entwicklung. Während die bedeutende Rolle der Kreativwirtschaft in dieser Hinsicht für die erste Welt ausser Frage steht, wird deren Potenzial für Schwellenländer und Entwicklungsländer noch nicht optimal genutzt.

Da in den Augen der UNCTAD Kreativität – in höherem Masse als Arbeit, Kapital oder Technologie – im kulturellen Kontext eines Landes verwurzelt ist, wird hier eine strategische Chance nicht genutzt. Künstlerischer Ausdruck, Talent, Offenheit gegenüber Neuem oder Experimentierfreudigkeit sind kein Privileg der entwickelten Länder. Es bietet sich so die Möglichkeit für Entwicklungsländer, den Anteil am Welthandel zu vergrössern und neue Bereiche des Wohlstandes zu erschliessen.

Für die UNCTAD bedeutet Kreativwirtschaft, das kommerzielle Potenzial eines Bereiches hervorzuheben, der bis vor Kurzem primär unter nicht ökonomischen Vorzeichen betrachtet wurde. Kunst wird in diesem Sinne um die Komponenten Kommerzialisierung und Technologie erweitert.

Unterschieden wird in der Terminologie der UNCTAD die öffentlich geförderte Kultur, die Kulturwirtschaft – mit dem für die UNCTAD bedeutenden Bereich des Kunsthandwerks (handicrafts) – und die Kreativwirtschaft mit den folgenden Bereichen: recording industry/music and theatre production/motion picture industry/music publishing/book, journal and newspaper publishing/computer software industry/photography/commercial art/radio, television and cable broadcasting industries.[15]

Kulturwirtschaft steht in diesem Zusammenhang für die Kommerzialisierung traditioneller Aktivitäten, Kreativwirtschaft umfasst auch kulturelle und kreative Komponenten in weiteren Produkten und Dienstleistungen.

ILO – ZUGANG ZU DEN MÄRKTEN DER KREATIVWIRT-
SCHAFT Die International Labour Organisation (ILO) beschäftigt sich mit Fragen der sozialen Gerechtigkeit, der Menschenrechte und des Arbeitsrechts. Ähnlich wie die UNCTAD stellt auch die ILO fest, dass kulturelle Güter und Dienstleistungen zwar einen bedeutenden Teil am Welthandel ausmachen, dass dies jedoch von Entwicklungsländern nicht entsprechend genutzt werden kann. Die Ursache hierfür liegt u. a. in der Tatsache, dass Kreativakteuren die notwendigen Kompetenzen fehlen oder sie keinen Zugang zu entsprechenden Märkten haben. Aus diesem Grund bietet die ILO bereits seit 2001 entsprechende Workshops an.

Mit Kreativwirtschaft umschreibt die ILO kulturelle Güter und Dienstleistungen, welche unter dem Aspekt der Beschäftigung und des Beschäftigungswachstums betrachtet werden. Ein wichtiger Stellenwert wird dabei dem KMU-Kontext beigemessen. Spezifische Aktivitäten definiert die ILO in den Bereichen Musik, darstellende Kunst und Tanz, Ethno-Tourismus, bildende Kunst und Kunsthandwerk, Film und Fernsehen.[16]

WELTBANK – KREATIVWIRTSCHAFT ALS WACHSTUMS-
MARKT FÜR ENTWICKLUNGSLÄNDER Die Weltbank versteht die Kreativwirtschaft als einen der zukünftigen Wachstumssektoren für die Entwicklungsländer.[17] Als bedeutender globaler Akteur im Feld der Entwicklungshilfe unterstützt sie Regierungen bei ihren entsprechenden Bemühungen finanziell, technisch oder durch Beratung. Als Massstab gelten die positiven Resultate, welche in

---

[15] Quelle: UNCTAD, Creative Industries and Development, TD(XI)/BP/13, 2004.

[16] Promoting the Culture Sector through Job Creation and Small Enterprise Development in SADC Countries, SEED Working Papers, Nr. 49–53.

[17] Ebenda.

Afrika durch Investitionen in die mobile Kommunikation erzielt werden konnten. Denn moderne und effiziente Infrastrukturen, soziale und kulturelle Einrichtungen von hoher Qualität und die Vorzüge einer mental offenen Gesellschaft sind von zentraler Bedeutung, wenn qualifizierte Arbeitskräfte der Kreativwirtschaft angesiedelt werden sollen. Diese wiederum sind Schlüsselfiguren für die erfolgreiche Entwicklung von urbanen Zentren und somit für die wirtschaftliche Prosperität ganzer Regionen.

Die Beschäftigung mit dem Thema Kreativwirtschaft ist für die Weltbank vergleichsweise neu. Sie umschreibt den Bereich exemplarisch mit «software, publishing, design, music, video, moviemaking, and electronic games».[18] Verbindendes Element sind die bedeutenden immateriellen Komponenten der entsprechenden Produkte und Dienstleistungen und der daraus folgende Bedarf nach Schutz vor Missbrauch.

Neben diesen Unterorganisationen der UNO beschäftigen sich weitere internationale Organisationen in jüngster Zeit immer intensiver mit dem Feld der Kreativwirtschaft. Exemplarisch sollen die OECD und die WTO angeführt werden.

OECD – KREATIVWIRTSCHAFT ALS NEU ENTDECKTES BESCHÄFTIGUNGSPOTENZIAL Kultur wurde von der Organizaton for Economic Cooperation and Development (OECD) lange Zeit der öffentlichen Hand zugewiesen. Zudem galt der kulturelle Sektor im Vergleich zu anderen Branchen als wenig produktiv. Mittlerweile wird den OECD-Staaten empfohlen, das Beschäftigungspotenzial der Kreativbranchen stärker zu berücksichtigen.[19] Die Produkte und Dienstleistungen der Kreativwirtschaft stehen sowohl für interessante Entwicklungsmöglichkeiten von Städten und ganzen Regionen als auch für positive Effekte in Tourismus und Export.

Der OECD ist bewusst, dass nicht alle Regionen und Städte im selben Masse von diesen Effekten profitieren können und dass die Kreativwirtschaft spezifische Produktionsbedingungen voraussetzt. Entsprechende Fähigkeiten können jedoch im Bereich der Ausbildung, im Aufbau von Vertriebsnetzwerken oder durch Regelung im Bereich der Urheberrechte entwickelt werden.

Die OECD verwendet eine Segmentierung zwischen «core of cultural activities» (live performance, plastic art, architectural heritage, cinema), «cultural industries» (audiovisual productions, records and disks, books) und «creative industries» (design objects, fashion, musical instruments, architecture, video games, advertising usw.).[20] Dabei befinden sich die «creative industries» für die OECD am äusseren Rand der kulturellen Aktivitäten, da diese primär Produkte und Dienstleistungen für Branchen ausserhalb des kulturellen Sektors produzieren.

Wie die WIPO verstärkt auch die OECD ihr Engagement im Bereich der Kreativwirtschaft. So wurde ein Grundlagenbericht[21] erstellt, welcher Ende 2006 in einem Workshop in Paris vertieft wurde. Diskutiert wird u. a. die Revision der International Standard Classifications of Occupations (ISCO) der ILO; der Prozess dauert an.

WTO – WELTWEITER SCHUTZ DES IMMATERIALGÜTERRECHTS Die World Trade Organization (WTO) ist die global zuständige Instanz für internationale Handelsregeln. Dabei bildet das Abkommen über die handelsbezogenen Aspekte der Rechte an geistigem Eigentum (TRIPS) einen Eckpfeiler des WTO-Systems; die Schnittstelle mit der Kreativwirtschaft ist damit definiert. Wenn mit diesem Abkommen in den Augen der WTO eine wesentliche Verbesserung des weltweiten Schutzes des Immaterialgüterrechts erzielt wird, so wirkt sich dies auf

---

[18] YUSUF, SHAHID, NABESHIMA, KAORU, Urban Development Needs Creativity. How Creative Industries Can Affect Urban Areas, Worldbank, 2003, S. 2.

[19] Vgl. für die Schweiz: OECD Reviews on Innovation Policy, Switzerland, 2006.

[20] OECD, Culture and Local Development, 2005.

[21] OECD, International Measurement of the Economic and Social Importance of Culture, 2006.

unterschiedlichsten Ebenen auf die Produkte und Dienstleistungen der Kreativwirtschaft aus.

Eine explizite Umschreibung des Begriffs Kreativwirtschaft findet sich bei der Welthandelsorganisation nicht. Durch die Beschäftigung mit den verschiedensten Aspekten des geistigen Eigentums (Urheberrechte und verwandte Schutzrechte, Fabrik-, Handels- und Dienstleistungsmarken, Herkunftsangaben, Designs, Patente, Topografien von Mikrochips sowie Geschäfts- und Fabrikationsgeheimnisse) zeigen sich jedoch Schnittstellen mit vielen der Definitionsansätze, welche hier vorgestellt wurden.

Die folgende Abbildung stellt diesen Bezug grafisch dar:

Aus globaler Perspektive gilt es jedoch über die supranationalen Organisationen hinaus auch einzelne Staaten detailliert zu betrachten. Für die Diskussion des Themas in der Schweiz sind dies in erster Linie die USA und der asiatische Raum.

CREATIVE CLASS – JEDER IST KREATIV Kreativität ist in diesem in den USA entwickelten, in Europa stark rezipierten Ansatz zu einem der wertvollsten Güter einer Volkswirtschaft und zu einem ihrer wichtigsten Treiber geworden. Zwischen wirtschaftlichem Wachstum und Kreativität wird ein direkter Zusammenhang hergestellt.

PATENT	URHEBERRECHT
Anwendung:	(engl. copyright)
einfach (z.B. Molekül),	Anwendung: z.B. literarisch,
komplex (z.B. Mikroprozessor), …	grafisch, audio/video, …

NÜTZLICHE IDEE — ORIGINÄRER AUSDRUCK

schützenswerte Aspekte von Produkten und Dienstleistungen in der Kreativwirtschaft

UNTERSCHEIDENDES MERKMAL

MARKE	DESIGN (MUSTER + MODELLE)
nicht physische Anwendung: z.B. Identitätsmerkmal für Güter und Dienstleistungen (Logo, Farbgebung, …)	physische Anwendung: z.B. Form, Anordnung, Muster, …

ABB.1_ IMMATERIELLE ASPEKTE DER KREATIVWIRTSCHAFT UND ENTSPRECHENDE SCHUTZMECHANISMEN.

Quelle: Nach Gowers Review on Intellectual Property, HMSO, 2006.

Im Unterschied zu den meisten berufsfeld- oder branchenbezogenen Ansätzen wird hier ein Klassenbegriff eingeführt. Anhand unterschiedlicher Indizes können die positiven Effekte der «creative class»[22] aufgezeigt werden: Nur Städte mit professionellen Strukturen und toleranten Haltungen vermögen die mobilen und global agierenden Mitglieder dieser neuen Klasse zu binden.

Mit dem Begriff «creative class» ist der wachsende Anteil der Bevölkerung gemeint, der seine beruflichen Aktivitäten zu einem gewichtigen Teil auf seine Kreativität abstützt. Grundlagen für diese kreativen Leistungen sind Wissen und Informationen, welche in der «creative class» zirkulieren; Innovationen in der unterschiedlichsten Ausprägung sind die daraus resultierende Produkte.

Die eher umfassende Abgrenzung führt dazu, dass in den USA rund 30 Prozent der arbeitenden Bevölkerung der «creative class» zugerechnet werden können.

CREATIVE CLASS

SUPER CREATIVE CORE	CREATIVE PROFESSIONALS
Computer and mathematical occupations	Management occupations
Architecture and engineering occupations	Business and financial operations occupations
Life, physical, and social science occupations	Legal occupations
Education, training, and library occupations	Healthcare practitioners and technical occupations
Arts, design, entertainment, sports, and media occupations	High-end sales and sales management

TAB.2_ EIGENE TABELLARISCHE DARSTELLUNG DER DEFINITION VON «CREATIVE CLASS» NACH RICHARD FLORIDA, THE RISE OF THE CREATIVE CLASS, BASIC BOOKS, NEW YORK 2002, S. 328–29.

---

[22] Vgl. dazu: FLORIDA, RICHARD, The Rise of the Creative Class, Basic Books, New York 2002.

SINGAPUR – VON DEN CULTURAL INDUSTRIES ZU DEN COPYRIGHT INDUSTRIES Im Vordergrund der Diskussion in Singapur steht die ökonomische Bedeutung einer Schnittstelle zwischen künstlerischer Kreativität, Unternehmertum und technologischer Innovation: «...those industries which have their origin in individual creativity, skill and talent and which have a potential for wealth and job creation through the generation and exploitation of intellectual property.»[23]

Dabei werden vier Arten von Mehrwert unterschieden: direkt mit der Kreativwirtschaft verknüpft und quantifizierbar (z. B.: Anteil am BIP); indirekt mit der Kreativwirtschaft verknüpft und quantifizierbar (z. B.: Spill over); direkt mit der Kreativwirtschaft verknüpft, jedoch weniger quantifizierbar (z. B.: Beitrag zur industriellen Innovation); indirekt mit der Kreativwirtschaft verknüpft und kaum mehr quantifizierbar (z. B.: Lebensqualität).[24] Einprägsam ist das dazu verwendete Abgrenzungsmodell:

Unter «cultural industries» werden die darstellenden Künste, die Literatur und die bildenden Künste verstanden; unter «creative industries» zusätzlich Werbung, Design, Druck und medienbasierte Aktivitäten.

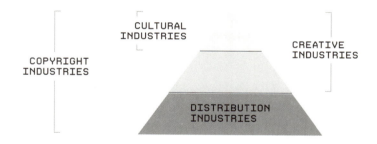

ABB. 2_ ABGRENZUNGSMODELL MIT DEN TEILBEREICHEN «CULTURAL INDUSTRIES», «CREATIVE INDUSTRIES» UND «COPYRIGHT INDUSTRIES».

Quelle: Ministry of Trade and Industry, Economic Contributions of Singapore's Creative Industries, 2003.

---

[23] Ministry of Trade and Industry, Economic Contributions of Singapore's Creative Industries, 2003.

[24] Vgl. dazu: HILLMAN, CHARTRAND, HARRY, An Economic Impact Assessment of the Fine Arts, Presented to: Third International Conference on Cultural Economics & Planning, Akron, Ohio, April 1984.

2.2.2 EUROPÄISCHE DISKUSSION

Aktuell positioniert sich auch die EU-Kommission mit einer 300 Seiten starken Studie zur wirtschaftlichen Bedeutung des Kultursektors [25] und will übergeordnete Politikstrategien mit spezifischen Schwerpunkten und Profilen verfolgen.

Zahlreiche europäische Staaten drängen auf eine intensivere Wahrnehmung des Themas – Grossbritannien gar mit einem eigens ernannten Minister für Creative Industries, Frankreich, wie schon in Kapitel 2.1 erwähnt, mit umfangreichen Rahmenprogrammen.

Die Europäische Union will die Kreativwirtschaft nach Kulturkommissar Jan Figel als expandierenden Wirtschaftszweig fördern. Ein entsprechender Aktionsplan soll auf der Grundlage einer unabhängigen Studie erarbeitet werden.

Im Folgenden wird der Stand der Diskussion in der EU skizziert, anschliessend werden einige Staaten genannt, welche aus Sicht dieser Publikation für interessante Ansätze stehen.

EU – LISSABON-STRATEGIE UND KULTURELLE INTEGRATION

Die Diskussion über die Kreativwirtschaft in der EU ist geprägt durch die Ziele der sogenannten «Lissabon-Strategie», welche die EU bis 2010 zur «most competitive and dynamic knowledge-based economy in the world, capable of sustainable economic growth with more and better jobs and greater social cohesion»[26] wandeln soll. Wissen und Innovation gelten dabei als Motoren für nachhaltiges Wachstum. Die i2010-Initiative soll dazu beitragen, Europa im Bereich der wissensgestützten Produkte und Dienstleistungen für Investitionen und Innovationen attraktiver zu machen.[27]

Je nach zuständiger Generaldirektion wird Kreativwirtschaft in der EU eher unter kulturpolitischen oder unter wirtschaftspolitischen Vorzeichen diskutiert. So wird entweder betont, dass die Kreativität der Branchen zum Zusammenhalt in Europa beitragen kann oder das Potenzial zur Schaffung von Wachstum und Beschäftigung hat. Ebenfalls wird darauf hingewiesen, dass eine kohärente Politik in Bezug auf die Kreativwirtschaft erforderlich ist, um das vorhandene Potenzial zu nutzen.

Eine im Auftrag der Europäischen Kommission entwickelte Definition [28] unterscheidet vier Bereiche: einen kulturellen Kernbereich, die Kulturwirtschaft, die Kreativwirtschaft und nicht klar abgrenzbare, verwandte Bereiche:

__ *Der Kernbereich der «non-industrial sectors» ist geprägt durch nicht reproduzierbare Güter und Dienstleistungen («visual arts including paintings, sculpture, craft, photography; the arts and antique markets; performing arts including opera, orchestra, theatre, dance, circus; and heritage including museums, heritage sites, archaeological sites, libraries and archives»).*

__ *Der Sektor der Kulturwirtschaft, «industrial sector» oder «cultural industries», umfasst kulturelle Produkte und Dienstleistungen, welche für einen Massenmarkt oder den Export bestimmt sind («a book, a film, a sound recording, film and video, videogames, broadcasting, music, book and press publishing»).*

__ *Der dritte Bereich der Kreativwirtschaft, der «creative sector», versteht Kultur als kreativen Input in der Produktion von nicht kulturellen Gütern («fashion design, interior design, and product design, architecture, and advertising»). Kreativität ist hier eine kulturelle Ressource – z. B. im Sinne von Innovation – in Produktionsprozessen des nicht kulturellen Sektors.*

__ *Der vierte Bereich der «related industries» umfasst Schnittmengen mit anderen Sektoren (z. B. Informations- und Kommunikationstechnologien, IKT), welche die Studie nicht genau zu fassen vermag.*

---

[25] The Economy of Culture in Europe, Study prepared for the European Commission. Directorate-General for Education and Culture, Oktober 2006; Cultural and Creative Industries, Briefing Paper, Policy Department, Structural and Cohesion Policies, Culture and Education, 2007.

[26] The Economy of Culture in Europe, S. 25.

[27] Vgl. dazu: i2010 – Eine europäische Informationsgesellschaft für Wachstum und Beschäftigung, Mitteilung der Kommission an den Rat, das europäische Parlament, den europäischen Wirtschafts- und Sozialausschuss und den Ausschuss der Regionen, Brüssel, 1.6.2005, KOM (2005).

[28] The Economy of Culture in Europe, S. 3.

FRANKREICH – STAATLICHE FÖRDERSTRATEGIEN

In Frankreich gilt die Kreativwirtschaft unter anderem als interessanter Branchenkomplex, da die dort Beschäftigten oft eher jung und überdurchschnittlich gut qualifiziert sind.

Zudem wird unterstrichen, dass der Kreativwirtschaft durch ihre Fähigkeit, neue Technologien schnell zu integrieren, eine wichtige Rolle im Standortwettbewerb von urbanen Zentren zukommt und dass das Image Frankreichs im Ausland durch die Kreativwirtschaft – z. B. durch die Filmwirtschaft – positiv beeinflusst werden kann.[29] Aus diesem Grund wird empfohlen, diese Branchen auf verschiedenen Ebenen zu stärken.

Nach dem in Frankreich massgebendem Département des Études, de la Prospective et des Statistiques (DEPS) wird Kulturwirtschaft («industries culturelles») in einer vergleichsweise engen Abgrenzung als Teilmenge eines umfassenderen kulturellen Sektors definiert. Kulturwirtschaft steht in diesem Kontext für das Verlagswesen, den audiovisuellen Bereich und verwandte Dienstleistungen. Ebenfalls zum kulturellen Sektor werden die Architektur, die darstellende Kunst und die Pflege des kulturellen Erbes gezählt.[30] Verbindendes Element der Kulturwirtschaft ist nach der Definition des DEPS die Reproduktion und die Verbreitung von Gütern und Dienstleistungen durch industrialisierte Prozesse und moderne Kommunikationstechniken.

In einem erweiterten Erklärungsansatz[31] spricht das DEPS von Kreativwirtschaft («industries créatives») und fasst darunter die folgenden Branchen: Presse, Literatur, Musik, Theater, Oper, Kino und Video, Rundfunk, Fotografie, Software, die bildende Kunst, Werbung und Verwertungsgesellschaften. Gemeinsames Element dieser Abgrenzung sind die immateriellen Komponenten der entsprechenden Güter und Dienstleistungen («copyright-based industries»).

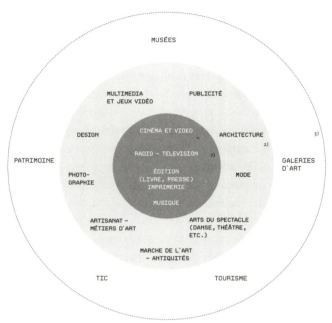

ABB.3_ ABGRENZUNGSKONZEPT VON 1)«INDUSTRIES CULTURELLES», 2)«INDUSTRIES CRÉATIVES» UND 3)«ACTIVITÉS ÉCONOMIQUES LIÉES» IN ANLEHNUNG AN DAS DEPS.

Quelle: Iaurif, Les Industries culturelles en Île-de-France, 2006.

GROSSBRITANNIEN – KREATIVWIRTSCHAFT ALS EXPORT- UND IMAGE-TREIBER

Grossbritannien versteht sich als führende Nation für die Kreativwirtschaft und will diese Position – handels-, export- und auch imagepolitisch motiviert – stetig ausbauen. Diesbezügliche Strategien sind eng mit übergeordneten Politikzielen ver-

---

[29] Vgl. dazu: Département des études, de la prospective et des statistiques, L'emploi dans les professions culturelles en 2003 d'après l'enquête emploi de l'insee, Données de cadrages 42, 2005.

[30] Ebenda.

[31] Département des études, de la prospective et des statistiques, Aperçus statistique des industries culturelles, Les notes statistiques du DEPS, 16, 2006.

knüpft und auch strukturell erkennbar. Ein «Creative Economy Program» der Regierung unterstützt die Akteure der Kreativwirtschaft auf verschiedensten Ebenen.

Die Definition der Kreativwirtschaft gemäss dem Department for Culture, Media and Sport (DCMS) ist Vorbild, Grundlage oder zumindest Orientierungspunkt für nahezu alle Ansätze: «The creative industries are those that are based on individual creativity, skill and talent. They are also those that have the potential to create wealth and jobs through developing intellectual property.»[32]

Kernbegriffe sind also Kreativität, geistiges Eigentum und Beschäftigungspotenzial. Die folgenden Branchenkomplexe werden der Kreativwirtschaft zugerechnet: «Advertising/Architecture/Art and antiques markets/Computer and video games/Crafts/Design/Designer fashion/Film and video/Music/Performing arts/Publishing/Software Television and Radio».

DÄNEMARK – KREATIVWIRTSCHAFT ODER EXPERIENCE ECONOMY Wenn die dänische Regierung Innovation und Kreativität als primäre Erfolgsfaktoren ihrer Volkswirtschaft definiert, so ist dies kaum mehr ein Alleinstellungsmerkmal. Interessant ist hingegen der Ansatz, entsprechenden Produkten und Dienstleistungen eine spezifische, nicht kopierbare Erlebnis-Komponente zuzuschreiben, um diese im globalen Wettbewerb unverwechselbar zu machen.

So wird denn an der Schnittstelle von Kunst und Kultur und dem traditionellen Industriesektor die sogenannte «culture and experience economy»[33] definiert. Diese generiert Mehrwert in erster Linie durch Kreativität und zielt auf ein kaufkräftiges Kundensegment für die Bereiche Kunst, Freizeit und kulturelle Events. Die Abgrenzung der «culture and experience economy» umfasst zum grössten Teil Branchen, welche auch in anderen Definitionen der Kreativwirtschaft zu finden sind:

ABB.4_ DIE «CULTURE AND EXPERIENCE ECONOMY» AN DER SCHNITTSTELLE VON KUNST UND KULTUR UND DEM TRADITIONELLEN WIRTSCHAFTSSEKTOR.

Quelle: Denmark in the Culture and Experience Economy – 5 New Steps, the Danish Growth Strategy, Government, 2003.

---

[32] Vgl. die Homepage des Department for Culture, Media and Sports: www.dcms.gov.uk.

[33] Denmark in the Culture and Experience Economy – 5 New Steps, The Danish Growth Strategy, Government, 2003.

DEUTSCHLAND – DER KREATIVSEKTOR Die Bedeutung der Kreativwirtschaft ist mittlerweile aufgrund ihres Beschäftigungspotenzials und ihrer Dynamik für weitere wirtschaftliche Kennzahlen unumstritten. Arbeitsweisen der Kreativakteure werden als zukunftsfähige Geschäfts- und Wertschöpfungsmodelle untersucht, die Kreativwirtschaft wird als Bestandteil kultureller Vielfalt und Attraktivität in den Städten und Regionen erkannt. Die Enquete-Kommission des Deutschen Bundestags «Kultur in Deutschland» befasst sich mit den verschiedensten Aspekten dieses Themas.

In Deutschland wird seit einigen Jahren auf der Ebene der Bundesländer, Städte und auch von Stadtteilen eine wachsende Zahl von Kreativwirtschaftsberichten vorgelegt.[34] Die heterogenen Ansätze lassen einen Kernbereich nur in groben Umrissen erkennbar werden. Dieser besteht aus Musikwirtschaft, Verlagsgewerbe, Kunstmarkt, Filmwirtschaft, Rundfunkmarkt, Architektur und Designwirtschaft, Software und Computerspielen sowie Werbung.

Interessant für die hier vorliegende Studie ist ein Modell des «Kreativsektors», welches die Kreativwirtschaft um staatliche und informelle Akteure erweitert:[35]

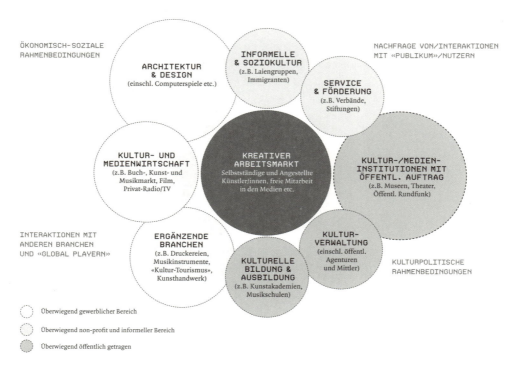

ABB.5_ DER KREATIVSEKTOR MIT DEM GEWERBLICHEN, DEM NON-PROFIT- UND DEM ÖFFENTLICH GETRAGENEN BEREICH.

Quelle: WIESAND, ANDREAS J., SÖNDERMANN, MICHAEL, The Creative Sector – an Engine for Diversity, Growth and Jobs in Europe, 2005.

---

[34] Eine Übersicht bietet: SÖNDERMANN, MICHAEL, Kulturwirtschaft – Was ist das?, in: Kulturwirtschaft Nr. 2, 2005. Jahrestagung Kulturwirtschaft, Tagungsband, Friedrich Naumann Stiftung, 2005.

[35] WIESAND, ANDREAS, J., SÖNDERMANN, MICHAEL, The Creative Sector – an Engine for Diversity, Growth and Jobs in Europe, 2005.

ZUSAMMENFASSUNG Es kann festgehalten werden, dass diese Aufzählung sich auf globaler und auf europäischer Ebene beliebig fortsetzen liesse. Doch auch nach einer um ein Vielfaches umfassenderen Betrachtung wäre kaum klar geworden, was denn nun die übergeordnete Definition von Kreativwirtschaft sein könnte.[36] Handelt es sich schlicht um kreative Produkte und Dienstleistungen, welche aus materiellen und immateriellen oder kreativen Komponenten bestehen? Oder ist einfach der privatwirtschaftliche Teil eines kulturbasierten Produktionssektors gemeint? Sind Güter mit starken symbolischen Komponenten angesprochen, über deren Wert – und entsprechend auch: deren Wertschöpfungsprozesse – selbst nach der Konsumption nicht immer Klarheit herrscht (Erfahrungsgüter, Vertrauensgüter)?[37] Oder sind am Ende mit Kreativwirtschaft gar nicht spezifische Produkte und Dienstleistungen verbunden, sondern viel mehr Haltungen, welche durch bestimmte Rahmenbedingungen – «Technologie, Toleranz, Talent» – stimuliert werden?

Es muss an dieser Stelle akzeptiert werden, dass unterschiedliche Auffassungen von Kreativwirtschaft parallel existieren und dass marktwirtschaftliche Definitionsgrundlagen das Phänomen ebenso wenig fassen wie ein einseitiger inhaltlicher Fokus.

2.3 VERSUCH EINER SYSTEMATISIERUNG

Dennoch können Ordnungskriterien gefunden werden, welche die Orientierung erleichtern und im Hinblick auf die Analyse der Schweizer Kreativwirtschaft als internationale Bezugspunkte dienen können. Zugänge eröffnen sich dabei auf der definitorischen Ebene und in der Analyse der Kernargumente, welche mit der Kreativwirtschaft in Verbindung gebracht werden.

2.3.1 DEFINITORISCHE ZUGÄNGE

Aufgrund der in Kapitel 2.2 beobachteten Heterogenität in der Begriffsdiskussion über die Kreativwirtschaft ist es kaum möglich, unterschiedliche Ansätze in eine übergeordnete Definition zu überführen. Zielführend in einem pragmatischen Sinn ist hingegen, einen jeweils verschiedenen Fokus der Definition zu isolieren und diese unterschiedlichen Ansätze vergleichend zu betrachten. Wir schlagen drei Betrachtungsweisen vor:

Der erste Ansatz ist durch seine Nähe zur künstlerischen und kulturellen Produktion charakterisiert. Erfasst sind alle selbstständig tätigen Personen und Unternehmen, deren Schwerpunkte in Herstellung, Verbreitung und Vermittlung von künstlerischen und kulturellen Produkten oder Dienstleistungen liegen. Das gemeinsame Merkmal aller Teilbranchen und Teilmärkte ist der Faktor «Kultur im weiten Sinne». Dieser reicht von der individuellen künstlerischen Idee und originären Produktion über die angewandten Künste und den Handel mit künstlerischer und populärer Kultur bis hin zur massenmedialen Verbreitung von kulturellen Gütern und Dienstleistungen. Beispiele sind alle kulturnahen, marktwirtschaftlich orientierten Bereiche wie Musikensembles, Tonstudios, Verlage und Tonträgerproduzenten, Buchhändler und Musikalienhändler, Kunsthändler und Galerien, Konzertagenturen, Filmschauspieler, Filmproduzenten und Kinos, Architekturbüros und Designerstudios, Künstlerateliers, Autoren- und Journalistenbüros sowie Agenturbüros für kulturelle Dienstleistungen.

Der zentrale Fokus für den zweiten Ansatz ist der Begriff des geistigen Eigentums – die immateriellen Komponenten also der Produkte und Dienstleistungen, welche in der Kreativwirtschaft geschaffen werden. Mit

---

[36] Vgl. auch: WYSZOMIRSKI, MARGARAET, J., Cultural Industries/Creative Sector: Definitional Approach, in: Creative Industries, A Measure for Urban Development, Vienna 2004.

[37] Vgl. dazu: KRETSCHMER, MARTIN, Wertschöpfung in der Kulturwirtschaft, in: Tagungsband zur 2. nationalen Jahrestagung Kulturwirtschaft, Berlin 2005.

Kreativwirtschaft gemeint sind hier ausgewählte Kreativbranchen, die im Vergleich zum oben genannten kunst- bzw. kulturspezifischen Zugang deutlich erweitert sind um Bereiche wie Software- und Games-Industrie, Werbung, Rundfunk und Fernsehen sowie Presse usw. Relativ neu sind Tendenzen, welche den Kunst- und Kulturbezug gar ausschliessen und sich lediglich auf diesen erweiternden Bereich beziehen.[38]

Ein dritter Zugang stützt sich allgemeiner auf den Begriff der Kreativität ab – oft ohne diesen jedoch zu definieren oder zu operationalisieren. Erfasst sind Produkte und Dienstleistungen aus beinahe allen Industriezweigen, welche aufgrund eines Kreativanteils entstehen. Die oben angeführten Branchen bilden nur noch einen kleinen Teil dieser Definition. Neu scheinen Bereiche auf wie Pharmazie, Elektronik, IKT, Chemie, Raumfahrt, Automobil.

Die folgende tabellarische Darstellung stellt die Zugänge nebeneinander dar. Die modellhafte Dreiteilung reduziert die vielschichtigen Facetten und Überschneidungen. Umgekehrt erlaubt sie, unterschiedliche Ansätze vergleichend zu betrachten. Dabei sind die einzelnen Spalten nicht als trennscharfe Setzungen zu verstehen, sondern eher als nach beiden Seiten offene Orientierungslinien:

FOKUS 1: KUNST/KULTUR ALS BRANCHE	FOKUS 2: KREATIVBRANCHEN	FOKUS 3: KREATIVITÄT IN DER WIRTSCHAFT
primärer Definitionsfokus	**primärer Definitionsfokus**	**primärer Definitionsfokus**
künstlerische/ kulturelle Produkte und Dienstleistungen in eng definiertem Branchengerüst	Produkte und Dienstleistungen mit bedeutender immaterieller Komponente in erweiterter Branchenabgrenzung	Produkte und Dienstleistungen, basierend auf kreativer Leistung in der gesamten Wirtschaft
erweiterter Definitionsfokus	**erweiterter Definitionsfokus**	**erweiterter Definitionsfokus**
u. a. Beschäftigungsdynamik, Wertschöpfung, Kreativität	u. a. Beschäftigungsdynamik, Wertschöpfung, Kreativität, Innovation	u. a. Beschäftigungsdynamik, Wertschöpfung, Innovation, immaterielle Komponenten
typische Vertreter dieses Ansatzes	**typische Vertreter dieses Ansatzes**	**typische Vertreter dieses Ansatzes**
Schweiz, Deutschland, UNESCO, …	GB, Dänemark, …	USA, WIPO, …
verwendete Bezeichnung	**verwendete Bezeichnung**	**verwendete Bezeichnung**
Kulturwirtschaft, «culture industries», «arts and culture industries», «industries culturelles»	Kreativwirtschaft, «creative industries», «industries créatives»	«creative economy»
übliche Abgrenzung	**übliche Abgrenzung**	**übliche Abgrenzung**
Musikwirtschaft, Buchmarkt, Kunstmarkt, Filmwirtschaft, darstellende Kunst, Design, Architektur	Software, Computer, Design, Druck, Rundfunk, Musik, Film und Video, Kunst, Werbung, Architektur, Games, Mode, darstellende Kunst, Kunsthandwerk	Copyright-Industrien i. e. S., Copyright-Industrien i. w. S., Patentindustrien, Trademark- und Designmusterindustrien

TAB.3_ DREI UNTERSCHIEDLICHE AUSRICHTUNGEN BEI DER DEFINITION VON KREATIVWIRTSCHAFT.

---

[38] Vgl. z. B.: Innovations- und Technologietransfer Salzburg GmbH (Hrsg.), Kreativität Salzburg – ein Strategiepapier für eine standortpolitische Schwerpunktsetzung, Salzburg 2005.

Zusammenfassend beobachtet man hinsichtlich der Definitions- und Abgrenzungsgrundlagen eine Verschiebung von künstlerischen und kreativen Produkten und Dienstleistungen mit einem kommerziellen Wert an sich zu solchen, die ihren Wert durch die Anwendung oder Verwendung in erweiterten ökonomischen Kontexten erhalten.

In den vorgängigen Beispielen (z. B. UNCTAD) wurde zudem verschiedentlich sichtbar, dass diesbezügliche unterschiedliche Fokussierungen nicht zufällig sind. Traditionen verschiedenster Art prägen politisches Handeln und wirken sich auf die Akzeptanz von Lösungsansätzen aus. Pfadabhängigkeiten beeinflussen das jeweilige Verständnis von Kreativwirtschaft in nicht zu unterschätzendem Masse.

2.3.2 ARGUMENTATIVE ZUGÄNGE

Wenn auf der definitorischen Ebene unterschiedliche Ansätze zu beschreiben sind, so wiederholen sich in auffälliger Weise die Argumente, welche das scheinbar attraktive Potenzial der Kreativwirtschaft ausmachen. Dabei kommt den Begriffen «Wertschöpfung», «Innovation» und «Kreativität» eine zentrale Rolle zu.

In der Folge werden diese kurz umrissen. Dabei soll nicht der aktuellste Stand der Forschung abgebildet werden, sondern vielmehr deutlich werden, wie die Begriffe im Feld der Kreativwirtschaft verwendet werden.

WERTSCHÖPFUNG

Wertschöpfung ist in der Kreativwirtschaft als komplexer Mechanismus erkannt. Dies hängt mit unterschiedlichen Aspekten wie der Digitalisierung,[39] kleinteiligen Produktionsstrukturen[40] oder immer weniger arbeitsteiligen Produktionsprozessen zusammen: Kreativakteur, Produktion, Vertrieb und Konsument nähern sich an, Abhängigkeiten lassen sich nicht mehr linear definieren, traditionelle Sichtweisen stossen an ihre Grenzen.[41]

Stellvertretend für eine Diskussion, welche eben erst begonnen hat, kann die untenstehende Abbildung stehen, welche aus einem Interview mit John Howkins entnommen wurde.[42] Howkins gilt als eine der Kapazitäten auf dem Feld der Kreativwirtschaft. Er versucht aufzuzeigen, dass der klassische, lineare Wertschöpfungsansatz «Entwicklung – Produktion – Distribution – Konsumption» zumindest für die Kreativwirtschaft nicht mehr tauglich ist und durch Modelle vielschichtiger Abhängigkeiten ersetzt werden müsste.

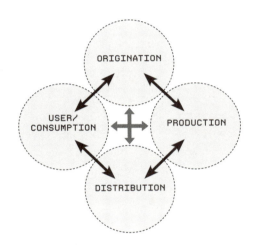

ABB.6_ KOMPLEXER WERTSCHÖPFUNGSMECHANISMUS ALS GEGENSATZ ZU LINEAREN MODELLEN.

Quelle: GHELIF, DONNA, Understanding the Engine of Creativity in the Creative Economy: An Interview with JOHN HOWKINS, 2006.

---

[39] Vgl. CHANTEPIE, PHILIPPE, LE DIBERDER, ALAIN: Révolution numérique et industries culturelles, La Découverte, Paris 2005.

[40] Vgl. die Überlegungen von Creative Cluster Ltd. (www.creativeclusters.com).

[41] Vgl. RITMO – Research for Integrated Trading Models for Online Music (http://www.interactivemusicnetwork.org/wg_libraries/technologies.html).

[42] GHELIF, DONNA, Understanding the Engine of Creativity in the Creative Economy: An Interview with JOHN HOWKINS, 2006.

Lassen sich Konsumption und Produktion beim Fernsehen noch klar trennen, so fällt dies beim Internet schon schwerer und ist im Game-Bereich kaum mehr möglich. Die diversen «Net-Labels» der Musikwirtschaft bieten ihre Musik nicht mehr in Form einer CD zum Verkauf an, sondern vertreiben diese frei im Netz. Auf diesem Prinzip basierende Wertschöpfungsketten enthalten Elemente wie die Verbesserung der Bedingungen für Live-Konzerte durch einen höheren Bekanntheitsgrad oder die Produktion von «value-added compilations».

Obwohl Prozesse also durchlässiger und die Zugänge zum Markt vielfältiger werden, bleibt die Diskussion zur Wertschöpfung im Feld der Kreativwirtschaft über weite Strecken durch lineare Zugänge bestimmt. Das theoretische Verständnis der komplexen Mechanismen, so scheint es, hinkt permanent hinter der Realität der Praxis her.

Der Vorteil vereinfachter Strukturen wird dann evident, wenn Wertschöpfungsmodelle auch statistisch hinterlegt werden sollen. Ein die Realität abbildendes, komplexeres Modell stösst schnell an die Grenzen der zugänglichen empirisch-quantitativen Datenbanken.

In diesem Sinne wurde bereits im 1. Kulturwirtschaftsbericht Schweiz[43] ein dreistufiges Modell vorgeschlagen. Die Stufe eins bezieht sich auf die originäre Produktion von kreativen Produkten und Dienstleistungen. Die Stufe zwei umfasst die Einführung kreativer Produkte und Dienstleistungen in einen Endverbrauchermarkt, und die Stufe drei bezieht sich auf die Reproduktion und die Verbreitung von Gütern und Dienstleistungen durch industrialisierte Prozesse und moderne Kommunikationstechniken.

Ein ähnliches – jedoch vierstufiges Modell – ist die sogenannte Creative Industries Production Chain (CIPS), die in der britischen Diskussion verwendet wird [TAB.4].[44]

In diesem Modell entspricht die Phase eins derjenigen des oben vorgestellten dreistufigen Modells. Die Phase zwei fokussiert auf Prototypen bzw. auf die Produktion von spezifischen Dienstleistungen, Materialien und Werkzeugen (Tools), welche in der Kreativwirtschaft verwendet werden. Die Phase drei entspricht weitgehend der zweiten Stufe des dreistufigen Modells, und die Phase vier schliesslich meint die eigentliche Frontend-Präsentation der Produkte und Dienstleistungen und entspricht teilweise der Stufe zwei des dreistufigen Modells.[45]

Die Diskrepanz zwischen theoretischer Abbildung und praktizierter Wirklichkeit ist augenfällig. Im Kapitel 5 wird das Thema Wertschöpfung wieder aufgenommen und für die Kreativwirtschaft diskutiert. Die Unterscheidung verschiedener Wertschöpfungsbegriffe wird dann ein wichtiger Schritt zu einem besseren Verständnis der Wertschöpfungsketten in der Kreativwirtschaft sein.

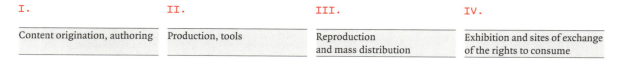

I.	II.	III.	IV.
Content origination, authoring	Production, tools	Reproduction and mass distribution	Exhibition and sites of exchange of the rights to consume

TAB.4_ LINEARE ABFOLGE VON VIER STUFEN EINER WERTSCHÖPFUNGSKETTE NACH DER CREATIVE INDUSTRIES PRODUCTION CHAIN (CIPS).

---

[43] WECKERLE, CHRISTOPH, SÖNDERMANN, MICHAEL, 1. Kulturwirtschaftsbericht Schweiz, Hochschule für Gestaltung und Kunst Zürich, 2003.

[44] Quelle: PRATT, C. ANDY, Changes in the Cultural Industries in Great Britain, 1998–2002, Paper for Seminar on Cultural Industries, Amsterdam 26th – 27th January 2006, University of Amsterdam.

[45] Ein neuerer Versuch der Darstellung von – weitgehend linear konzipierten – Wertschöpfungsketten findet sich in: Comparative Analysis of the UK's Creative Industries, Report to DCMS, August 3, 2006, Frontier Economics Ltd., London.

INNOVATION UND KREATIVITÄT Nebst dem Thema Wertschöpfung finden sich in Argumentationslinien zur Kreativwirtschaft häufig die Begriffe «Innovation» und «Kreativität».

Ein Grund für diese Parallelität liegt wohl auch in der Tatsache begründet, dass «Innovation», «Kreativität» und «Kreativwirtschaft» in ähnlichen Kontexten vermutet oder gar vergleichbar umschrieben werden.

Die folgenden Beispiele zeigen einige Definitionsmerkmale des Innovationsbegriffs.[46] Es fällt auf, dass diese den in Kapitel 2 aufgeführten Umschreibungen der Kreativwirtschaft durchaus verwandt sind: So geht Innovation einher mit Unsicherheit, und Prognosen über den Erfolg innovativer Ansätze sind schwer zu machen. Umgekehrt erfolgt Innovation in den wenigsten Fällen von selbst, sondern sie ist extern initiiert. Eine Innovation hat oft den Charakter eines öffentlichen Gutes; ihr Nutzen kann selten nur vom Entwickler abgeschöpft werden, da die Kosten für die Nachahmung meist tiefer sind als die Entwicklungskosten. Damit verbunden ist die Diskussion um geeignete Schutzmechanismen. Innovationen sind auf spezifische Verhältnisse in den jeweiligen Branchen und an unterschiedlichen Standorten bezogen; sie werden oft im Kontext von Clustern, Pfadabhängigkeiten oder Interaktionsstrukturen zwischen Unternehmen und staatlichen Stellen, Universitäten, politischen Gremien usw. thematisiert. Ein weiterer Grund für die Nähe zwischen Kreativwirtschaft und Innovation ist das von der OECD und von Eurostat gemeinsam publizierte «Oslo-Handbuch» zur Innovation.[47] Direkt und indirekt ist dieses Handbuch eine wichtige Quelle für viele Textstellen in Kreativwirtschaftsberichten und Strategiepapieren.

Innovation wird dort in der Regel als die Einführung von neuen oder merklich verbesserten Produkten, Dienstleistungen oder Prozessen verstanden.[48] Als wichtige Anforderung an eine Innovation wird aufgeführt, dass das Produkt, der Prozess, der Ansatz, die Methode neu ist (im Unterschied zu Routinen) oder zumindest signifikant modifiziert wurde (neuartige Kombination von bestehendem Wissen) und am Markt eingeführt ist. Der Marktbezug steht denn auch für einen wichtigen Anreiz für Innovation, nämlich die Leistung eines Unternehmens (im Markt) zu verbessern. Unterschieden werden Produktinnovation, Prozessinnovation, Marketinginnovation und Organisationsinnovation.

Kreativität wird schon wegen der begrifflichen Nähe mit der Kreativwirtschaft in Verbindung gebracht. Zudem wird sie in der Regel eng an den Innovationsbegriff geknüpft und in Studien zur Kreativwirtschaft mit der Entwicklung neuer Ideen gleichgesetzt, also mit der ersten Phase eines Innovationsprozesses. Voraussetzungen dafür sind Neuartigkeit («novelty») bzw. Erfindungen («inventions»). Diese sind erfüllt, wenn bestehende Probleme neu betrachtet oder ex nihilo neue Möglichkeiten erkannt werden – etwa durch das Nutzen neuer Technologien oder durch Veränderungen im Umfeld.

Diese erste Phase steht selten in direktem Bezug mit einer wirtschaftlichen Tätigkeit; sie ist weniger zielgerichtet und grenzt sich so von der Innovation ab, von der erst dann gesprochen wird, wenn ein wirtschaftliches Potenzial absehbar wird oder wenn ein handel-

---

[46] Vgl. ZINKL, WOLF, Ein Innovationsmarkt für Wissen und Technologie, Diskussionsbeitrag zur Neuausrichtung der Innovationspolitik in der Schweiz (2), im Auftrag von Avenir Suisse, 2005. NELSON, R., WINTER, S., An Evolutionary Theory of Economic Change, Belknap Press of Harvard University Press, Cambridge, Massachusetts 1982; LUNDVALL, B.-A. (Hrsg.), National Systems of Innovation: Towards a Theory of Innovation and Interactive Learning, Pinter Publishers, London 1992; NELSON R., National Innovation Systems, Oxford University Press, Oxford 1993.

[47] Oslo Manual, Guidelines for Collecting and Interpreting Innovation Data, third edition, A Joint Publication of OECD and Eurostat, 2005.

[48] Ebenda, S. 46: «An innovation is the implementation of a new or significantly improved product (good or service), or process, a new marketing method, or a new organisational method in business practices, workplace organisation or external relations.» Zu erwähnen ist, dass das Oslo-Handbuch sich immer wieder auf die Ansätze von JOSEPH SCHUMPETER (The Theory of Economic Development, 1934) bezieht. Demnach entsteht wirtschaftlicher Fortschritt durch Innovation, indem in einem dynamischen Prozess neue Technologien alte ersetzen («kreative Zerstörung»). Dabei unterscheidet er «radikale» Innovation von «inkrementeller» Innovation. Auch ist SCHUMPETERS Typologie der Innovation (Einführung neuer Produkte, Einführung neuer Produktionsmethoden, Erschliessen neuer Märkte, Erschliessen neuer Beschaffungskanäle, Entwickeln neuer Marktstrukturen) mit dem Handbuch kompatibel.

bares Produkt entsteht. In diesem Sinne wird Kreativität auch als individueller und subjektiver, Innovation als gruppenbasierter und objektiver Begriff beschrieben.

Kreativität wird jedoch nicht nur als Vorstufe zur Innovation verstanden, sondern auch als deren Teilmenge, wenn nämlich unter den Begriff die kreativen Akteure bzw. kreativen Klassen subsumiert werden, welche innovative Milieus bilden, in welchen Innovationen umgesetzt werden.

Häufig lässt sich zudem beobachten, dass insbesondere im Kontext der Kreativwirtschaft die Begriffe Innovation und Kreativität nicht mehr trennscharf verwendet werden.[49]

Wertschöpfung, Innovation und Kreativität sind Leitbegriffe der Debatte zur Kreativwirtschaft. Sie sind bis jetzt jedoch wenig ausgeleuchtet. Argumentationslinien werden oft ungeprüft aus anderen Bereichen übernommen und begriffliche Verwandtschaften allzu leicht auf inhaltliche Dimensionen übertragen.

Die systematisierenden Ansätze ab Kapitel 5 sollen auch als Beitrag zu einer über weite Strecken noch zu führenden Debatte verstanden werden.

---

[49] Vgl. dazu: SCHLEICH, PETRA, Creative Industries und regionale Innovationssysteme, InTeReg Working Paper Nr. 22, 2005, Graz, Wien, Februar 2005.

3.0

KREATIVWIRTSCHAFT SCHWEIZ

Unter Bezugnahme auf die internationale Diskussion wird nun die Kreativwirtschaft in der Schweiz analysiert. Dabei folgt auf eine definitorische Grundlegung [3.1] – die im Vergleich zu den vorangegangenen Analysen ungleich differenzierter ausfallen wird – ein gewichtiger empirisch-statistischer Teil. Dieser beinhaltet einen Überblick für eilige Leser [3.2] sowie die Detailanalyse von 13 Teilmärkten [3.3].

3.1 DEFINITORISCHE GRUNDLAGEN

Es verwundert nicht, dass im Kontext der breiten europa- und weltweiten Diskussion die Kreativwirtschaft in der Schweiz verstärktes Interesse findet. Bereits nach dem Erscheinen des 1. Kulturwirtschaftsberichts Schweiz[50] ergriffen Stadt und Kanton Zürich die Initiative und liessen als Grundlage für eine spezifische Cluster-Strategie einen Kreativwirtschaftsbericht erstellen. Auch weitere Publikationen zum Thema sind erschienen.[51]

Es geht nicht nur um die zweifelsohne wichtigen Beschäftigungspotenziale, welche die Kreativwirtschaft zu bieten hat, sondern auch um die grundsätzlichen Fragen, welchen Wandel die Wirtschaftsregion Zürich in Zukunft gestalten kann und welche Felder der «immateriellen Wirtschaft» in zehn Jahren die Schlüsselindustrien in der Region Zürich bilden werden.

Unter Kreativwirtschaft versteht man in der Schweiz diejenigen Kultur- und Kreativunternehmen, welche überwiegend erwerbswirtschaftlich orientiert sind und sich mit der Schaffung, Produktion, Verteilung und medialen Verbreitung von kulturellen und kreativen Gütern und Dienstleistungen befassen.

Die Kreativwirtschaft wird in der Schweiz wegen ihrer dynamischen wirtschaftlichen Entwicklung und ihrer kleinteiligen Betriebsstrukturen thematisiert. Die wachsende Bedeutung dieser sogenannten «kleinen Kreativwirtschaft» scheint durch neue technologische und kostengünstige Ausrüstungen und Produktionsmethoden möglich zu werden und führt in der öffentlichen Wahrnehmung zu einer Aufwertung der selbstständigen Kultur- und Kreativberufe. Produkte und Dienstleistungen der selbstständigen Büros, Ateliers, Künstleragenturen usw. werden zudem als Bestandteil kultureller Vielfalt anerkannt und tragen zur Attraktivität in Städten und Regionen bei.

Kreativwirtschaft wird als vielfältiges Beziehungsgeflecht verstanden, welches durch seine Wirkungszusammenhänge unterschiedliche Funktionsfelder erfasst, die in einer Gesamtschau untersucht werden müssen, wenn die Kreativwirtschaft einen nachhaltigen Beitrag zu Wachstum und Beschäftigung leisten soll. Modellhaft können diese Bezüge anhand des sogenannten «Drei-Sektoren-Modells» dargestellt werden:

---

[50] WECKERLE, CHRISTOPH, SÖNDERMANN, MICHAEL, 1. Kulturwirtschaftsbericht Schweiz, Hochschule für Gestaltung und Kunst Zürich, 2003.

[51] Vgl. dazu: WECKERLE, CHRISTOPH, SÖNDERMANN, MICHAEL, Kreativwirtschaft Zürich, Der privatwirtschaftliche Teil des kulturellen Sektors im Kanton Zürich, Hochschule für Gestaltung und Kunst Zürich, 2005; KLAUS, PHILIPP, Stadt – Innovation – Kultur, Kulturwirtschaft und kreative innovative Kleinstunternehmen in der Stadt Zürich, Seismo, 2006.

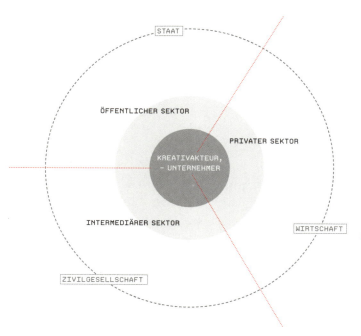

ABB.7_ DAS DREI-SEKTOREN-MODELL UNTERTEILT DEN GESAMTEN KULTURELLEN BEREICH IN EINEN ÖFFENTLICHEN, EINEN INTERMEDIÄREN UND EINEN PRIVATEN SEKTOR.

Dieses in der Schweiz etablierte Modell wählt den Fokus des Kreativakteurs bzw. einzelnen Unternehmers und gliedert den kulturellen Sektor wie in der Abbildung dargestellt in drei Teilsektoren: Während der öffentliche und der intermediäre Teilsektor nicht gewinnorientiert sind, gilt der private als kommerziell ausgerichtet und wird mit dem Begriff «Kreativwirtschaft» bezeichnet. Die Teilsektoren stehen in einem kapillaren Austauschsystem miteinander in Verbindung. Die Kreativwirtschaft baut auch auf Kreativitätspotenzialen der öffentlichen und gemeinnützigen Teilsektoren auf und wirkt innovativ auf diese zurück – zumindest im Prinzip.

Aufgrund dieser komplexen Interdependenzen und den damit verbundenen permanenten Veränderungen ist Kreativwirtschaft nur als offenes System zu verstehen. Modifikationen in den definitorischen Schwerpunkten, Entwicklungen hinsichtlich der Abgrenzung und Überschneidungen mit anderen Branchen sind daher als konstitutiv zu betrachten. Diesen Aspekten wird in den folgenden beiden Kapiteln hinsichtlich der erfassten Berufe und ihrer Geschäftsmodelle Rechnung getragen.

3.1.1 DIE VIELFALT DES BRANCHENKOMPLEXES: TEILMÄRKTE Ein charakteristisches Merkmal der Kreativwirtschaft ist, dass sie als sogenannte Querschnittsbranche zu verstehen ist, als Zusammenfassung von unterschiedlichen Wirtschaftszweigen aus dem Produktions- und Dienstleistungs- sowie dem Handelssektor. Hierin unterscheidet sie sich fundamental von altindustriellen Branchen wie z.B. Automobilbau oder Chemieindustrie, die nach homogenen Wirtschaftszweigen des Produktionssektors beschrieben werden können. In diesem Sinne ist die Kreativwirtschaft mit der Medien- oder IT-Industrie verwandt, die ebenfalls nur noch als querschnittsartige Branchenkomplexe beschrieben werden können.

Dennoch versuchen internationale Abgrenzungen die Kreativwirtschaft nach statistiksystematischen Aspekten und nicht nach realitätsnäheren Teilmärkten zu erfassen. So werden die Wirtschaftszweige Buch- und Presseverlage mit der Tonträgerindustrie zum Verlagsgewerbe zusammengefasst. Analog wird unter dem Handel mit Kulturgütern der Handel mit Kunstwerken, mit Musikalien und Musikinstrumenten oder auch mit Büchern verstanden.

Die nachfolgende Abgrenzung wird deshalb nach thematischen Aspekten gegliedert, also nach Teilmärkten

TEILMARKT	FREIBERUFLER UND SELBSTSTÄNDIG ERWERBENDE KREATIVBERUFE	UNTERNEHMEN UND FIRMEN
1. MUSIKWIRTSCHAFT	Komponisten, Musiker, Musiklehrer, Toningenieure, Interpreten, Musikensembles, usw.	Instrumentenherstellung, Musikverlag, Tonträgerproduktion, Agentur, Musikfachgeschäft, Veranstalter, Club, Musical, Festival, kommerzielle Musikschule, usw.
2. BUCHMARKT	Schriftsteller, Autoren, Journalisten, Wortproduzenten, usw.	Buchverlag, Zwischenbuchhandel, Buchhandel, Agentur, usw.
3. KUNSTMARKT	Bildende Künstler, Restauratoren, Kunstlehrer, usw.	Galerie, Kunsthandel, Museumsshop, kommerzielle Kunstausstellung, usw.
4. FILMWIRTSCHAFT	Drehbuchautoren, Filmschauspieler, Filmproduzenten, usw.	Film- oder TV-Produktionsfirma, Filmverleih, Vertrieb, Kino usw.
5. RUNDFUNKMARKT	Moderatoren, Sprecher, Produzenten, usw.	Radio- und Fernsehunternehmen
6. MARKT DER DARSTELLENDEN KUNST	Darstellende Künstler, Artisten, Tänzer, Kabarettisten, usw.	Kommerzielles Theater, Musical, Agentur, Varietétheater, Kleinstkunst, usw.
7. DESIGNWIRTSCHAFT	Designer, Gestalter, angewandte Künstler, usw.	Büros für Industriedesign, Produktdesign, Grafikdesign, visuelles Design, Web-Design, Mode, usw.
8. ARCHITEKTURMARKT	Architekten, Landschaftsplaner, usw.	Büros für Hoch- und Tiefbauarchitektur, Innenarchitektur, Landschaftsgestaltung, usw.
9. WERBEMARKT	Werbetexter, Werber, usw.	Büro für Werbevermittlung, Werbeverbreitung, usw.
10. SOFTWARE-/GAMES-INDUSTRIE	Software-, Games-Entwickler, usw.	Softwareberatung und -entwicklung, Softwareverlag, Programmierfirma, Agentur, usw.
11. KUNSTHANDWERK	Kunsthandwerker, Gold- und Silberschmiede, usw.	Kunstgewerbe, Bearbeitung von Edel- und Schmucksteinen, Herstellung von Schmuck-, Gold- und Silberschmiedewaren, usw.
12. PRESSEMARKT	Schriftsteller, Autoren, Journalisten, Wortproduzenten, usw.	Presseverlag, Pressehandel, Pressearchiv, usw.
13. PHONOTECHNISCHER MARKT	(siehe Musik-, Filmwirtschaft)	Hersteller und Händler film-, rundfunk- und phonotechnischer Geräte, usw.

TAB.5_ THEMATISCHE ABGRENZUNG DER KREATIVWIRTSCHAFT NACH 13 TEILMÄRKTEN.

wie Musikwirtschaft, Filmwirtschaft, Kunstmarkt usw. Diese sind für die (verbands-)politische Diskussion des Themas besser geeignet, da sie sich an der Realität des Marktes orientieren.

Detaillierter als in der internationalen Praxis werden für das schweizerische Profil der Kreativwirtschaft zusätzlich Teilbranchen einbezogen, die bereits nach dem Modell des 1. Kulturwirtschaftsberichts erfasst worden sind.[52]

TEILMARKT Die Kreativwirtschaft umfasst in der vorliegenden Studie also insgesamt 13 Teilmärkte. Die überwiegende Zahl dieser Teilmärkte bietet Produkte und Dienstleistungen an, die entweder für andere Produktions- und Dienstleistungsbranchen oder direkt für den Endverbrauchermarkt bestimmt sind. Zwei Teilmärkte haben komplementären oder ergänzenden Charakter: der Pressemarkt und der phonotechnische Markt.

Die ersten sechs bis acht Teilmärkte aus obiger Tabelle gelten als klassische Kulturmärkte. In der Fachdiskussion werden sie oftmals mit dem Begriff «Kulturwirtschaft» zusammengefasst [VGL. DIE UNESCO-DEFINITION IN KAP. 2.2.1]. Dieser Branchenbegriff spielt eine grössere Rolle in Ländern mit ausgeprägter staatlicher Kulturförderung, vor allem wenn man an integrierter Wirtschafts- und Kulturpolitik interessiert ist (Stichwort: Doppelcharakter Kultur- und Wirtschaftsgut).

Unter rein wirtschaftlichen Gesichtspunkten verbreitet sich immer mehr der Begriff der Kreativwirtschaft, der vor allem durch das britische Konzept der «creative industries» geprägt ist. Er stellt neben den klassischen Kulturmärkten die Teilmärkte Designwirtschaft, Werbemarkt und Software- und Games-Industrie ins Zentrum des Interesses [VGL. KAP. 2.2.2].

3.1.2 DIE VIELFALT DER AKTEURE: GESCHÄFTSMODELLE Innerhalb und ausserhalb dieser Branchenkomplexe arbeiten Kreativakteure als Selbstständige und Angestellte Vollzeit oder Teilzeit in den unterschiedlichsten Konstellationen. Sie sind temporär beschäftigt oder unbefristet angestellt, lokal oder international vernetzt, ihre Tätigkeit basiert auf bestehenden Strukturen oder verzichtet bewusst auf solche. Viele der in Kapitel 2.2 analysierten Definitionen, Abgrenzungen und Ansätze tragen diesem Umstand kaum Rechnung, wenn dort pauschal von «Kreativen» oder der «Kreativwirtschaft» die Rede ist. Bereits eine dreiteilige Unternehmenstypologie erlaubt eine interessante Differenzierung [TAB.6].

I.	II.		III.
Kreativszene in der Kreativwirtschaft	Etablierte kleine und mittlere Unternehmen in der Kreativwirtschaft	Etablierte grosse und sehr grosse Unternehmen in der Kreativwirtschaft	Kreativakteure ausserhalb der Kreativwirtschaft

TAB.6_ UNTERNEHMENSTYPOLOGIE DER KREATIVWIRTSCHAFT.

---

[52] WECKERLE, SÖNDERMANN, 1. Kulturwirtschaftsbericht Schweiz, S. 51.

Die in Tabelle 6 modellhaft dargestellte Dreiteilung berücksichtigt, dass jede Abgrenzung der Kreativwirtschaft lediglich eine Annäherung an die Realität ist. Zudem trägt sie der Tatsache Rechnung, dass relevante Branchen, Berufe oder Tätigkeiten immer auch ausserhalb des betrachteten Feldes liegen können.

Dennoch kann im Folgenden entlang von Produktions- und Finanzierungsmechanismen gezeigt werden, dass zwischen den drei Unternehmenstypen signifikante Unterschiede bestehen.

PRODUKTIONSMECHANISMEN Für eine Beschreibung unterschiedlicher Geschäftsmodelle der Kreativwirtschaft gilt es zu beachten, dass die Trennungen zwischen den drei Typen nicht trennscharf zu verstehen sind, sondern dass die Übergänge fliessend sind bzw. dass je nach Branche Elemente eines Typs auch für einen anderen prägend sein können. Die nachfolgende Beschreibung wird weiter unten detailliert entwickelt und ist in diesem Sinne als idealtypisch zu verstehen:

KREATIVSZENE Die Akteure der Kreativszene zeichnen sich durch Zugehörigkeit zu temporären Konstellationen aus, in welchen Produktions- und Kommunikationsprozesse sehr flexibel gehandhabt werden. Die Fixkosten bleiben auf diese Weise tief. Die damit verbundene Unabhängigkeit ermöglicht Experimente und innovative Züge in der Arbeit. Umgekehrt bleibt jedoch die Komplexität der Lösungen aufgrund der beschränkten Ressourcen überschaubar. Es entstehen primär Prototypen, Einzelanfertigungen oder Kleinstserien.

ETABLIERTE UNTERNEHMEN Etablierte Unternehmen in der Kreativwirtschaft sind durch von aussen erkennbare betriebliche Strukturen gekennzeichnet. Entsprechend laufen Produktions- und Kommunikationsprozesse weitestgehend in normierten Strukturen ab. In Abgrenzung zur Kreativszene gewinnen Geschäftsprinzipien wie Stabilität, Langfristigkeit oder Zuverlässigkeit an Gewicht. Die Komplexität der Lösungen bleibt oft überschaubar. Innovative Züge entstehen durch die Fähigkeit, innerhalb gegebener Normen neue Produkte oder Produktvarianten zu entwickeln. Im Vordergrund stehen dabei meist vertraute Produktkriterien und auf Standards basierende Reproduktionen.

KREATIVAKTEURE AUSSERHALB DER KREATIVWIRTSCHAFT Diese Akteure (aus der Kreativszene oder aus etablierten Unternehmen) sind als Glieder in der Wertschöpfungskette von Unternehmen ausserhalb der Kreativwirtschaft zu erkennen. Ihre Handlungs- und Denkweise weist ihnen die Rolle von innovativen Problemlösern bzw. Problemfindern zu (oft in Nähe zu einer Forschungs- und Entwicklungsabteilung). Problemstellungen werden extern formuliert und in laborähnlichen Situationen unter optimalen Bedingungen gelöst. Die Komplexität der Lösungen ist aufgrund der zur Verfügung stehenden Ressourcen und aufgrund der inhaltlichen Ausrichtung hoch.

FINANZIERUNGSMECHANISMEN In Gesprächen mit Exponenten verschiedener Kreativbranchen hat sich gezeigt, dass die Unternehmenstypologie auch für die Finanzierungsmechanismen in der Kreativwirtschaft Gültigkeit hat.

Dabei gilt es für die Kreativwirtschaft, die Kategorien Fremd- und Eigenfinanzierung spezifisch zu interpretieren. Eigenfinanzierung beschreibt, inwiefern die Produkte und Dienstleistungen am Markt abgesetzt werden und ob überhaupt ein Zugang zum Markt etabliert werden konnte. Fremdfinanzierung beschreibt, ob ein Akteur mit seinen Produkten und Dienstleistungen als förderungs- oder kreditwürdig erachtet wird. Im nachstehenden Modell werden die Kreativszene und die etablierten Unternehmen der Kreativwirtschaft visualisiert. Die in Tabelle 6 eingeführten Kreativakteure ausserhalb der definierten Abgrenzung sind nicht abgebildet.

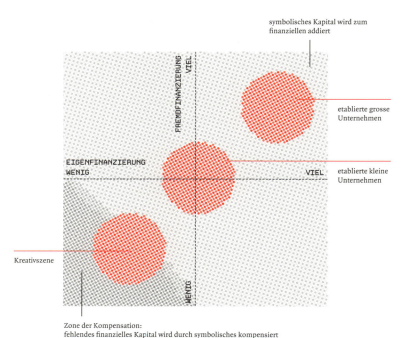

ABB.8_ FINANZIERUNGSMECHANISMEN DER KREATIVWIRTSCHAFT.

Die Achse Eigenfinanzierung (Investitionsmittel) beschreibt, inwiefern die Produkte und Dienstleistungen am Markt abgesetzt werden und ob ein Zugang zum Markt etabliert werden konnte. Die Achse Fremdfinanzierung (Kreditfinanzierung, spezifische öffentliche Förderung) beschreibt, ob ein Akteur mit seinen Produkten und Dienstleistungen als förderungs- bzw. kreditwürdig erachtet wird. Dabei sind Ressourcen aus dem privaten Sektor (oder Bankkredite) und aus dem öffentlichen Sektor (Verlagsförderung, Filmförderung) zu unterscheiden.

Aus der Perspektive der Finanzierung ist die Kreativszene zugleich spezifisch wie auch konstitutiv für die Kreativwirtschaft. Diese ist in einem Quadranten angesiedelt, der tendenziell über wenig Fremdfinanzierung verfügt. Akteure der Kreativszene sind in der Regel für Banken nur bedingt kreditwürdig und verfügen tendenziell über wenig Eigenfinanzierung – die Produkte und Dienstleistungen der Unternehmen der Kreativszene finden nicht immer leichten Zugang zum Markt.

Es wird als «Paradox der Kreativwirtschaft» bezeichnet, dass die Kreativszene sich in diesem aus Sicht der klassischen Wirtschaftsförderung wenig attraktiven Bereich bewusst positioniert. Dabei stützt sie sich auf verschiedene Kompensationsmechanismen: Die dünne Eigenkapitaldecke wird durch einen stark reduzierten kalkulatorischen Unternehmerlohn und durch symbolisches Kapital [VGL. DAZU KAP. 5] abgestützt. Fehlendes Fremdkapital kann durch Fördermassnahmen der öffentlichen Hand[53] (kapillare Austauschbeziehungen des Drei-Sektoren-Modells: Werkbeiträge, Transport- und Unterhaltskosten, Stipendien, Werkankäufe, Werkjahre, spezifische Aufträge, Kataloge, Ateliers, Infrastruktur, Weiterbildung und Beratung usw.) oder durch mehrspurige Anstellungsprofile (etwa Anstellungen im öffentlichen Sektor) aufgewogen werden.

Auch dieses Bild wurde für die Schweiz von Vertretern aller Kreativbranchen bestätigt. Allen scheint darüber hinaus gemein, dass es in kaum einem Teilmarkt eine bedeutende Anzahl von grossen etablierten Unternehmen gibt; dominant sind kleine etablierte Unternehmen und die Mikrostrukturen der Kreativszene – ein Befund, der in den nachfolgenden empirisch-quantitativen Kapiteln mehrfach bestätigt werden wird.

3.1.3 KREATIVBERUFE, GESCHÄFTSMODELLE, HANDLUNGSFELDER – EINE INTEGRIERENDE PERSPEKTIVE

Die in den vorangegangenen Kapiteln vorgenommenen Annäherungen an die Kreativwirtschaft über entsprechende Berufsfelder und Branchengliederung, Unternehmenstypologien und Finanzierungsmechanismen scheinen auf den ersten Blick vielleicht trivial. Dennoch unterscheiden sie sich von den meisten anderen Betrachtungen, welche diese Differenzierungen in der Regel nicht einführen, weil die unternehmerische Praxis alle beteiligten Faktoren und Kompetenzen ja tatsächlich zusammenführt.

Werden die angesprochenen Faktoren jedoch einzeln betrachtet, wird sich zeigen, dass in der Realität eines jeden Branchenkomplexes der Kreativwirtschaft strukturell bedingte Spannungen auftreten – zwischen beruflichen und unternehmerischen Kompetenzen so gut wie in ihren Umsetzungen in Handlungsfelder.

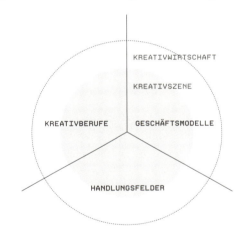

ABB.9_ UNTERSCHIEDLICHE BLICKWINKEL AUF DIE KREATIVWIRTSCHAFT: BERUFSFELDER, UNTERNEHMENSTYPOLOGIE UND PRAXISDIMENSION.

---

[53] Vgl. WECKERLE, CHRISTOPH, VOLK, ANDREAS, Die Rolle von Kultur und Kulturpolitik in den schweizerischen Aussenbeziehungen, Synthesebericht, Schweizerischer Nationalfonds, 1999, Kapitel 3.

Die weiter unten folgende Analyse der Kreativszene [KAP. 5] und die Entwicklung von entsprechenden Handlungsanweisungen [KAP. 7] basieren auf dieser Unterscheidung und operationalisieren diese im Hinblick auf konkrete Fördermodelle.

3.2 EMPIRISCHER ÜBERBLICK Der empirische Überblick zeichnet ein komprimiertes Bild der Kreativwirtschaft Schweiz, welches in den unten folgenden Teilmarktportraits differenziert wird. Der Überblick richtet sich an den Leser, welcher ein rasches Gesamtbild erhalten möchte, ohne sich in die detaillierten Teilmarktportraits vertiefen zu wollen.

Im ersten Teilkapitel [3.2.1] wird die statistische Gliederung der Kreativwirtschaft Schweiz erläutert, und die Stärken und Schwächen des statistischen Zugangs werden diskutiert [3.2.2]. Anschliessend werden Strukturdaten zur Kreativwirtschaft Schweiz präsentiert [3.2.3] und danach die Entwicklung seit dem Jahr 2001 beschrieben [3.2.4]. Das fünfte Teilkapitel [3.2.5] bietet einen kurzen Branchenüberblick, gefolgt von einem Einblick in ausgewählte Teilmärkte [3.2.6].

3.2.1 NEUE STATISTISCHE GLIEDERUNG DER EINZELNEN TEILMÄRKTE Die statistische Abgrenzung orientiert sich an der in Kapitel 3.1.1 vorgestellten Gliederung der Kreativwirtschaft. Die einzelnen Teilmärkte werden in eigenständige Grundeinheiten getrennt und nicht zu Branchenkomplexen zusammengefasst.

Damit wird die Verknüpfung von verwandten Teilmärkten im engeren und im weiteren Sinne – wie sie noch im 1. Kulturwirtschaftbericht Schweiz verwendet wurde – aufgegeben. Auf diese Weise können die Teilmärkte zu neuen variablen Gruppen zusammengesetzt werden – je nach gewählter Perspektive. Statt der starren Zuordnung, zum Beispiel von Buch- und Pressemarkt, können Verknüpfungen auch flexibel gewählt werden, etwa die Zusammensetzung von Buch-, Design-, Werbe- und Pressemarkt zu einem neuen Branchenkomplex bei grundsätzlicher Beibehaltung der Binnenstruktur des jeweiligen Teilmarktes. Dieser neue Zuschnitt der Teilmärkte wurde insbesondere auf Anregung verschiedener Fachverbände entwickelt, welche ein Interesse an möglichst branchennahen Aussagen haben.

Es bleibt für die Zukunft weiterhin eine wichtige Aufgabe, die Verflechtungen und funktionalen Beziehungen der Teilmärkte untereinander herauszuarbeiten, denn auf der Ebene der statistischen Gliederung gestaltet sich dies zunehmend schwierig. So ist beispielsweise der Einbezug der Onlinewirtschaft oder des Internets – soweit diese wirtschaftliche Aktivitäten für die Kreativwirtschaft auslösen – unter statistischen Gliederungsaspekten sehr schwer zu identifizieren.

Die statistische Gliederung der Kreativwirtschaft Schweiz 2007 wird auf der Basis der Schweizer Wirtschaftszweigklassifikation [NOGA, VGL. KAP. 3.3.1] entwickelt. Diese offiziell verbindliche Gliederung für die Schweizer Volkswirtschaft unterteilt die jeweiligen wirtschaftlichen Aktivitäten der Gesamtwirtschaft nach Abteilungen, Gruppen und Unterklassen (Wirtschaftszweige). Für die Kreativwirtschaft Schweiz wurden folgende Wirtschaftszweige in der feinsten Untergliederung den 13 Teilmärkten zugeordnet:

TEILMARKT	NOGA-NR.	WIRTSCHAFTSZWEIG, WIRTSCHAFTLICHE AKTIVITÄT
1. MUSIKWIRTSCHAFT	92.31B	Orchester, Chöre, Musiker (u. a. selbstständige Musiker)
	80.42B	Künstlerische Schulen (u. a. selbstständige Musiklehrer) (Anteil 20%)
	22.14A	Verlag von bespielten Tonträgern
	22.30A	Vervielfältigung von bespielten Ton-, Bild- und Datenträgern
	36.30A	Herstellung von Musikinstrumenten
	52.45C	Detailhandel mit Ton- und Bildträgern
	52.45D	Detailhandel mit Musikinstrumenten
	92.32A	Betrieb von Theatern, Opern, Schauspielhäusern und Konzerthallen [a]
	92.32B	Sonstige Hilfsdienste des Kultur- und Unterhaltungswesens (u. a. Tonstudios) [a]
	55.40B	Diskotheken, Dancings, Night Clubs (ohne Bars) [a]
2. BUCHMARKT	92.31D	Sonstige künstlerische Tätigkeiten und Darbietungen (u. a. Schriftsteller, Autoren) [a]
	92.40B	Selbstständige Journalisten
	22.11A	Buchverlag (mit Musikverlag)
	52.47A	Detailhandel mit Büchern
3. KUNSTMARKT	92.31C	Selbstständige bildende Künstler
	92.31D	Sonstige künstlerische Tätigkeiten und Darbietungen (u. a. Restauratoren) [a]
	52.48O	Kunsthandel (Detailhandel mit zeitgenössischen Kunstgegenständen)
	92.52A	Museen (mit privatwirtschaftlichen Betriebsteilen) (Anteil 15%)
	52.50A	Detailhandel mit Antiquitäten
4. FILMWIRTSCHAFT	92.31A	Theater- und Ballettgruppen (u. a. selbstständige Bühnenkünstler und Regisseure) [a]
	92.11A	Film-, TV- und Videofilmherstellung
	92.12A	Filmverleih- und Videoprogrammanbieter
	92.13A	Kinos
5. RUNDFUNKMARKT	92.20A	Radioanstalten/-unternehmen
	92.20B	Fernsehanstalten/-unternehmen
6. MARKT DER DARSTELLENDEN KUNST	92.31A	Theater- und Ballettgruppen (u. a. selbstständige Bühnenkünstler) [a]
	92.32A	Betrieb von Theatern, Opern, Schauspielhäusern und Konzerthallen [a]
	92.32B	Sonstige Hilfsdienste des Kultur- und Unterhaltungswesens [a]
	92.34A	Weitere Kultur- und Unterhaltungseinrichtungen (Zirkus, unabhängige Akrobaten, Puppentheater)
7. DESIGNWIRTSCHAFT	74.20D	Industriedesign, sonstige Ingenieurbüros (Anteil 10%)
	74.87B	Produkt- und Grafikdesign
	74.40A	Kommunikationsdesign, Werbegestaltung
	74.14A	Kommunikationsdesign, Unternehmensberatung (Anteil 10%)
	74.81A	Fotodesign, fotografische Ateliers
	74.87C	Ausstellungsdesign, Ausstellungs- und Messewesen
8. ARCHITEKTURMARKT	74.20A	Architekturbüros
	74.20B	Innenarchitekturbüros
	74.20G	Landschaftsplanung
9. WERBEMARKT	74.40B	Werbung, Werbevermittlung
10. SOFTWARE-/GAMES-INDUSTRIE	72.2	Software-, Games-Entwicklung, Beratung
11. KUNSTHANDWERK	36.22A	Bearbeitung von Edel- und Schmucksteinen
	36.22B	Herstellung von Schmuck-, Gold- und Silberschmiedewaren
	26.25A	Herstellung von sonstigen keramischen Erzeugnissen, anderweitig nicht genannt
12. PRESSEMARKT	52.47B	Detailhandel mit Zeitungen und Zeitschriften; Kioske
	22.12A	Zeitungsverlag
	22.13A	Zeitschriftenverlag
	22.15A	Sonstiges Verlagswesen
	74.85B	Übersetzungsbüros
13. PHONOTECHNISCHER MARKT	32.30A	Herstellung von Radio- und Fernsehgeräten sowie phonotechnischer Geräte
	52.45B	Detailhandel mit Radio- und Fernsehgeräten

TAB.7_ 13 TEILMÄRKTE: DIE STATISTISCHE ABGRENZUNG DER KREATIVWIRTSCHAFT 2007, NACH WIRTSCHAFTSZWEIGKLASSIFIKATION NOGA.

Hinweise: a) Wirtschaftszweige mehreren Teilmärkten zugeordnet.
Anteil in Prozentangaben = teilweise Einbeziehung der Aktivität.
Quelle: Wirtschaftszweigklassifikation NOGA, BfS.

3.2.2 STÄRKEN UND SCHWÄCHEN DER STATISTIK-BASIS

Mit der vorliegenden Abgrenzung nach der Wirtschaftsklassifikation NOGA ist es nunmehr möglich, die verschiedenen statistischen Datenquellen der amtlichen Statistik in der Schweiz zu nutzen und auszuwerten [VGL. KAP. 3.3.1]. Folgende Stärken und Schwächen sind mit der Verknüpfung von Wirtschaftszweigklassifikation und amtlicher Statistik verbunden:

DIE STÄRKEN

__ Überall in Europa stützen sich die empirischen Untersuchungen zum Branchenkomplex Kreativwirtschaft auf die amtliche Statistik.

__ Sie ist die einzig verfügbare Datenbasis, mit deren Hilfe branchenübergreifende Auswertungen auf einem einheitlichen Methodikdesign durchzuführen sind. Die Möglichkeit, auf Verbands- oder Organisationsdatenquellen zurückzugreifen, stellt wegen der Heterogenität der jeweiligen Datenbestände keine Alternative dar.

__ Durch die Verknüpfung der amtlichen Statistiken mit der europaweiten Wirtschaftszweigklassifikation NACE – die Schweiz hat sich mit der NOGA diesem System angeschlossen – können europaweite Konventionen erprobt werden.

__ Amtliche Datenbestände werden regelmässig im staatlichen Auftrag erhoben. Statistische Analysen können somit laufend auf gleichem Forschungsdesign fortgeschrieben werden.

__ Darüber hinaus führt die Nutzung der amtlichen Statistik in der Regel zu einer grösseren Akzeptanz bei Politik, Wissenschaft und Medien.

DIE SCHWÄCHEN

__ Die Erfassung neuer wirtschaftlicher Aktivitäten stellt die Klassifikationsexperten der amtlichen Statistik insbesondere im Bereich der Kreativwirtschaft vor erhebliche Probleme.

__ Da es sich meist um dienstleistungsbezogene Aktivitäten handelt, die immer weniger in materieller, sondern in immaterieller, etwa digitaler Form vorliegen, gibt es immer mehr Möglichkeiten der «Vermessung» und «Zuordnung» zu definierten Aktivitäten. Diese haben also immer weniger einen klar abgrenzbaren Bezug zu einem Wirtschaftszweig.

__ Wirtschaftliche Aktivitätsformen können im Einzelnen so klein sein, dass sie statistisch nicht eindeutig zugeordnet werden können. So kann Webdesign zur IT-Wirtschaft, zum Design oder zur Internetwirtschaft gezählt werden.

__ Das System der Statistikklassifikation wurde vor über 100 Jahren für die Produktionswirtschaft geschaffen. Die neuen Dienstleistungsformen passen sich wegen ihrer fortlaufenden Veränderungsprozesse dieser alten Form der materiellen Wertschöpfungsketten längst nicht mehr an.

__ Zusätzlich spielt sich das Geschehen der Kreativwirtschaft immer mehr ausserhalb von ausgeprägten oder traditionellen Organisations-, Verbands- oder Kammerstrukturen ab. So kann die Statistik die flexiblen, projekt- und netzwerkbezogenen Aktivitäten der Kreativwirtschaft immer weniger erfassen.

__ Amtliche Daten stehen meist mit zweijähriger Verspätung zur Verfügung, da sie vor der statistischen Aufbereitung von den Steuerbehörden geprüft werden.

Eine der wesentlichen Einschränkungen der Statistik soll an dieser Stelle beispielhaft erläutert werden, um dem Leser eine Einschätzung darüber geben zu können, welche zusätzlichen Marktanteile in der Kreativwirtschaft vorhanden sind, mit statistischen Methoden jedoch nur sehr schwer oder noch nicht zu erschliessen sind.

Die empirische Untersuchung der Unternehmen und Umsätze basiert auf der schweizerischen Mehrwertsteuerstatistik. Da diese Mehrwertsteuerstatistik jedoch nur diejenigen Unternehmen enthält, die einen jährlichen steuerbaren Umsatz in Höhe von mindestens 75 000 CHF (umgerechnet 50 000 Euro) oder mehr erzielen, fehlt ein beträchtlicher Bereich des Kreativmarktes. Alle Kleinstunternehmen sowie die selbstständig Erwerbenden, die weniger als 75 000 CHF Jahresumsatz erzielen, können daher statistisch nicht erfasst und untersucht werden.

Wie hoch der Anteil der kreativwirtschaftlichen Aktivitäten ist, die in der vorliegenden statistischen Analyse fehlen, soll am Beispiel des Nachbarlandes Deutschland näherungsweise bestimmt werden. Laut Umsatzsteuerstatistik des deutschen Statistikamtes Destatis kann die Gruppe der Unternehmen mit Jahresumsätzen von mehr als 75 000 CHF von der Unternehmensgruppe getrennt werden, die weniger als 75 000 CHF Jahresumsatz erreichen. Danach ergibt sich für die Wirtschaftsgruppe «Verlagsgewerbe» im Jahre 2005 folgende Verteilung: 79 Prozent der Unternehmen verfügen über einen Jahresumsatz von 75 000 CHF und mehr. Diese Unternehmensgruppe deckt 99,8 Prozent des gesamten Verlagsgewerbeumsatzes ab. 21 Prozent der Unternehmen haben weniger als 75 000 CHF im Jahr erzielt. Ihr Gesamtumsatz liegt bei einem verschwindend geringen Anteil von 0,2 Prozent.

In der untersuchten Gruppe «Kultur, Sport und Unterhaltung», die die Kerngruppe für die Künstler-, Kultur- und Kreativberufe enthält, ergeben sich folgende Analogwerte: Fast die Hälfte, nämlich 47 Prozent der Unternehmen, verfügt über einen Jahresumsatz von weniger als 75 000 CHF und deckt in dieser Wirtschaftsgruppe rund 3,4 Prozent vom Gesamtumsatz ab.

Übertragen auf die Schweizer Verhältnisse, bedeutet dies, dass – nach Teilmarkt variierend – zwischen 20 und 50 Prozent der kleineren Unternehmen und selbstständig Erwerbenden der Schweizer Kreativwirtschaft statistisch nicht erfasst werden. Im Hinblick auf ihr wirt-

Umsatzgrössenklassen am Beispiel Deutschlands, Anteil in % (Auswahl Verlagsgewerbe sowie Kultur, Sport, Unterhaltung)

Unternehmensklasse	Unternehmen Anteil in %	Jahresumsatz Anteil in %
a) in der Wirtschaftsgruppe Verlagsgewerbe mit einem Jahresumsatz von 75 000 CHF und mehr	79%	99,8%
mit einem Jahresumsatz von weniger als 75 000 CHF	*21%*	*0,2%*
b) in der Wirtschaftsgruppe Kultur, Sport, Unterhaltung mit einem Jahresumsatz von 75 000 CHF und mehr	53%	96,6%
mit einem Jahresumsatz von weniger als 75 000 CHF	*47%*	*3,4%*

TAB.8_ DIE LÜCKEN IN DER SCHWEIZER MEHRWERTSTEUERSTATISTIK.

Hinweise: Die kursiv gesetzten Anteile werden in der Schweizer Mehrwertsteuerstatistik nicht erfasst. Verlagsgewerbe (NACE-Nr. 22.1), Kultur, Sport, Unterhaltung (NACE-Nr.92).
Quelle: Umsatzsteuerstatistik, Destatis; Creative Industries Research Unit/ZHdK; eigene Schätzung.

schaftliches Potenzial für den gesamten Kreativmarkt mag es nur von geringer Bedeutung sein, wenn es sich lediglich um einen Anteil von 3 bis 4 Prozent handelt. Im Hinblick auf eine umfassende Darstellung der Marktstrukturen ist dies jedoch erheblich, denn ein Designbüro mit einem durchschnittlichen Jahresumsatz von weniger als 75 000 CHF kann durchaus eine wirtschaftlich relevante Grösse sein, die erfolgreich am Markt agieren kann.

Insgesamt ermöglicht die Nutzung der Statistik einen Einblick in einen Teilbereich der Kreativwirtschaft. Je institutioneller, je formeller die Aktivitäten sind, desto eher kann mit Hilfe der Statistik eine empirische Analyse gewagt werden. Je informeller die Aktivitäten der Kreativwirtschaft, insbesondere in Hinsicht der Kreativszene sind, desto mehr muss die Statistik versagen.

Gerade weil die statistische Analyse bislang nur einen Teilbereich der Kreativwirtschaft erfassen und beschreiben kann, bildet die qualitative Analyse in Kapitel 5 eine fundamentale Erweiterung. Durch die Entwicklung neuer Modelle entstehen gänzlich neue und andere Zugänge zu den Mikrostrukturen der Kreativwirtschaft. Die entwickelten Ansätze erweitern die Zugänge zu dieser «kleinen» Kreativwirtschaft zukunftsweisend. Die zunehmende Variabilität und Heterogenität der Kreativszene und der kleinen etablierten Kreativunternehmen werden die Statistik in nächster Zeit noch mehr fordern.

Bei der Interpretation der in Kapitel 3.3 folgenden 13 Teilmarktportraits sollte deshalb bewusst bleiben, dass die empirisch-quantitative Analyse zwar weit entwickelt ist und differenzierte Aussagen erlaubt, dass sie jedoch immer nur einen Teilbereich des Kreativmarktes beleuchten kann.

3.2.3 STRUKTURDATEN DER KREATIVWIRTSCHAFT SCHWEIZ In der Kreativwirtschaft existierten im Jahre 2005 insgesamt 40 553 Unternehmen. Zur Kreativwirtschaft Schweiz zählen die 13 Teilmärkte Musikwirtschaft, Buchmarkt, Kunstmarkt, Filmwirtschaft, Rundfunkmarkt, Markt für darstellende Kunst, Designwirtschaft, Architektur, Werbemarkt, Software-/Games-Industrie, Kunsthandwerk, Pressemarkt und phonotechnischer Markt. In der Kreativwirtschaft werden alle steuerpflichtigen Unternehmen zusammengefasst, die auf erwerbswirtschaftlicher Basis tätig sind. Der Bestand der Arbeitsstätten (Betriebe, Filialen, Büros, Ateliers usw.) lag im Jahre 2005 bei rund 41 600 Einheiten.

Die geringe Differenz zwischen der Zahl der Unternehmen und ihrer Arbeitsstätten ist ein erster Hinweis auf die kleinbetriebliche Struktur der Kreativwirtschaft. Tatsächlich ist der Typus des Einpersonenunternehmens weit verbreitet (Anteil in der Kreativwirtschaft: 57%). Folgt man der Definition des Schweizer Staatssekretariats für Wirtschaft (SECO), wonach Unternehmen mit bis zu neun Beschäftigten als Kleinstunternehmen bezeichnet werden, dann zählen bereits 92 Prozent aller Kreativunternehmen dazu. Die Zahl der in den Arbeitsstätten beschäftigten Personen erreicht einen Umfang von rund 201 100 Personen. In den Unternehmen der Kreativwirtschaft arbeiten im Durchschnitt rund fünf Beschäftigte je Arbeitsstätte. Der Durchschnittswert in der gesamtschweizerischen Wirtschaft liegt mit knapp zehn Beschäftigten je Arbeitsstätte doppelt so hoch. Der Typus des vorherrschenden Mikrounternehmens in der Kreativwirtschaft ist im Übrigen keine Schweizer Besonderheit, sondern kann überall in Europa beobachtet werden. Zum Beispiel liegt der Anteil der Kleinstunternehmen an der gesamten Kreativwirtschaft in Deutschland ebenfalls bei über 90 Prozent.

	Kreativwirtschaft 2001	Kreativwirtschaft 2005	4-Jahresveränderung in % 2005/2001
Unternehmen Anzahl	38 095	40 553	6,5
%-Anteil an Gesamtwirtschaft	12,6	12,7	–
Gesamtwirtschaft	302 999	319 823	5,6
Gesamtumsatz in Mio. CHF	54 239	61 665	13,7
%-Anteil an Gesamtwirtschaft	3,2	2,5	–
Gesamtwirtschaft in Mio. CHF	1 696 291	2 431 944	43,4
darunter steuerpflichtiger Umsatz	–	45 774	–
%-Anteil an steuerpfl. Gesamtwirtschaft	–	6,1	–
Arbeitsstätten Anzahl	44 550	41 550	–6,7
%-Anteil an Gesamtwirtschaft	11,6	11,2	–
Gesamtwirtschaft	382 985	372 549	–2,7
Beschäftigte[a] Anzahl	209 765	201 127	–4,1
%-Anteil an Gesamtwirtschaft	5,7	5,4	–
Gesamtwirtschaft	3 671 750	3 698 734	0,7
Wertschöpfung[b] in Mio. CHF	18 983	19 486	2,6
%-Anteil an Gesamtwirtschaft	4,5	4,3	–
Gesamtwirtschaft	422 485	455 594	7,8

TAB.9_ ECKDATEN ZUR KREATIVWIRTSCHAFT SCHWEIZ 2001/2005.

Hinweise: Gesamtumsatz einschliesslich steuerfreier Export u. Ä. sowie steuerpflichtiger Umsatz; [a] Voll-/ Teilzeit; [b] Schätzung; Durchschnittswert je Beschäftigter 65 000 EURO. 1 EURO = 1,5 CHF.
Quellen: Mehrwertsteuerstatistik, ESTV; Betriebszählung, BfS; Creative Industries Research Unit/ZHdK; eigene Berechnung.

Die Kreativwirtschaft konnte im Jahre 2005 ein Gesamtumsatzvolumen in Höhe von insgesamt 61,7 Milliarden CHF erwirtschaften. Darin eingeschlossen sind die steuerpflichtigen inländischen Umsätze in Höhe von 45,8 Milliarden CHF sowie die steuerfreien Umsätze (überwiegend Export) in Höhe von 15,9 Milliarden CHF. Der Anteil des kreativwirtschaftlichen Gesamtumsatzes an der gesamten Schweizer Wirtschaft liegt bei 2,5 Prozent. Dieser Wert unterzeichnet die Schweizer Kreativwirtschaft, da die Gesamtschweiz u.a. extrem hohe Bankenumsätze (Anteil 18% am Schweizer Gesamtumsatz) ausweist. Der steuerpflichtige Anteil der Kreativwirtschaft ist deshalb besser als Vergleichsindikator geeignet. Dieser liegt bei 6,1 Prozent am gesamten steuerpflichtigen Umsatz der Schweizer Volkswirtschaft.

FAZIT Insgesamt lässt sich für die Kreativwirtschaft Schweiz ein erstes Fazit formulieren: Die überwiegend durch Mikrounternehmen geprägte Kreativwirtschaft bietet mehr als 200 000 Personen Voll- und Teilzeit-Arbeitsplätze, mit denen im Jahre 2005 ein Umsatzvolumen von insgesamt 61,7 Milliarden CHF erwirtschaftet werden konnte. Nach konservativer Schätzung hat die Kreativwirtschaft damit einen Beitrag in Höhe von 19,5

Milliarden CHF zur Bruttowertschöpfung in der Schweiz geleistet. Umgerechnet entspricht dies knapp 13 Milliarden Euro. Im Vergleichsjahr 2004 liegt der Anteil der Kreativwirtschaft am Bruttoinlandsprodukt (BIP) mit einem Wert von 4,2 Prozent zwischen der Uhrenindustrie u.ä. mit 2,5 Prozent, der Chemischen Industrie mit 3,4 Prozent und dem Gesundheits- und Sozialwesen mit 5,8 Prozent. Das Kreditgewerbe mit Banken und Versicherungen bleibt mit einem Wertschöpfungsanteil von 8,9 Prozent am BIP bis auf weiteres unerreicht.

3.2.4 DIE ENTWICKLUNG DER KREATIVWIRTSCHAFT SCHWEIZ

Die Umsatzentwicklung in der Kreativwirtschaft verlief mit einer Zuwachsrate von 13,7 Prozent im Vierjahreszeitraum (2001–2005) erheblich besser als die zahlenmässige Entwicklung der Kreativunternehmen. Dies bedeutet, dass sich die Einnahmesituation des einzelnen Unternehmens in der Kreativwirtschaft im Durchschnitt verbessert haben muss. Andererseits konnte die Kreativwirtschaft in diesem Zeitraum noch nicht mit der Umsatzentwicklung der Gesamtwirtschaft Schritt halten. Die Zuwachsrate des Umsatzes in der Gesamtwirtschaft erreichte mit einem Wert von 43,4 Prozent das Dreifache dessen, was die Kreativwirtschaft an Umsatz im vergleichbaren Zeitraum erzielen konnte.

Nachdem die Kreativwirtschaft ab Mitte 1995 bis zum Jahr 2001/2002 eine überdurchschnittliche Wachstumsdynamik entwickeln konnte,[54] hat sich die Situation in der ersten Hälfte des neuen Jahrzehnts nicht in gleicher Weise fortgesetzt. Im Gegenteil: Die Kreativwirtschaft musste bis 2003 sogar nominale Umsatzverluste hinnehmen. Erste Anzeichen für eine neue Wachstumsdynamik sind seit dem letzten untersuchten Jahr 2005 wieder zu erkennen. So stieg der Gesamtumsatz der Kreativwirtschaft zwischen 2004 und 2005 mit einer Wachstumsrate von 14 Prozent überdurchschnittlich an und

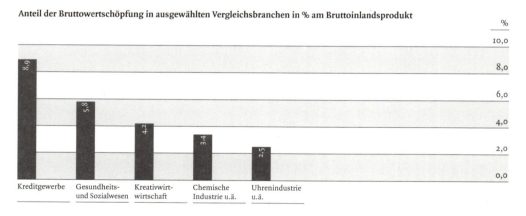

ABB.10_ WERTSCHÖPFUNG DER SCHWEIZER KREATIVWIRTSCHAFT IM BRANCHENVERGLEICH (2004).

Hinweise: Bruttowertschöpfung zu laufenden Preisen 2004, Branchenauswahl nach NACE-Nr. 65, Nr. 85, Nr. 23–24, Nr. 33. Kreativwirtschaft Schätzung.
Quelle: Produktions- und Wertschöpfungsstatistik 2004, BfS; Creative Industries Research Unit/ZHdK; eigene Schätzung.

---

[54] Vgl. Kreativwirtschaft Zürich, Synthesebericht, 2005.

Veränderung der Kreativwirtschaft Schweiz zwischen 2001 und 2005 in %

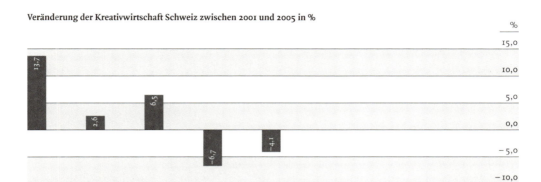

Hinweise: Veränderung in %, Basis 2001=100%.
Quellen: Mehrwertsteuerstatistik, ESTV; Betriebszählung, BfS; Creative Industries Research Unit/ZHdK; eigene Berechnung.

Anteil der Kreativwirtschaft Schweiz an der Gesamtwirtschaft in % (2005)

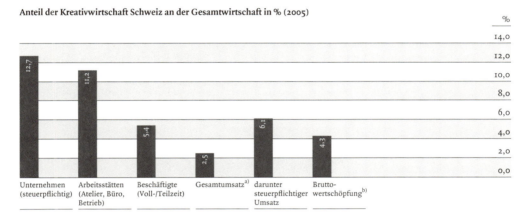

ABB.11_ ENTWICKLUNG UND ANTEILE DER KREATIVWIRTSCHAFT SCHWEIZ IM VERGLEICH ZUR GESAMT-WIRTSCHAFT.

Hinweise: [a] einschliesslich steuerfreier Export u.Ä. [b] Schätzung.
Quellen: Mehrwertsteuerstatistik, ESTV; Betriebszählung, BfS; Creative Industries Research Unit/ZHdK; eigene Berechnung.

erreichte damit fast eine vergleichbare Dynamik wie die Gesamtwirtschaft, die um 18 Prozent im gleichen Zeitraum zulegen konnte.

Die Wertschöpfung der Kreativwirtschaft im Jahre 2005 entwickelte sich mit einer Veränderungsrate von 2,6 Prozent positiv gegenüber dem Jahr 2001. Der Anteil am Bruttoinlandsprodukt ist jedoch nicht grösser geworden, da die Gesamtwirtschaft eine Wertsteigerung von 7,8 Prozent im Vierjahresvergleich erzielen konnte.

Mehr als ein Zehntel der gesamten Schweizer Wirtschaft zählt inzwischen zum Branchenkomplex der Kreativwirtschaft. Dabei ist klar, dass sich die Unternehmenslandschaft in diesem Sektor durchaus widersprüchlich verändert. Zum einen entwickelte sich die Zahl der steuerpflichtigen Unternehmen im Vergleichszeitraum zwischen 2001 und 2005 positiv – mit einem Wachstum von 6,5 Prozent sogar etwas stärker als die gesamte Schweizer Wirtschaft (Zuwachs Gesamtwirtschaft: 5,6%). Damit strömten fast 2500 neue Firmen in die Kreativwirtschaft. Dadurch hat sich auch ihr prozentualer Anteil an der gesamten Unternehmenslandschaft der Schweizer Wirtschaft auf 12,7 Prozent leicht gesteigert.

Zum anderen signalisiert die Entwicklung der Arbeitsstättenzahl eine deutliche Strukturveränderung. So verlor die Kreativwirtschaft zwischen 2001 und 2005 fast sieben Prozent ihrer Arbeitsstätten. In absoluten Zahlen bedeutete dies einen Verlust von 3000 Arbeitsstätten. Diese Marktschrumpfung vollzieht sich im Übrigen in der Kreativwirtschaft heftiger als in der Gesamtwirtschaft. Dort ging die Zahl der Arbeitsstätten im Vierjahreszeitraum lediglich um 2,7 Prozent zurück. Der Abbau von Arbeitsstätten bedeutet, dass Betriebsstätten, Filialen oder sonstige Büroeinheiten nicht mehr gebraucht werden. Die Produktion oder Dienstleistung eines Unternehmens wird auf weniger Standorte konzentriert. Dieser Trend ist für die gesamte Wirtschaft nachweisbar, nur nicht mit der in der Kreativwirtschaft zu beobachtenden Intensität.

Strukturveränderungen dieser Art führen immer auch zu Arbeitsplatzabbau.[+] Tatsächlich entwickelte sich das Beschäftigungsvolumen der Kreativwirtschaft negativ. Im Vierjahreszeitraum schrumpfte die Zahl der Beschäftigten von etwa 209 800 im Jahr 2001 um rund 8600 auf 201 100 Personen im Jahre 2005. Im Vergleich zur Gesamtwirtschaft wird wieder sichtbar, dass die Kreativwirtschaft stärkere Beschäftigungseinbussen hinnehmen muss. Das Beschäftigungsvolumen der Kreativwirtschaft ging um 4,1 Prozent zurück, während die Gesamtwirtschaft mit 0,7 Prozent mehr oder weniger stabil blieb.

FAZIT Ein zweites Fazit lautet: Kreativunternehmen konzentrieren sich auf weniger Arbeitsstätten. Etablierte Unternehmen verschwinden, wenngleich in geringerem Masse, während andererseits verstärkt Einpersonenunternehmen neu in den Markt drängen. Diese divergierenden Entwicklungen bei den Unternehmen und den Arbeitsstätten werden den Trend zu einer kleinteiligen Branchenstruktur in der Kreativwirtschaft weiter verstärken.[*] Die Steigerung der Wertschöpfung wird somit zu einer Herausforderung. Die Kapitel 6 und 7 beschäftigen sich mit Ansätzen, welche entsprechende Massnahmen einleiten könnten.

3.2.5 DIE KREATIVWIRTSCHAFT SCHWEIZ IM BRANCHENÜBERBLICK Im Unterschied zu Monoindustrien wie der Chemieindustrie ist in der Fachdiskussion der Begriff der «Querschnittsbranche Kreativwirtschaft» verbreitet. Sie ist aus verschiedenen Teilmärkten zusammengesetzt. Die einzelnen Kultur- und Kreativmärkte können in Austauschbeziehungen zueinander stehen. Ebenso gibt es unverbundene Branchenteile, die nebeneinander existieren. In Prozentanteilen ergibt sich für die Schweizer Kreativwirtschaft folgende Verteilung:

[+] nicht zwingend
[*] oder: weniger aber grössere Unternehmen

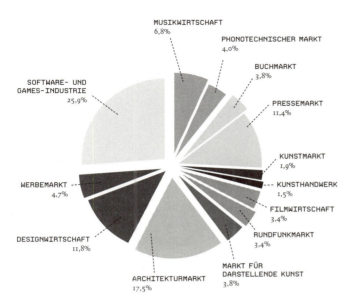

ABB.12_ BRANCHENVERTEILUNG DER KREATIVWIRTSCHAFT SCHWEIZ NACH BESCHÄFTIGUNG (2005).
ANZAHL DER BESCHÄFTIGTEN INSGESAMT: 201 127.

Hinweise: Selbstständige und abhängig Beschäftigte in Voll- und Teilzeit.
Quelle: Betriebszählung, BfS; Creative Industries Research Unit/ZHdK; eigene Berechnung.

Zu den grössten Teilmärkten zählen in unsortierter Folge die Designwirtschaft, der Architekturmarkt, die Software- und Games-Industrie sowie in Teilen der Pressemarkt. Sie erreichen jeweils zweistellige Anteilswerte in der Betrachtung nach allen untersuchten Kategorien der Kreativwirtschaft. Die übrigen Märkte wie die Musik- und Filmwirtschaft oder der Buch- und Kunstmarkt und der Markt der darstellenden Kunst belegen nur einstellige Anteilswerte. Diese tendenziell kulturbezogenen Märkte zählen somit zu den kleineren Teilmärkten innerhalb der Kreativwirtschaft.

Im Unternehmensbereich zählen die Teilmärkte Architektur (Anteil 28%), Software und Games (Anteil 27%) sowie die Designwirtschaft (Anteil 20%) zu den stärksten Teilmärkten. Sie sind auch an den nennenswerten Zuwachsraten von 5 bis 10 Prozent bei der Marktvergrösserung beteiligt.

Allerdings entwickelt sich die Dynamik der Unternehmensentwicklung in anderen Teilmärkten deutlich besser. Die Filmwirtschaft weist eine überdurchschnittliche Zuwachsrate von knapp 19 Prozent aus. Damit wächst sie fast dreimal so schnell wie die gesamte Kreativwirtschaft. Eine ähnlich positive Unternehmensentwicklung zeigt sich im Pressemarkt (plus 10%) und dem kleineren Markt für darstellende Kunst (plus 15%). Zu den kleinsten Märkten bezogen auf die Zahl der Unternehmen zählen neben der darstellenden Kunst auch der Rundfunkmarkt mit 106 Unternehmen, der Werbemarkt mit knapp 400 Unternehmen und das Kunsthandwerk mit rund 850 Betrieben.

13 Teilmärkte nach Unternehmen, Gesamtumsätzen, Arbeitsstätten und Beschäftigung.
Angaben in absoluten Zahlen, Anteilen und Vierjahresveränderung 2005 gegenüber 2001 in Prozent.

Teilmarkt	Unternehmen			Gesamtumsatz			Arbeitsstätten			Beschäftigte [b]		
	Anzahl 2005	Anteil am Gesamt in %	4-Jahres-veränderung in %	Umsatz in Mio. CHF 2005	Anteil am Gesamt in %	4-Jahres-veränderung in %	Anzahl 2005	Anteil am Gesamt in %	4-Jahres-veränderung in %	Anzahl 2005	Anteil am Gesamt in %	4-Jahres-veränderung in %
1. MUSIKWIRTSCHAFT [a]	1 684	4	4,0	2 060	3	5,2	2 105	5	−14,6	14 014	7	−6,7
2. BUCHMARKT	1 082	3	−3,9	1 913	3	−3,5	1 459	4	−10,2	7 885	4	−2,1
3. KUNSTMARKT	1 129	3	1,1	1 479	2	12,2	1 850	4	−18,0	4 007	2	−12,9
4. FILMWIRTSCHAFT	1 015	3	18,9	1 431	2	13,4	1 163	3	7,5	7 028	3	6,3
5. RUNDFUNKMARKT	106	0	1,9	2 198	4	3,6	132	0	−2,2	7 058	4	0,7
6. MARKT DER DARSTELLENDEN KUNST [a]	593	1	14,7	781	1	34,6	955	2	−18,0	7 921	4	−1,5
7. DESIGNWIRTSCHAFT	7 991	20	7,9	6 681	11	6,1	7 406	18	−4,1	24 510	12	−1,1
8. ARCHITEKTURMARKT	11 482	28	5,2	8 293	13	18,4	10 383	25	−4,9	36 262	18	3,7
9. WERBEMARKT	395	1	2,1	4 384	7	−14,9	502	1	−14,6	9 647	5	0,8
10. SOFTWARE-/GAMES-INDUSTRIE	11 013	27	9,7	21 390	35	42,6	9 669	23	−4,2	53 744	27	−5,3
11. KUNSTHANDWERK	854	2	−2,1	1 110	2	−8,1	925	2	−11,3	3 183	2	−21,6
12. PRESSEMARKT	2 309	6	10,0	8 236	13	0,3	3 846	9	−7,9	23 646	12	−10,4
13. PHONOTECHNISCHER MARKT	1 367	3	−6,0	2 341	4	−8,5	1 824	4	−11,0	8 291	4	−14,9
KREATIVWIRTSCHAFT	40 553	100	6,5	61 665	100	13,7	41 550	100	−6,7	201 127	100	−4,1

TAB.10_ BRANCHENKOMPLEX KREATIVWIRTSCHAFT SCHWEIZ IM ÜBERBLICK (2005).

Hinweise: [a] Einzelne Wirtschaftszweige sind mehreren Teilmärkten zugeordnet, dadurch ist die Endsumme kleiner als die Summe der einzelnen Teilmärkte;
[b] Vollzeit- und Teilzeitbeschäftigte; Umrechnungswert 1 EURO = 1,5 CHF; Erläuterungen der einzelnen Wirtschaftszweige, vgl. TAB. 7.
Quellen: Mehrwertsteuerstatistik, ESTV; Betriebszählung, BfS; Creative Industries Research Unit/ZHdK; eigene Berechnung.

Der mit Abstand führende Markt nach Umsätzen ist die Software- und Games-Industrie, die mit 21,4 Milliarden CHF mehr als ein Drittel der Umsätze innerhalb der Kreativwirtschaft erzielt und zugleich auch am stärksten wächst, nämlich dreimal schneller als der Gesamtumsatz der Kreativwirtschaft. Dies entspricht einer Wachstumsrate von knapp 43 Prozent. Die Märkte für Design und Architektur konnten ebenfalls nennenswerte Zuwächse mit 6 Prozent und 18,4 Prozent zwischen 2001 und 2005 erzielen. Wiederum mit auffallenden Umsatzwerten kann die Filmwirtschaft aufwarten, die 13,4 Prozent an Umsatzzuwachs erreicht. Der Kunstmarkt folgt mit einer ähnlich guten Rate von 12,2 Prozent.

Der Grossteil der Arbeitsstätten verteilt sich naturgemäss ähnlich wie die Unternehmenslandschaft mit den Gestaltermärkten Architektur und Design sowie der Software- und Games-Industrie mit Anteilen von jeweils 18 bis 25 Prozent. Allerdings wird in dieser Kategorie sichtbar, wie drastisch der Arbeitsstättenabbau verläuft. Bis auf den Teilmarkt Filmwirtschaft ist in allen anderen Teilmärkten ein Schrumpfungsprozess sichtbar, zum Teil mit zweistelligen Minusraten, der insgesamt zu einem Rückgang von 6,7 Prozent zwischen 2001 und 2005 führt; lediglich die Filmwirtschaft tritt auch hier antizyklisch auf und wächst um 7,5 Prozent im vergleichbaren Zeitraum.

Im Beschäftigungsmarkt gibt es mit der Filmwirtschaft und dem Architekturmarkt nur zwei Teilmärkte mit nennenswerten Zuwächsen von 6,3 und 3,7 Prozent in den Jahren 2001 bis 2005. Einen besonders starken Beschäftigungsabbau zeigen die Märkte für bildende und angewandte Kunst: Um 13 Prozent schrumpften die Arbeitsplätze im Kunstmarkt, und fast mit der doppelten Geschwindigkeit das Kunsthandwerk um rund 22 Prozent.

3.2.6 MERKMALE UND TRENDS AUSGEWÄHLTER TEILMÄRKTE

Die ausführlichen Darstellungen der 13 Teilmärkte [VGL. KAP. 3.3] werden an dieser Stelle in einem kursorischen kurzen Abriss zusammengefasst.

MUSIKWIRTSCHAFT Es zeichnet sich ein grundlegender Strukturwandel in der Musikwirtschaft ab. Inhabergeführte Unternehmen oder Einpersonenunternehmen werden voraussichtlich noch stärker auf den Markt drängen. Nach dem Arbeitsstättenabbau und der damit einhergegangenen Beschäftigungsreduzierung bei grossen Unternehmen ist vorauszusehen, dass zukünftig auch die klein- und mittelständischen Betriebe verstärkt auf mobil und flexibel einsetzbares Personal zurückgreifen werden. Neue existenzsichernde und sozialversicherungspflichtige Arbeitsplätze werden selbst bei den Major-Companies und Medienkonzernen in naher Zukunft vermutlich kaum noch entstehen. In der Folge wird sich die kleinstteilige Struktur in der Musikwirtschaft noch stärker ausbreiten. Einpersonenunternehmen, Atelier- und Bürogemeinschaften, Netzwerke der Kreativszenen prägen neben den gewerblich-traditionellen Betrieben zukünftig den schweizerischen Musikmarkt.

BUCHMARKT Der Buchmarkt wird in hohem Masse durch eine kleinteilige Struktur geprägt. Literaturszene, Journalistenbüros und Kleinstunternehmen im Verlags- und Buchhandelssektor sind die vorherrschenden Strukturmerkmale. Der stetige Rückgang der selbstständigen Unternehmen und selbstständig Erwerbenden, der Abbau der abhängig beschäftigten Arbeitsplätze und der dramatische Rückgang von Filialbetrieben und Arbeitsstätten können als Signale für einen tief greifenden Schrumpfungsprozess verstanden werden. Die sich stetig vollziehenden Konzentrationsprozesse im Buchhandelssektor hin zu expandierenden Buchhandelsketten setzen tendenziell eine Entwicklung zu einer Buchversorgung in Gang, die immer stärker die Bestsellerproduktion positionieren wird. Es ist abzusehen, dass durch die zunehmende Internationalisierung der Buchkonsumenten der Buchabsatz über das Internet auch im Schweizer Buchmarkt in den nächsten Jahren erheblich schneller zunehmen wird.

KUNSTMARKT Der Kunstmarkt wird durch eine hohe Anzahl von bildenden Künstlerinnen und Künstlern geprägt. Sie sind Teil einer Künstlerszene, die sich in ihrem Lebenszentrum mit bildender Kunst befassen. Ihre berufsmässigen oder wirtschaftlichen Aktivitäten lassen sich bislang nur sehr rudimentär erfassen. Der Schweizer Kunsthandel hingegen ist ein international orientierter Markt. Die stark wachsenden internationalen Umsatzvolumina werden zum Teil von singulären Unternehmen erzielt. Der Kunstmarkt agiert immer schneller, eine Entwicklung, die auch durch die Informationsbeschaffung über das Internet möglich wird.

FILMWIRTSCHAFT Die Filmwirtschaft konnte sich im beobachteten Zeitraum ganz offensichtlich vom üblichen Trend der anderen Teilmärkte in der Kreativwirtschaft positiv abkoppeln. Wie in allen europäischen Staaten trägt die öffentliche und private Filmförderung in der Schweiz wesentlich zur Stärkung der Filmproduktion bei. Durch die technologischen Veränderungen wird sich die Filmwirtschaft in den nächsten Jahren sehr stark innerhalb der einzelnen Produktionsschritte verändern, wenn sich die digitalen Techniken in der Filmproduktion wie in den Abspielstätten in der Breite durchsetzen werden. Es kann sein, dass damit auch eine sprunghafte Entwicklung der kleinen Filmproduzenten einsetzt, die sich immer mehr in Richtung Videoproduktion verlagern wird. Die digitale, technische Verschmelzung von DVD-Video, Film, TV und Computer kann somit eine neue grosse Entwicklungs- und Kreativitätsbasis für einen Grossteil der Filmschaffenden werden.

RUNDFUNKMARKT Insgesamt haben sowohl die öffentlichen wie die privaten Rundfunkunternehmen für die Kreativwirtschaft in mehrerlei Hinsicht grosse Bedeutung. Sie sind zentraler Nachfrager kreativwirtschaftlicher Leistungen, sie agieren mit eigenen Produktionsfirmen auf dem Kreativmarkt, und sie treten in direkter Weise als wichtige Geldgeber der Film- und TV-Produktionslandschaft in Erscheinung. Neben den Fördermodellen der erfolgsabhängigen Filmförderung «Succès Cinéma» des Bundesamtes für Kultur gibt es den «Pacte de l'audiovisuel» zwischen der Filmbranche und der Schweizer Radio- und Fernsehgesellschaft (SRG SSR idée suisse). Auf diese Weise zeigen sich enge Austauschbeziehungen zwischen öffentlichem und privatem Sektor. Die Rundfunkunternehmen können so zu einem kristallinen Kern der gesamten Schweizer Kreativwirtschaft werden.

MARKT FÜR DARSTELLENDE KUNST Die darstellenden Künstler zählen zu der Gruppe mit den komplexesten Dimensionen. Sie werden immer stärker freiberuflich tätig, gleichzeitig aber keineswegs autonomer. Darstellende Künstler sind in vielschichtiger Weise von den Marktstrukturen abhängig und auf die Veranstalter (Theater, Rundfunk, Film) angewiesen, um ihre Leistungen anbieten und verwerten zu können. Traditionelle, gesicherte Angestelltenverhältnisse (durch gesicherte Arbeitsplätze) lösen sich auf. Der Markt für darstellende Kunst ist ein besonderer kultur- und kreativwirtschaftlicher

Teilsektor, der in kapillaren Austauschbeziehungen zwischen dem staatlichen, dem intermediären und dem privatwirtschaftlichen Kreativbetrieb steht. Staatlich und privatwirtschaftlich induzierte Leistungen können sich gegenseitig verstärken und sind nicht nur als Gegensatzpaare zu verstehen.

DESIGNWIRTSCHAFT Die Designwirtschaft entwickelt sich möglicherweise immer mehr zu einer Leitbranche innerhalb der Kreativwirtschaft, denn sie hat zu fast allen anderen Kreativmärkten Schnittstellen. Die Berührungspunkte reichen vom Sounddesign in der Musikwirtschaft, Grafikdesign in der Verlagsbranche, visuellen Design im Kunstmarkt, Mediendesign in der Filmwirtschaft, Bühnenbildgestaltung im Markt für darstellende Kunst bis zum Web- und Videodesign in der Games-Industrie. Die Übernahme neuer technologischer Entwicklungen bereitet den Designern erheblich geringere Probleme als anderen Kulturbranchen, weil sie sich zunehmend weniger über die Gestaltung von Produkten definieren, sondern immer mehr über die Gestaltung von Ideen und Konzepten. Die Designwirtschaft ist vermutlich diejenige Kreativbranche, welche die sogenannten nicht technologischen Innovationen am besten sichtbar machen kann.

ARCHITEKTURMARKT Der Schweizer Architekturmarkt nimmt eine Sonderstellung in Europa ein. Besonders erstaunlich ist die weitgehend positive Entwicklung vor allem deshalb, weil auch der Architekturmarkt eine kleinstteilige Branche darstellt. 95 Prozent aller Arbeitsstätten in diesem Markt zählen zu den Kleinstbetrieben mit weniger als 10 Beschäftigten je Betrieb. Der Schweizer Architekturmarkt ist somit ein Beispiel dafür, dass auch kleinste Unternehmenseinheiten tendenziell stabile Wertschöpfungseffekte erzielen können.

3.3 DIE 13 TEILMÄRKTE IN DER DETAILANALYSE Im Folgenden wird jeder einzelne Teilmarkt auf der Basis der empirischen Analyse detailliert analysiert [3.3.2 BIS 3.3.14]. Jeder Analyse ist eine kurze Zusammenfassung vorangestellt. Diese soll dem Leser einen Überblick über die wesentlichen empirischen Befunde und einige darüber hinausweisende Thesen liefern.

3.3.1 DIE ZENTRALEN BEGRIFFE DER TEILMARKTANALYSE Da die fachspezifischen Begriffe der Wirtschafts- und Beschäftigungsstatistik nicht immer selbsterklärend sind, werden an dieser Stelle einige zentrale Begriffserläuterungen und grundlegende Hinweise gegeben.

UNTERNEHMEN: Das Unternehmen ist eine rechtlich organische Einheit, die aus mehreren Filialen oder Betriebsteilen besteht oder an mehreren Standorten betrieben werden kann. Im Sinne der Steuerbehörden ist es eine selbstständige Einheit, die durch ihre wirtschaftlichen Aktivitäten steuerpflichtige und steuerfreie Umsätze erzielt. Auch selbstständig Erwerbende oder freiberuflich Tätige fallen unter diesen Unternehmensbegriff. Formalrechtliche Unternehmensformen sind: Einzelunternehmen, Gesellschaft mit beschränkter Haftung (GmbH), Aktiengesellschaft (AG) usw. Die Erfassung der Unternehmenseinheit ist wichtig, weil hier das wirtschaftliche Potenzial bilanziert wird.

ARBEITSSTÄTTE: Arbeitsstätten sind standortbezogene Einheiten. Eine Arbeitsstätte ist Teil eines rechtlich selbstständigen Unternehmens oder mit ihm identisch. In der Kreativwirtschaft sind die Büros, Ateliers oder Studios der kleinen Unternehmen gemeint, ebenso die Betriebe und Firmen der Mittel- und Grossunternehmen. Arbeitsstätten eines Unternehmens werden einzeln gezählt. Die

Erfassung der Arbeitsstätten erhält ihre Bedeutung durch das Beschäftigungspotenzial, das auf diese Weise am besten erfasst werden kann.

BESCHÄFTIGTE: Der Begriff der Beschäftigten umfasst sowohl die Selbstständigen wie die abhängig Beschäftigten. Es kann unterschieden werden in Voll- und Teilzeitbeschäftige oder in sogenannte Vollzeitäquivalente (Umrechnung der Voll- und Teilzeit in Vollzeit).

KLEINST-, KLEINUNTERNEHMEN: Der Begriff Kleinst- oder Kleinunternehmen spielt in der Kreativwirtschaft eine bedeutende Rolle. Allerdings stellt er keinen offiziellen, sozusagen amtlichen Terminus in der Schweiz dar. Trotzdem wird er in der Fachdiskussion verwendet. Das Staatssekretariat für Wirtschaft (SECO) unterscheidet in der Praxis folgende Unternehmenstypen in Grössenklassen nach Anzahl der Beschäftigten:
__*Kleinstunternehmen: 0–9*
__*Kleinunternehmen: 10–49*
__*Mittelunternehmen: 50–249*
__*Grossunternehmen: 250 und mehr*

Diese klein- und mittelständische Unternehmensstruktur wird häufig mit KMU abgekürzt. Der Begriff Kleinst- oder Kleinunternehmen wird in der vorliegenden Analyse in zweifacher Weise verwendet: Bei der Darstellung der Arbeitsstätten und Beschäftigten findet der Begriff «Kleinstunternehmen» im oben genannten Sinne Anwendung. Bei der Darstellung der Unternehmen und Umsätze wird der Begriff «Kleinunternehmen» benutzt. Dieser wird für umsatzsteuerpflichtige Unternehmen verwendet, die nach vereinfachten Pauschal- oder Saldosteuersätzen abrechnen können.

KLASSIFIKATION: Die Wirtschaftsklassifikation NACE steht für «Nomenclature statistique des Activités économiques dans la Communauté Européenne» und ist das Gliederungssystem der statistischen Systematik der Wirtschaftszweige in der Europäischen Gemeinschaft. In der Schweiz gilt die entsprechende Wirtschaftsklassifikation NOGA, was für «Nomenclature Générale des Activités économiques» steht. Mit diesem System werden sämtliche wirtschaftliche Aktivitäten einer Volkswirtschaft klassifiziert und zugeordnet. Es findet in der gesamten Wirtschaft Anwendung (Wirtschaftskammern, Wirtschaftsdatenbanken usw.) – nicht nur in der Wirtschaftsstatistik.

DATENQUELLEN: Die beiden Hauptdatenquellen der statistischen Analyse sind die Mehrwertsteuerstatistik der Eidgenössischen Steuerverwaltung (ESVT) und die Betriebszählung des Bundesamtes für Statistik (BfS). Wie bereits erläutert, können mit Hilfe der amtlichen Statistik nur Teilbereiche der Kreativwirtschaft erfasst werden. Die starken Verflechtungsstrukturen der Kreativwirtschaft stellen eine weitere grosse Herausforderung für die statistische Analyse dar. So finden sich in den amtlichen Statistiken hin und wieder Veränderungen im Zeitvergleich, die durch die reale Marktentwicklung nicht erklärbar sind. Solche Veränderungen entstehen dann, wenn die amtlichen Statistiker neue Definitionen oder Klassifikationen einführen. In diesem Verfahren werden vereinzelt Unternehmen und Arbeitsstätten neu zugeordnet, sie werden von einem Wirtschaftszweig in einen anderen «statistisch umgesetzt»; so können grosse Medienkonzerne vom Wirtschaftszweig «Verlagswesen» in den Wirtschaftszweig «Tonträgerbereich» verschoben werden. Die Daten weisen an solchen Stellen plötzlich grosse Veränderungen aus. Wegen der strengen datenschutzrechtlichen Bedingungen der amtlichen Statistik können solche Veränderungen nicht immer plausibel nachvollzogen werden.

VERBANDSDATEN: Die Quellen aus dem Verbandsbereich sind naturgemäss von sehr heterogener Qualität. Soweit Standarddaten über die Mitgliederzahl oder sonstige Marktdaten verfügbar waren, wurden diese in den Teilmarktportraits aufgenommen. Die im Rahmen der Publikation bei verschiedenen Verbänden durchgeführten Umfragen konnten nur sehr beschränkt in die Auswertung einbezogen werden, da der Rücklauf in allen Befragungen nicht zufriedenstellend war. Diese Datensituation zu verbessern wird jedoch als eine wichtige Aufgabe für die zukünftige Forschung in der Kreativwirtschaft angesehen.

Aus den oben genannten Gründen sollte beim Lesen der nachfolgenden Kurzportraits beachtet werden, dass die statistischen Befunde weniger als mathematisch-exakte Ergebnisse zu verstehen sind, sondern vielmehr als erste Illustrationen und Anhaltspunkte zu weiteren, eigenen Überlegungen dienen sollen.

Zudem werden aufgrund dieser schwierigen statistischen Fassung des Branchenkomplexes Kreativwirtschaft die Teilmarktportraits aus drei verschiedenen Blickwinkeln betrachtet:
_ im Spiegel der Steuerbehörden (Eidgenössische Steuerverwaltung, Mehrwertsteuerstatistik);
_ im Spiegel der amtlichen Statistik (Bundesamt für Statistik, Betriebszählung);
_ im Spiegel der Verbandsinformationen und sonstigen Marktinformationen.

3.3.2 MUSIKWIRTSCHAFT

GESAMTBEWERTUNG DER SCHWEIZERISCHEN MUSIKWIRTSCHAFT Die Musikwirtschaft, oft auch als Musikindustrie oder Musikmarkt bezeichnet, ist durch ein vielfältiges Geflecht unterschiedlichster wirtschaftlicher Aktivitäten gekennzeichnet. Einige Grundmerkmale lassen sich benennen: Zum ersten existiert eine breite Musikszene, die in starkem Masse durch freiberuflich Tätige oder selbstständig erwerbende Musiker, Komponisten, darstellende Künstler, Kleingewerbetreibende usw. geprägt ist. Diese Kreativszene ist darüber hinaus mit semiprofessionellen Strukturen vermischt, die bis in den Bereich der aktiven Laienmusik oder Rock-, Pop- und Jazzmusik hineinragen. Zum zweiten verfügt die Musikwirtschaft über eine traditionell gewachsene, gewerbliche Unternehmensstruktur, die von der Musikinstrumentenproduktion über die Musikverlage bis zum Musikfachhandel reicht. Zum dritten bezieht sich der Begriff der Musikindustrie vor allem auf die Tonträgerindustrie, deren grösste Unternehmen allein verschiedene Wertschöpfungsstufen abdecken. Sie verfügen neben der Produktion einschliesslich der Verbreitungsrechte über ausgebaute Vertriebs- und Distributionssysteme, die ihnen eine zentrale Marktstellung in der Musikwirtschaft ermöglichen. Neben diesen drei marktwirtschaftlichen Grundmerkmalen gibt es noch den öffentlichen und gemeinnützigen Musik- und Theatersektor, der komplementär die Musikwirtschaft ergänzt.

Es zeichnet sich ein grundlegender Wandel der Beschäftigungsstruktur ab. Der moderaten Entwicklung von neuen selbstständigen Unternehmen und selbstständig Erwerbenden steht der dramatische Abbau von Filialbetrieben und abhängig beschäftigten Arbeitsplätzen gegenüber. Inhabergeführte Unternehmen oder Einpersonenunternehmen werden voraussichtlich noch stärker auf den Markt drängen. Diese werden in der Regel nur projektbezogene, punktuelle oder teilzeitbezogene Arbeitsplätze anbieten (können). Nach dem Arbeitsstättenabbau und der damit einhergegangenen Beschäftigungsreduzierung dürften zukünftig auch die klein- und mittelständischen Betriebe verstärkt auf mobil und flexibel einsetzbares Personal zurückgreifen. Neue existenzsichernde und sozialversicherungspflichtige Arbeitsplätze werden selbst bei Major-Companies und Medienkonzernen vermutlich in naher Zukunft kaum noch entstehen. In der Folge wird sich die kleinstteilige Struktur in der Musikwirtschaft noch stärker ausbreiten. Einpersonenunternehmen, Atelier- und Bürogemeinschaften und Netzwerke der Kreativszenen prägen neben den gewerblich traditionellen Betrieben zukünftig den schweizerischen Musikmarkt.

DIE MUSIKWIRTSCHAFT AUS SICHT DER EIDGENÖSSISCHEN STEUERVERWALTUNG Die Anzahl der Unternehmen und selbstständig Erwerbenden in der Musikwirtschaft (ohne phonotechnischen Markt) erreichte im Jahr 2005 einen Gesamtbestand von 1684. Zu ihnen zählen die «klassischen» Wirtschaftszweige wie der Musikfachhandel mit 291 Unternehmen, die Musikinstrumentenhersteller mit 221 Unternehmen, der Fachhandel für Tonträger usw. mit knapp 200 Unternehmen und der gemischte Wirtschaftszweig sowie sonstige Hilfsdienste (Konzertagenturen, Veranstalter, Tonstudios usw.) mit rund 200 Unternehmen zu den grössten Teilgruppen. Das mit Abstand grösste Segment bilden jedoch die Diskotheken, Dancings und Nachtclubs, die mit rund 450 Unternehmen ein Viertel des gesamten Unternehmensbestandes in der Musikwirtschaft ausmachen.

Im Vergleich zum Vorjahr 2004 stiegen die Unternehmenszahlen in der Musikwirtschaft lediglich um 0,8 Prozent an. Im Vierjahresvergleich zum Jahr 2001 ergibt sich ein Zuwachs von 4,0 Prozent. Damit verläuft die Musikwirtschaft insgesamt zwar in einer ruhigen Aufwärtsentwicklung, die jedoch durch unterschiedlich positive wie negative Veränderungen in einzelnen Wirtschaftszweigen geprägt wird. Kleine Tonstudios und Musikverlage drängen verstärkt in den Markt (Zuwachs: 23% im Vierjahreszeitraum), gefolgt von Betrieben des Theaters und der Musik (Zuwachs: 22% im Vierjahreszeitraum). Hier handelt es sich jedoch nicht um Zuwächse grosser Theater- oder Opern-Unternehmen, sondern um kleine und freie Theater- und Musikensembles, die meist im Verbund mit Konzertagenturen oder Veranstaltern die Konzert- und Festivalsegmente bedienen. Hingegen entwickelt sich die Lage im Musikfachhandel und Tonträgerhandel seit Jahren ungünstig. So verschwanden im Vierjahreszeitraum zwischen fünf und neun Prozent der Fachhandels-Unternehmen. Dieser Negativtrend hält seit Jahren relativ konstant an.

Der erzielte Gesamtumsatz der Musikwirtschaft lag im Jahre 2005 bei 2,1 Milliarden CHF. Die Entwicklung des Umsatzes in der Musikwirtschaft verlief deutlich besser als die Unternehmensentwicklung. Mit 8 Prozent Umsatzzuwachs zum Vorjahr 2004 und immerhin noch mit 5,2 Prozent Zuwachs zum Jahr 2001 lagen die Veränderungsraten deutlich im positiven Bereich. Vor allem für das Segment «Verlage von bespielten Tonträgern» wurden von der Eidgenössischen Steuerverwaltung nach Jahren des Rückgangs und der Stagnation bis 2004 für das Jahr 2005 explodierende Umsatzwerte angegeben. Allein zwischen 2004 und 2005 stieg das Umsatzvolumen der Verlage mit Tonträgern von 148 Millionen CHF auf 327 Millionen CHF und damit um 121 Prozent an. Dieser rasante Zuwachs rührt ausschliesslich von einem Anstieg des Exportumsatzes her, der sich zwischen 2004 und 2005 mit 27 Millionen CHF auf 228 Millionen CHF fast verzehnfachte. Vermutlich ist dieses exorbitante Umsatzplus allerdings eher durch eine statistische Umsetzung [VGL. KAP. 3.3.1] eines Medienkonzerns zu erklären, denn durch eine reale Marktentwicklung. So ergibt sich aus der Sicht von IFPI, dem zentralen Verband der Tonträgerindustrie, das gegenteilige Bild einer eher schrumpfenden Marktentwicklung, wie im unten dargestellten Verbandsportrait gezeigt wird.

Nach wie vor zählen die Segmente der Tonträgerindustrie (Verlage, Vervielfältigung und Detailhandel mit Tonträgern) zu den umsatzstärksten Wirtschaftszweigen, die zusammen 784 Millionen CHF und damit einen Anteil von 36 Prozent an der gesamten Umsatzleistung der Musikwirtschaft erzielten. Während der grösste Teil des Umsatzes im Einzelsegment der Tonträgerverlage durch den Export (von insgesamt 327 Millionen CHF sind 228 Millionen oder 70% Exportanteil) erwirtschaftet wurde, lag das Schwergewicht im Fachhandel beim Inlandsumsatz. Von den 354 Millionen CHF Umsatz, die der Fachhandel mit Tonträgern usw. im Jahre 2005 erwirtschaftete, kamen 304 Millionen CHF oder 86 Prozent aus dem Inlandsgeschäft mit CDs usw. Dieser Umsatz mit Tonträgerprodukten wird im Übrigen mit dem normalen Mehrwertsteuersatz von 7,6 Prozent belegt. Dies unterscheidet den Tonträgermarkt erheblich vom Buchmarkt, der Bücher, Zeitschriften usw. zu einem reduzierten Mehrwertsteuersatz von 2,4 Prozent verkaufen kann.

Zu den weiteren wirtschaftlich bedeutsamen Wirtschaftszweigen zählen die Diskotheken usw., die einen Umsatz von insgesamt 373 Millionen CHF (Anteil 18% an der Musikwirtschaft) erreichten, sowie der Musikfachhandel, der 299 Millionen CHF (Anteil 15% an der Musikwirtschaft) erzielte. Wie schon beim Tonträgerfachhandel ersichtlich, wird auch in diesen beiden Wirtschaftszweigen der überwiegende Teil der Umsätze im Inlandsgeschäft mit dem Normalsteuersatz von 7,6 Prozent erzielt (285 Millionen CHF bei Diskotheken, 229 Millionen CHF bei Musikhandel). Auffallend ist jedoch, dass in beiden Wirtschaftszweigen bereits ein nennenswerter Umsatzanteil von Kleinunternehmen [VGL. KAP. 3.3.1] stammt. Im verwandten Wirtschaftszweig der Musikinstrumentenproduktion liegt der von Kleinunternehmen erzielte Umsatz sogar bei über 20 Prozent. In sechs der zehn Wirtschaftszweige der Musikwirtschaft belegen die Kleinunternehmen bereits zweistellige Prozentanteile am Gesamtumsatz.

Ein weiteres besonderes Merkmal der Musikwirtschaft ist der auffallend hohe Anteil des sogenannten ausgenommenen Umsatzes in Höhe von 240 Millionen CHF oder einem Anteil von 12 Prozent. Dieser steuerfreie Umsatz entsteht in der Regel nur bei Betrieben und Einrichtungen, die überwiegend öffentliche Mittel (meist aus der öffentlichen Kulturförderung) erhalten. Hierzu zählen in der Schweiz vor allem die Orchester, Theater, Opernhäuser oder Musikschulen. Die in der Tabelle ausgewiesenen Wirtschaftszweige der «Orchester, Chöre usw.», der «künstlerischen Schulen» und des «Betriebs von Theatern, Opernhäuser usw.» weisen tatsächlich beim ausgenommenen Umsatz hohe prozentuale Anteile von 44 bis 61 Prozent aus. Die Umsätze dieser Kultureinrichtungen können nicht von den steuerpflichtigen Umsätzen getrennt werden, sodass hier eine relative Vermischung des privatwirtschaftlichen und des öffentlichen und gemeinnützigen Musiksektors gegeben ist.

UNTERNEHMEN 2001–2005 (MEHRWERTSTEUERSTATISTIK)

	Unternehmen Anzahl 2001	Anzahl 2002	Anzahl 2003	Anzahl 2004	Anzahl 2005	4-Jahres-Veränderung in % 2005/01	1-Jahres-Veränderung in % 2004/03	in % 2005/04
INSGESAMT	1 620	1 640	1 646	1 671	1 684	4,0	1,5	0,8
Orchester, Chöre, (u. a. selbst. Musiker)	67	62	61	69	70	4,5	13,1	1,4
Künstl. Schulen (u. a. selbst. Musiklehrer)	26	29	29	24	25	−3,8	−17,2	4,2
Verlag von bespielten Tonträgern	75	76	76	89	92	22,7	17,1	3,4
Vervielfältigung bespielt. Ton-, Bild-, Datenträger	26	30	27	24	23	−11,5	−11,1	−4,2
Herstellung von Musikinstrumenten	213	214	217	215	221	3,8	−0,9	2,8
Detailhandel mit Ton- und Bildträgern	217	214	222	211	198	−8,8	−5,0	−6,2
Detailhandel mit Musikinstrumenten	306	306	295	295	291	−4,9	0,0	−1,4
Betrieb von Theatern, Opern, etc. [a]	87	93	93	103	106	21,8	10,8	2,9
Sonstige Hilfsdienste des Kultur- und Unterhaltungswesens (u. a. Tonstudios) [a]	184	192	192	201	203	10,3	4,7	1,0
Diskotheken, Night Clubs (ohne Bars) [a]	419	424	434	440	455	8,6	1,4	3,4

GESAMTUMSATZ 2001–2005 (MEHRWERTSTEUERSTATISTIK)

	Gesamtumsatz Mio. CHF 2001	Mio. CHF 2002	Mio. CHF 2003	Mio. CHF 2004	Mio. CHF 2005	4-Jahres-Veränderung in % 2005/01	1-Jahres-Veränderung in % 2004/03	in % 2005/04
INSGESAMT	1 959	1 960	1 871	1 907	2 060	5,2	2,0	8,0
Orchester, Chöre, (u. a. selbst. Musiker)	99	101	106	116	119	20,9	10,0	2,6
Künstl. Schulen (u. a. selbst. Musiklehrer)	19	20	20	13	14	−22,6	−33,3	7,5
Verlag von bespielten Tonträgern	232	195	148	148	327	41,0	0,2	120,7
Vervielfältigung bespielt. Ton-, Bild-, Datenträger	86	80	76	71	67	−22,1	−6,9	−5,5
Herstellung von Musikinstrumenten	113	114	109	108	109	−3,8	−0,6	0,6
Detailhandel mit Ton- und Bildträgern	447	477	456	431	354	−20,8	−5,5	−17,8
Detailhandel mit Musikinstrumenten	310	299	280	314	299	−3,5	12,1	−4,7
Betrieb von Theatern, Opern, etc. [a]	175	186	228	242	288	64,7	6,0	19,1
Sonstige Hilfsdienste des Kultur- und Unterhaltungswesens (u. a. Tonstudios) [a]	101	113	90	115	111	9,8	27,5	−3,5
Diskotheken, Night Clubs (ohne Bars) [a]	379	373	358	349	373	−1,6	−2,4	6,6

AUFTEILUNG NACH VERSCHIEDENEN UMSATZARTEN 2005 (MEHRWERTSTEUERSTATISTIK)

	Gesamtumsatz Mio. CHF 2005	Umsatz Kleinunternehmen Mio. CHF 2005	Anteil in %	Umsatz reduzierter Satz Mio. CHF 2005	Anteil in %	Umsatz Normalsatz Mio. CHF 2005	Anteil in %	Exportumsatz Mio. CHF 2005	Anteil in %	Ausgenommener Umsatz Mio. CHF 2005	Anteil in %
INSGESAMT	2 060	196	10	106	5	1 176	57	319	15	240	12
Orchester, Chöre, (u. a. selbst. Musiker)	119	13	10	8	7	24	20	2	2	73	61
Künstl. Schulen (u. a. selbst. Musiklehrer)	14	2	14	0	0	3	17	0	1	8	58
Verlag von bespielten Tonträgern	327	4	1	10	3	79	24	228	70	6	2
Vervielfältigung bespielt. Ton-, Bild-, Datenträger	67	1	1	0	0	63	94	2	4	1	2
Herstellung von Musikinstrumenten	109	23	21	0	0	47	43	38	34	0	0
Detailhandel mit Ton- und Bildträgern	354	23	6	20	6	304	86	6	2	0	0
Detailhandel mit Musikinstrumenten	299	43	14	16	5	229	77	4	1	4	1
Betrieb von Theatern, Opern, etc. [a]	288	13	5	29	10	84	29	22	8	127	44
Sonstige Hilfsdienste des Kultur- und Unterhaltungswesens (u. a. Tonstudios) [a]	111	12	11	18	16	59	53	16	15	6	5
Diskotheken, Night Clubs (ohne Bars) [a]	373	64	17	5	1	285	77	0	0	15	4

ARBEITSSTÄTTEN UND BESCHÄFTIGUNG 2001/2005 (BETRIEBSZÄHLUNG)	Arbeitsstätten Anzahl 2001	Anzahl 2005	4-Jahres-Veränderung in % 2005/01	Beschäftigte[b] Anzahl 2001	Anzahl 2005	4-Jahres-Veränderung in % 2005/01
INSGESAMT	2 466	2 105	−11,3	15 021	14 014	−6,7
Orchester, Chöre, (u. a. selbst. Musiker)	103	104	1,0	967	1 063	9,9
Künstl. Schulen (u. a. selbst. Musiklehrer)	122	98	−19,7	1 597	1 796	12,4
Verlag von bespielten Tonträgern	120	107	−10,8	432	307	−28,9
Vervielfältigung bespielt. Ton-, Bild-, Datenträger	37	30	−18,9	225	196	−12,9
Herstellung von Musikinstrumenten	337	271	−19,6	1 045	791	−24,3
Detailhandel mit Ton- und Bildträgern	446	368	−17,5	1 477	1 194	−19,2
Detailhandel mit Musikinstrumenten	384	375	−2,3	1 605	1 500	−6,5
Betrieb von Theatern, Opern, etc.[a]	152	156	2,6	2 606	2 859	9,7
Sonstige Hilfsdienste des Kultur- und Unterhaltungswesens (u. a. Tonstudios)[a]	303	217	−28,4	796	666	−16,3
Diskotheken, Night Clubs (ohne Bars)[a]	462	379	−18	4 271	3 642	−14,7

ARBEITSSTÄTTEN NACH BESCHÄFTIGUNGSGRÖSSENKLASSEN 2005 (BETRIEBSZÄHLUNG)	Arbeitsstätten[c] Anzahl 2005	davon Arbeitsstätten mit Beschäftigten[d] 1 bis unter 2 Anteil in %	2 bis unter 5 Anteil in %	5 bis unter 10 Anteil in %	10 und mehr Anteil in %
INSGESAMT	2 066	52	28	12	8
Orchester, Chöre, (u. a. selbst. Musiker)	103	62	24	2	12
Künstl. Schulen (u. a. selbst. Musiklehrer)	80	52	18	11	19
Verlag von bespielten Tonträgern	107	72	21	5	2
Vervielfältigung bespielt. Ton-, Bild-, Datenträger	30	57	23	3	17
Herstellung von Musikinstrumenten	270	73	19	5	3
Detailhandel mit Ton- und Bildträgern	368	58	35	7	1
Detailhandel mit Musikinstrumenten	375	58	29	8	5
Betrieb von Theatern, Opern, etc.[a]	139	38	22	19	20
Sonstige Hilfsdienste des Kultur- und Unterhaltungswesens (u. a. Tonstudios)[a]	215	74	20	4	2
Diskotheken, Night Clubs (ohne Bars)[a]	379	11	37	32	20

TAB.11_ ECKDATEN ZUR MUSIKWIRTSCHAFT.

Hinweise: [a] einzelne Wirtschaftszweige verschiedenen Teilmärkten zugeordnet. [b] Vollzeit- und Teilzeitbeschäftigte.
[c] ohne Unternehmen im nicht-marktwirtschaftlichen Bereich. [d] Vollzeitäquivalente.
Quellen: Mehrwertsteuerstatistik, ESTV; Betriebszählung, BfS; Creative Industries Research Unit/ZHdK; eigene Berechnung.

DIE MUSIKWIRTSCHAFT AUS SICHT DER AMTLICHEN STATISTIK Während die oben dargestellten Veränderungen zur Unternehmensentwicklung auf den Daten der Eidgenössischen Steuerverwaltung beruhen (Mehrwertsteuerstatistik), wird im Folgenden die Lage der Musikwirtschaft aus Sicht der amtlichen Statistik ergänzt. Wie die Daten der Eckdatentabelle ausweisen, existierten im Jahre 2005 insgesamt 2105 solcher Arbeitsstätten, die zusammen ein Beschäftigungsvolumen von insgesamt 14 014 Personen (Voll- und Teilzeit) aufwiesen.

Die Entwicklung der Arbeitsstätten in fast allen einzelnen Wirtschaftszweigen der Musikwirtschaft ist stark rückläufig und schrumpfte zwischen 2001 und 2005 um 14,6 Prozent. Lediglich die Wirtschaftszweige, die mit öffentlich finanzierten Kultureinrichtungen durchsetzt sind, wie die «Orchester, Chöre usw.» und die «Theater, Opern usw.» weisen geringe Zuwachsraten von 1,0 bis 2,6 Prozent auf. Diese negative Gesamtentwicklung bei den Arbeitsstätten ist auch beim Beschäftigungspotenzial zu beobachten. Mit einem Minus von 6,7 Prozent gingen zwischen 2001 und 2005 knapp 400 Arbeitsplätze in der Musikwirtschaft verloren. Der Beschäftigungsschwund ist vor allem in den rein musikwirtschaftlichen Zweigen zu beobachten. Zweistellige Minusraten in der Tonträgerindustrie, im Musikfachhandel oder bei den Instrumentenherstellern machen deutlich, dass es im Vierjahreszeitraum zu einem dramatischen Arbeitsplatzabbau gekommen ist. Diesem Negativtrend steht die Entwicklung der gemischten, öffentlich finanzierten Wirtschaftszweige gegenüber, die im gleichen Zeitraum zwischen 10 und 12 Prozent an Personal zulegen konnten.

Neben dem Abbau von Filialbetrieben und Arbeitsplätzen wird immer deutlicher, dass die Unternehmensstruktur der gesamten Musikwirtschaft zum überwiegenden Anteil aus Kleinst- und Kleinunternehmen besteht. Auf der Basis der 2105 Arbeitsstätten der Musikwirtschaft konnten deren 2066 in Bezug auf ihre Grössenstruktur untersucht werden. Bei 52 Prozent dieser Arbeitsstätten handelt es sich um Büros, Geschäfte und Kleinstunternehmen, die ein bis zwei Personen beschäftigten. Es sind die typischen inhabergeführten Unternehmen. Weitere 28 Prozent beschäftigen bis zu fünf Personen je Arbeitsstätte. Die Arbeitsstätten mit bis zu zehn Personen haben einen Anteil am Gesamtbestand von 12 Prozent. Gerade die zentralen musikwirtschaftlichen Segmente, wie die Tonträgerverlage, die Musikinstrumentenhersteller sowie der Fachhandel mit Musikgütern weisen eine ausgeprägte Kleinstunternehmensstruktur auf. Zwischen 95 und 99 Prozent der Arbeitsstätten zählen zu dieser Kategorie. Umgekehrt verfügen lediglich 1 bis 5 Prozent über einen Personalbestand von mehr als 10 Personen je Arbeitsstätte.

PORTRÄT: DIE MUSIKWIRTSCHAFT AUS SICHT DER IFPI *Nach eigenen Angaben verfügt die IFPI (International Federation of the Phonographic Industry) Schweiz über 31 Mitglieder im Bereich Tonträgerhersteller und Tonbildträgerhersteller. Darunter befinden sich die vier Major-Companies: EMI Music Schweiz AG, Sony BMG Music Entertainment Schweiz GmbH, Universal Music GmbH sowie Warner Music Schweiz AG. Der Verband schätzt, dass mehr als 30 000 Beschäftigte – von den Künstlern, Autoren und Komponisten über die Mitarbeiter von Verlagen, Agenturen, Tonstudios, Labels und Presswerken bis zu den Veranstaltern und Händlern – direkt oder indirekt durch die Produktions-, Vertriebs- und Distributionskette der Tonträgerindustrie innerhalb der Schweizer Musikwirtschaft existieren können.*

«Der vormals dramatische Rückgang der Musikumsätze auf dem Schweizer Markt wurde letztes Jahr praktisch gestoppt: Der vom Interessenverband der Schweizer Tonträgerproduzenten (IFPI) gemeldete Umsatz seiner Mitglieder belief sich 2005 auf 224 Mio. CHF – das sind «nur» 3 Prozent weniger als im Jahr davor. Neu eingerechnet wurden hierin die legalen Downloads, deren Umsatzanteil mit rund 3 Mio. CHF allerdings noch bescheiden ist. Ebenfalls neu erfasst wurden Bezüge von Musikaufnahmen via Handy (Realtones, Mastertones) und die hochqualitativen Audio-DVDs. Insgesamt verkauften die der IFPI angeschlossenen Musikfirmen letztes Jahr 13.6 Mio. CDs. Der Rückgang vom Vorjahr (16.4 Mio.) erklärt sich aus dem Umstand, dass – wie international üblich – Mehrfach-CDs nun als ein Stück gerechnet werden. Berücksichtigt man, dass IFPI-Mitglieder rund 90% des Schweizer Musikmarktes repräsentieren und geht man von einer Detailhandelsmarge von etwa 25% (plus 7,6% Mehrwertsteuer) aus, ergibt sich für 2005 ein geschätztes Marktvolumen von 335 Millionen CHF. Nochmals 15–20 Prozent dazu kommen für die illegalen Downloads sowie die Parallel-Importe.»

Quelle: Swiss Music News, 18.03.2006

Land	Umsätze in Mio. USD	USD/Pro-Kopf
Schweden	295,0	33
Österreich	282,1	35
Schweiz	256,3	34
Norwegen	255,7	56
Dänemark	176,9	33
Finnland	140,7	27
Welt	30 204	–

STELLUNG DER SCHWEIZER TONTRÄGERINDUSTRIE IM INTERNATIONALEN VERGLEICH (2003).

Quelle: IFPI 2004.

3.3.3 BUCHMARKT

GESAMTBEWERTUNG DES SCHWEIZERISCHEN BUCHMARKTES Der Buchmarkt wird einerseits in hohem Masse durch eine kleinteilige Struktur geprägt: Literaturszene, Journalistenbüros und Kleinstunternehmen im Verlags- und Buchhandelssektor sind die vorherrschenden Strukturmerkmale. Anderseits sind die Marktverflechtungen, die Konzentrationen der Medienkonzerne sowie die unterschiedlichen Vertriebswege (Buchhandel, Direktvertrieb, Buchclubs, Warenhäuser, Internet) die zentralen funktionalen Begriffe des Buchmarktes.

Als selbstverständlicher Teil zählt die Gruppe der Autoren, Schriftsteller und Journalisten zum Buchmarkt. Sie sind die originären «Wortproduzenten». Obwohl ohne sie kaum ein Verwerter im Buchmarkt – bis hin zur Medienindustrie – existieren würde, gibt es nicht wenige Branchenuntersuchungen, die sich nur auf die manuelle und industrielle Produktion des Buches konzentrieren. Die Gruppe der Wortproduzenten gilt lediglich als Zulieferer, die mit dem eigentlichen «Geschäft» nichts zu tun hat. Die Verlage, vom Kleinstverlag bis zum globalen Buch- und Medienkonzern, bilden die zweite Gruppe, welche die Buchproduktion schaffen und die Verwertungsrechte sichern. Die dritte Gruppe stellen die Gross- und Detailhändler, die für die Verbreitung der Buchproduktion sorgen.

Der Buchmarkt verfügt im Unterschied zu anderen Teilmärkten der Kreativwirtschaft über zwei wesentliche Besonderheiten: Zum einen können die Bücher zum reduzierten Mehrwertsteuersatz (in der Schweiz derzeit 2,4%) verkauft werden. Zum anderen hat die Buchpreisbindung (Sammelrevers) über Jahrzehnte für einen relativ stabilen Absatzmarkt gesorgt, der nicht durch Billigpreisprodukte von branchenfremden Handelsketten gestört werden konnte. Bislang galt der Buchmarkt damit als der «klassische» Kulturmarkt par excellence, der die doppelte Funktion von Kulturgütern, nämlich ihre ökonomische und ihre kulturelle Bedeutung sehr gut repräsentierte.

Der stetige Rückgang der selbstständigen Unternehmen und selbstständig Erwerbenden, der Abbau der Arbeitsplätze abhängig Beschäftigter und der dramatische Rückgang von Filialbetrieben und Arbeitsstätten können als Signale für einen tief greifenden Strukturwandel verstanden werden.

Die Konzentrationsprozesse im Buchhandelssektor hin zu expandierenden Buchhandelsketten befördern die Entwicklung zu einer «Monokultur», die immer stärker die Bestsellerproduktion positionieren wird.

Zusätzlich verändert sich der Buchmarkt durch die wachsende Nutzung des Internets bei der Buchversorgung. Nach den vom deutschen Buchmarkt bekannten Vertriebswegen verteilten sich die verschiedenen Marktanteile der buchhändlerischen Umsätze im Jahr 2005 wie folgt: Über den Fachbuchhandel werden mit 55 Prozent etwas mehr als die Hälfte der Buchumsätze getätigt, die Verlage erreichen mit Direktvertrieb 17 Prozent Anteil. Der Internet- und Versandbuchhandel belegt einen Anteil von 11 Prozent, die restlichen Absatzwege kommen auf Anteile von jeweils unter 10 Prozent, darunter die Warenhäuser (4,3%), die Buchgemeinschaften (3,2%) und sonstige Verkaufsstellen (8,9%). Nur der Internet- und Versandbuchhandel sowie die Direktvermarktung der Verlage konnten ihre Marktanteile am Gesamtvertriebsnetz erweitern. Es ist abzusehen, dass durch die zunehmende Internationalisierung des Buchkonsumenten der Buchabsatz über das Internet auch im Schweizer Buchmarkt in den nächsten Jahren erheblich schneller zunehmen wird.

Die Umsatzentwicklung im schweizerischen Buchmarkt wird entscheidend durch wenige grosse Buch- und Medienverlage und Buchhandelsketten geprägt. Der grösste schweizerische Verlag, der Diogenes-Verlag, konnte 2006 mit einem Stamm von 62 Mitarbeitern und einem Jahresumsatz von 61,5 Millionen CHF sein Jahresumsatzergebnis gegenüber 2005 um 2,6 Prozent steigern. Der zweitgrösste Verlag, Orell Füssli, erreichte im gleichen Zeitraum mit 37 Mitarbeitern ein Umsatzvolumen von 15,9 Millionen CHF bei einem Minus von 0,9 Prozent (alle Angaben aus: Buchreport Magazin, April 2007). Die grössten Buchhändler und Buchhandelsketten in der Schweiz sind die Buchhandlung Orell Füssli mit 118 Millionen CHF und die Thalia-Buchkette mit 103 Millionen CHF (alle Angaben aus: Buchreport Magazin, März, 2006).

Die gesamte Umsatzentwicklung im Buchmarkt ist über den Vierjahreszeitraum 2001 bis 2005 zwar negativ verlaufen, zeigt jedoch im aktuellen Jahr 2005 bis auf den Buchhandel wieder eine aufsteigende Tendenz. Aber steigender Buchumsatz bedeutet noch nicht steigende Rendite. So klagen alle grossen und auch kleinen Buchmarktakteure über steigende Kosten, die schneller wachsen als die Umsätze.

Aus der Entwicklung der verschiedenen Umsatzarten wird darüber hinaus ersichtlich, dass im Segment der Buch- und Medienverlage der Buchumsatz nach reduziertem Steuersatz zwischen 2001 und 2005 um 6 Prozent zurückgegangen ist, während der Umsatz mit normalem Steuersatz – der auch buchfremde Produkte umfasst – um 14 Prozent im gleichen Zeitraum zugelegt hat. Dadurch wird im Jahre 2005 im Verlagsbereich inzwischen mehr Umsatz mit CDs, DVDs, usw. gemacht als mit Büchern! Die Buchproduktion wird kleiner, die Medienproduktion wächst.

Die technologischen Veränderungen wirken sich auf viele traditionelle Vertriebs- und Absatzwege aus. Davon wird auch der Buchmarkt nicht verschont werden, der neben der Internetwirtschaft auch durch die wachsende digitale Produktion von Inhalten betroffen sein wird. Die Vielfalt der lokal-regionalen Buchversorgung gerät deshalb nicht nur wegen der Konkurrenz der Filialisten unter Druck, sondern auch wegen der fehlenden eigenen technologischen Weiterentwicklung und immer mehr auch wegen einer schwindenden stabilen Stammkundschaft.

DER BUCHMARKT AUS SICHT DER EIDGENÖSSISCHEN STEUERVERWALTUNG Die Anzahl der Unternehmen und selbstständig Erwerbenden im Buchmarkt (ohne Pressemarkt) erreichte im Jahre 2005 einen Gesamtbestand von 1082. Davon entfallen auf die Buchverlage mit 473 Unternehmen und auf den Buchfachhandel mit 374 Unternehmen die grösseren Anteile. Die Gruppe der selbstständig erwerbenden Journalisten sowie Schriftsteller und Autoren sind mit jeweils 130 und 105 Büros vertreten. Diese Zahl der Eidgenössischen Steuerverwaltung stellt mit Sicherheit nur einen sehr kleinen Teil der Gruppe der «Wortproduzenten» dar. Nach einem Vergleich mit Schriftstellern und Autoren (freiberufliche Anzahl: 5600) sowie Journalisten (freiberufliche Anzahl: 15 200) in Deutschland, die beim deutschen Finanzamt gemeldet sind, müssten in der Schweiz rund 2100 selbstständig Erwerbende in der Gruppe der Wortproduzenten aktiv sein. ProLitteris, die schweizerische Urheberrechtsgesellschaft für Literatur und bildende Kunst, weist 6300 Urheberinnen und Urheber als Mitglieder aus – allerdings sind hier auch die bildenden Künstler und andere Urheber eingeschlossen.

Im Vergleich zum Jahr 2004 stieg die Unternehmenszahl im Buchmarkt insgesamt zwar wieder um ein

UNTERNEHMEN 2001–2005 (MEHRWERTSTEUERSTATISTIK)	Unternehmen Anzahl 2001	Anzahl 2002	Anzahl 2003	Anzahl 2004	Anzahl 2005	4-Jahres-Veränderung in % 2005/01	1-Jahres-Veränderung in % 2004/03	in % 2005/04
INSGESAMT	1 126	1 104	1 082	1 071	1 082	−3,9	−1,0	1,0
Sonstige künstlerische Tätigkeiten und Darbietungen (u. a. Schriftsteller, Autoren)a)	89	96	96	98	105	18,0	2,1	7,1
Selbstständige Journalisten	142	129	124	126	130	−8,5	1,6	3,2
Buchverlag (mit Musikverlag)	493	482	464	462	473	−4,1	−0,4	2,4
Detailhandel mit Büchern	402	397	398	385	374	−7,0	−3,3	−2,9

GESAMTUMSATZ 2001–2005 (MEHRWERTSTEUERSTATISTIK)	Gesamtumsatz Mio. CHF 2001	Mio. CHF 2002	Mio. CHF 2003	Mio. CHF 2004	Mio. CHF 2005	4-Jahres-Veränderung in % 2005/01	1-Jahres-Veränderung in % 2004/03	in % 2005/04
INSGESAMT	1 982	1 924	1 790	1 846	1 913	−3,5	3,1	3,7
Sonstige künstlerische Tätigkeiten und Darbietungen (u. a. Schriftsteller, Autoren)a)	23	25	21	23	31	36,8	9,6	36,2
Selbstständige Journalisten	49	45	40	42	44	−9,1	3,7	5,8
Buchverlag (mit Musikverlag)	1 174	1 120	1 026	1 059	1 149	−2,1	3,3	8,5
Detailhandel mit Büchern	738	735	703	722	689	−6,6	2,6	−4,5

AUFTEILUNG NACH VERSCHIEDENEN UMSATZARTEN 2005 (MEHRWERTSTEUERSTATISTIK)	Gesamtumsatz Mio. CHF 2005	Umsatz Kleinunternehmen Mio. CHF 2005	Anteil in %	Umsatz reduzierter Satz Mio. CHF 2005	Anteil in %	Umsatz Normalsatz Mio. CHF 2005	Anteil in %	Exportumsatz Mio. CHF 2005	Anteil in %	Ausgenommener Umsatz Mio. CHF 2005	Anteil in %
INSGESAMT	1 913	153	8	842	44	576	30	311	16	23	1
Sonstige künstlerische Tätigkeiten und Darbietungen (u. a. Schriftsteller, Autoren)a)	31	15	48	0	1	15	49	0	1	0	1
Selbstständige Journalisten	44	15	34	1	1	26	59	2	5	1	2
Buchverlag (mit Musikverlag)	1 149	30	3	380	33	423	37	292	25	18	2
Detailhandel mit Büchern	689	94	14	461	67	112	16	16	2	3	0

ARBEITSSTÄTTEN UND BESCHÄFTIGUNG 2001/2005 (BETRIEBSZÄHLUNG)	Arbeitsstätten Anzahl 2001	Anzahl 2005	4-Jahres-Veränderung in % 2005/01	Beschäftigteb) Anzahl 2001	Anzahl 2005	4-Jahres-Veränderung in % 2005/01
INSGESAMT	1 625	1 459	−10,2	8 051	7 885	−2,1
Sonstige künstlerische Tätigkeiten und Darbietungen (u. a. Schriftsteller, Autoren)a)	182	162	−11,0	381	423	11,0
Selbstständige Journalisten	307	246	−19,9	569	571	0,4
Buchverlag (mit Musikverlag)	499	452	−9,4	3 405	3 317	−2,6
Detailhandel mit Büchern	637	599	−6,0	3 696	3 574	−3,3

ARBEITSSTÄTTEN NACH BESCHÄFTIGUNGSGRÖSSENKLASSEN 2005 (BETRIEBSZÄHLUNG)	Arbeitsstättenc) Anzahl 2005	davon Arbeitsstätten mit Beschäftigtend) 1 bis unter 2 Anteil in %	2 bis unter 5 Anteil in %	5 bis unter 10 Anteil in %	10 und mehr Anteil in %
INSGESAMT	1 451	60	25	7	7
Sonstige künstlerische Tätigkeiten und Darbietungen (u. a. Schriftsteller, Autoren)a)	161	83	12	2	3
Selbstständige Journalisten	246	87	9	2	2
Buchverlag (mit Musikverlag)	449	53	28	8	11
Detailhandel mit Büchern	595	49	34	10	7

TAB.12_ ECKDATEN ZUM BUCHMARKT.

Hinweise: a) einzelne Wirtschaftszweige verschiedenen Teilmärkten zugeordnet. b) Vollzeit- und Teilzeitbeschäftigte.
c) ohne Unternehmen im nicht-marktwirtschaftlichen Bereich. d) Vollzeitäquivalente.
Quellen: Mehrwertsteuerstatistik, ESTV; Betriebszählung, BfS; Creative Industries Research Unit/ZHdK; eigene Berechnung.

Prozent an. Allerdings zeigt der Vierjahresvergleich, dass die Buchverlage, der Fachbuchhandel und die Journalistengruppe Verluste von 4 bis 8,5 Prozent zu verzeichnen hatten. Der Zuwachs der Schriftstellergruppe im gleichen Zeitraum war zwar mit 18 Prozent erheblich gewesen. Die Gruppe der Schriftsteller konnte jedoch zum einen die gesamte Entwicklung der Unternehmen und selbstständig Erwerbenden im Buchmarkt im Zeitverlauf der Jahre 2001 bis 2005 nicht nennenswert zum Positiven wenden. Zum anderen sind in der Gruppe der Schriftsteller auch grosse Anteile anderer Kulturgruppen enthalten, die statistisch nicht differenziert werden können.

Der Buchmarkt schrumpfte insgesamt um knapp 4 Prozent. Viele Buchverlage, Buchhändler und Journalisten verschwanden bis 2004 vom Markt. Erst die Daten des Jahres 2005 signalisieren für einzelne Segmente wieder Zulauf neuer Unternehmen. Die Journalisten und Buchverlage scheinen wieder mehr Vertrauen zum Buchmarkt zu entwickeln. Sie wuchsen von 2004 auf 2005 um jeweils 2,4 bis 3,2 Prozent, während sich der Buchhandel weiterhin in einer Schrumpfungsphase befindet und erneut ein Minus von knapp 3 Prozent hinnehmen musste.

Der erzielte Gesamtumsatz des Buchmarktes lag im Jahre 2005 bei 1,9 Milliarden CHF. Mehr als die Hälfte davon entfiel auf das Segment der Buchverlage, die 1,15 Milliarden CHF erwirtschafteten. Der Fachhandel mit Büchern konnte im gleichen Zeitraum 690 Millionen CHF Umsatz erreichen, während die Umsätze der Wortproduzenten (Schriftsteller und Journalisten) bei 31 und 44 Millionen CHF lagen.

Die Umsatzentwicklung im Buchmarkt zeigt ähnliche Veränderungstendenzen wie die oben dargestellte Entwicklung der Unternehmenslandschaft. Im Vierjahreszeitraum mussten – bis auf die Gruppe der Schriftsteller und Autoren – alle Segmente jeweils Minusraten von 2 bis 9 Prozent hinnehmen. Allerdings verliefen die wirtschaftlichen Entwicklungen in den einzelnen Segmenten unterschiedlich. Der Umsatz der Journalistengruppe ging von 49 Millionen CHF im Jahre 2001 auf 40 Millionen CHF bis zum Jahre 2003 zurück, um danach wieder auf 44 Millionen CHF im Jahre 2005 anzusteigen. Im Schnitt hatten die Journalisten allerdings zum aktuellen Stand 2005 noch immer weniger Umsatz je Büro erzielt als noch im Jahr 2001. Die Entwicklung der Buchverlage verlief nach einem ähnlichen Muster. Von 2001 bis 2003 sank das Umsatzvolumen von 1,17 Milliarden CHF auf 1,03 Milliarden CHF, um danach bis 2005 wieder stetig anzusteigen und im Jahre 2005 eine Höhe von 1,15 Milliarden CHF zu erreichen. Damit ist das Buchverlagsgewerbe insgesamt zwar noch nicht auf dem nominalen Niveau des Jahres 2001 angelangt. Da jedoch die Zahl der Unternehmen – nach der Marktschrumpfung – noch nicht in gleicher Dynamik wieder gewachsen ist, konnten auch die Buchverlage im Jahr 2005 im statistischen Mittel mehr Umsatzanteile je Verlag erzielen: Der Umsatz je Unternehmen erreichte im Jahr 2005 eine Höhe von 2,43 Millionen CHF, im Jahr 2005 lag der vergleichbare Umfang bei 2,41 Millionen CHF je Unternehmen.

Hingegen entwickelt sich der Gesamtumsatz im Fachhandel mit Büchern fast konstant in ungünstiger Richtung. Von 2001 an fällt der Umsatz in Höhe von 738 Millionen CHF bis 2005 auf ein Niveau von 689 Millionen CHF. Das entspricht einer Schrumpfungsrate von 6,6 Prozent. Allerdings ergibt sich auch hier ein ähnliches Bild wie bei den Buchverlagen. Der Gesamtumsatz fällt vor allem wegen der sinkenden Zahl der Buchhändler, die im Vierjahreszeitraum mit minus 7,0 Prozent prozentual noch stärker zurückgegangen ist. Dadurch bleibt der statistische Durchschnittswert des einzelnen Buchhändlers relativ konstant. 2001 lag dieser Wert bei 1,84 Millionen CHF je Unternehmen, im Jahr 2005 etwas geringfügig darüber bei 1,843 Millionen CHF.

Mit den bisher vorgestellten Eckdaten ist die strukturelle Lage des Buchmarktes jedoch noch nicht hinreichend zu beschreiben. Deshalb soll die Auswertung der Umsatzarten im Buchmarkt eine detailliertere Sicht ermöglichen. Von den im Jahr 2005 erzielten Umsätzen in Höhe von 1,9 Milliarden CHF entfielen auf den Umsatz mit dem reduzierten Steuersatz von 2,4 Prozent 842 Millionen CHF. Das entspricht einem Anteil von 44 Prozent am Gesamtumsatz. Dieser Umsatz mit reduziertem Steuersatz wurde mit Büchern und Presseerzeugnissen erwirtschaftet. Ein weiterer Anteil des Gesamtumsatzes entfiel mit 576 Millionen CHF (Anteil 30%) auf den Umsatz mit Normalsteuersatz, der derzeit in der Schweiz mit 7,6 Prozent versteuert wird. Damit kann ein Drittel des Gesamtumsatzes im Buchmarkt «buchfremden» Produkten und Dienstleistungen zugeordnet werden. Wie ein Blick in die detaillierte Umsatzstruktur zeigt, sind es insbesondere die Verlage, die diese hohen Umsätze mit andersartigen Produkten und Dienstleistungen bewirken. Hier handelt es sich um gemischte Buch- und Medienverlage, die mit CDs, DVDs usw. tendenziell mehr Umsatz erzielen als mit Büchern. Der Umsatzwert mit normalem Steuersatz der Buch- und Medienverlage liegt mit 423 Millionen CHF deutlich über dem Umsatzwert von 380 Millionen CHF, den die Verlage mit reduziertem Steuersatz erreichen. Dies scheint auf einen Trend hinzuweisen, denn in früheren Jahren lag der Buchumsatz (mit reduziertem Steuersatz) immer höher als der normale Umsatz.

Für die Fachbuchhandlungen bleibt der Umsatz mit Büchern und Zeitschriften nach wie vor das Kerngeschäft. Daneben wächst auch hier der Anteil der nicht buchbezogenen Produkte langsam an. Rund 67 Prozent (461 Millionen CHF) des Buchhandelsumsatzes entfielen im Jahre 2005 auf den Umsatz mit reduziertem Steuersatz. Der normale Umsatzwert erreichte einen Anteil von 16 Prozent (112 Millionen CHF), die restlichen Umsatzwerte verteilten sich auf den Export mit 2 Prozent, auf den ausgenommenen Umsatz mit 0,5 Prozent sowie auf den Umsatz der Kleinunternehmen mit 14 Prozent.

Auffallend ist, dass der ausgewiesene Anteil der Kleinunternehmen im Buchhandel in Höhe von 14 Prozent die tatsächliche Lage deutlich unterzeichnen dürfte. Hier wirkt sich zum einen die statistische Nichterfassung von Buchhändlern mit weniger als 75 000 CHF Jahresumsatz aus. Zum anderen ist ein Grossteil der Kleinbuchhändler bereits im Umsatzpotenzial des reduzierten Steuerumsatzes enthalten. Ein Vergleich zur späteren Auswertung der Betriebszählung der amtlichen Statistik lässt nämlich erkennen, dass bereits knapp die Hälfte aller Buchhandlungen lediglich ein bis zwei Personen beschäftigen. Insgesamt zählen 93 Prozent der Buchhändler mit weniger als 10 Beschäftigten zur Kategorie der Kleinstunternehmer.

Die Gruppe der Wortproduzenten weist bereits auf der Basis der Mehrwertsteuerstatistik sehr hohe Umsatzwerte für die Kategorie der Kleinunternehmen aus. 48 Prozent des Gesamtumsatzes der Gruppe der Schriftsteller usw. entfallen auf den Umsatz von Kleinunternehmern. In der Journalistengruppe sind 38 Prozent in der entsprechenden Kategorie ausgewiesen. Auch hier gilt der für die Buchhändler oben genannte Hinweis der Unterzeichnung der Lage. So arbeiten nach der Betriebszählung bereits 83 bzw. 87 Prozent der Schriftsteller und Journalisten in Einpersonen-Büros.

DER BUCHMARKT AUS SICHT DER AMTLICHEN STATISTIK Wie die Eckdatentabelle ausweist, existierten im Jahre 2005 insgesamt 1459 solcher Arbeitsstätten, die zusammen ein Beschäftigungsvolumen von insgesamt 7885 Personen (Voll- und Teilzeit) aufwiesen.

Die Entwicklung der Arbeitsstätten in allen einzelnen Wirtschaftszweigen des Buchmarktes ist stark rückläufig und schrumpfte zwischen 2001 und 2005 um 10,2 Prozent. Diese negative Gesamtentwicklung bei den Arbeitsstätten geht einher mit einem Rückgang des Beschäftigungsvolumens, das im vergleichbaren Zeitraum lediglich um 2,1 Prozent schrumpfte. Dieser tendenziell günstigere Minuswert bei der Beschäftigung liegt vor allem in den beiden grossen Beschäftigungsmärkten, den Buchverlagen und dem Buchhandel begründet. Während im Segment Buchverlage 9,4 Prozent und im Segment Buchhandel 6 Prozent der Arbeitsstätten abgebaut wurde, wurden die entsprechenden Beschäftigungsvolumina nur um jeweils 2,6 bzw. 3,3 Prozent reduziert.

In der Gruppe der Wortproduzenten (Schriftsteller und Journalisten) verschwanden zwischen den Jahren 2001 und 2005 rund 11 bzw. 20 Prozent aller Arbeitsstätten (Büros). Hingegen weist die amtliche Statistik für die Beschäftigungslage einen Zuwachs bei der Gruppe der Schriftsteller von 11 Prozent aus und bei den Journalisten immerhin noch einen bescheidenen Zuwachs von 0,4 Prozent. Die Ursache für diese ungewöhnliche Divergenz der Entwicklung ist zum einen durch die bereits oben erwähnte Mischkategorie der Schriftstellergruppe, die auch andere Kulturgruppen enthält, zu erklären. Zum anderen scheint es so zu sein, dass die grösseren Journalistenbüros tatsächlich ihre Arbeitsplätze zwischen 2001 und 2005 auf weniger Arbeitsstätten verteilt haben.

Die Unternehmensstruktur des gesamten Buchmarktes ist fast ausschliesslich durch Kleinst- und Kleinunternehmen geprägt. Auf der Basis der 1459 Arbeitsstätten des Buchmarktes konnten 1451 Arbeitsstätten in Bezug auf ihre Grössenstruktur untersucht werden. Bei 60 Prozent dieser Arbeitsstätten handelt es sich um Büros, Geschäfte und Kleinverlage, die ein bis zwei Personen beschäftigten. Es sind dies die freiberuflich geführten Schreib- und Journalistenbüros und die typischen inhabergeführten Kleinstunternehmen. Weitere 25 Prozent beschäftigen zwei bis fünf Personen je Arbeitsstätte. Die Arbeitsstätten mit fünf bis zehn Personen haben einen Anteil am Gesamtbestand von 7 Prozent. Lediglich weitere sieben Prozent verfügen über einen Personalbestand von mehr als 10 Personen je Arbeitsstätte.

Anzahl der Unternehmen und ihre Umsätze 2005

	Anzahl Unternehmen		Umsatz in Mio. CHF	
	CH	DE	CH	DE
Journalisten	130	6 115	44	1 166
Veränderung zu 2001 in %	−9	16	−9	9
Buchverlage	473	2 089	1 149	14 431
Veränderung zu 2001 in %	−4	2	−2	−16
Buchhandel	374	4 420	689	6 038
Veränderung zu 2001 in %	−7	−4	−7	8

TAB.13_ INTERNATIONAL: BUCHMARKT IN DER SCHWEIZ (CH) UND IN DEUTSCHLAND (DE).

Hinweise: Steuerpflichtige Unternehmen mit Jahresumsätzen ab 75 000 CHF. Deutsche Statistik mit Schweizer Statistik harmonisiert. EURO mit 1,5 in CHF umgerechnet.
Quellen: Mehrwertsteuerstatistik, Eidgenössische Steuerverwaltung; Umsatzsteuerstatistik, Deutsches Statistikamt; Creative Industries Research Unit/ZHdK, eigene Berechnung.

Die Entwicklung in der Schweiz verläuft negativ im Vergleich zur Lage in Deutschland. Während die Zahl der selbstständig erwerbenden Journalisten im Zeitraum von 2001 bis 2005 in der Schweiz um 9 Prozent geschrumpft ist, nahm die Zahl der deutschen Journalisten um 16 Prozent zu. Die Umsatzentwicklung der Journalistengruppe ist in beiden Ländern ebenfalls divergent. Einem Rückgang von 9 Prozent in vier Jahren in der Schweiz steht ein Zuwachs von 9 Prozent in Deutschland gegenüber.

Die Buchverlagslandschaft verliert zwischen 2001 und 2005 4 Prozent der Buchverlage in der Schweiz, während in Deutschland ein kleines Plus von 2 Prozent an neuen (Kleinst-)Verlagen zu verzeichnen ist. Das Umsatzvolumen entwickelt sich in beiden Ländern negativ. Hier musste vor allem die deutsche Verlagslandschaft starke Verluste hinnehmen. Um 16 Prozent fällt das Umsatzvolumen von 2001 auf 2005 zurück. Hier wirken sich vor allem die Geschäftsverluste der grossen deutschen Buch- und Medienverlage aus, die nach dem Boom 2000/2001 eine Schwächeperiode durchlaufen. In der Schweiz kommt es hingegen mit minus 2 Prozent nur zu geringen Umsatzverlusten.

Im Buchhandel verläuft die Entwicklung in beiden Ländern ungünstig. Bis auf das Umsatzvolumen des deutschen Buchhandels, das im Vierjahreszeitraum um 8 Prozent zugelegt hat, zeigen die anderen Kennzahlen negative Entwicklungen an. Um 7 Prozent schrumpft der schweizerische Buchhandel, um 4 der deutsche. Der Schrumpfungsprozess in der Schweiz geht auch mit einem Umsatzverlust von 7 Prozent einher.

PORTRÄT: BUCHPREISBINDUNG IN DER SCHWEIZ – UNVERSÖHNLICHE POSITIONEN

«*Der Bundesrat hat am 2. Mai 2007 das Gesuch des Schweizerischen Buchhändler- und Verlegerverbandes um Zulassung der Buchpreisbindung (Sammelrevers) abgelehnt. Die Gesuchsteller haben nicht nachweisen können, dass die Preisbindung notwendig ist, um die im Gesuch hervorgehobenen Leistungen auf der Ebene der Autoren, der Verlage, des Handels und für die Konsumentinnen und Konsumenten zu erzielen. [...] Wie die Effizienzprüfung durch die Wettbewerbsbehörden ergab, lässt sich allerdings eine Kausalität zwischen Buchpreisbindung einerseits und Titelvielfalt, Sortimentsbreite und Buchhandeldichte andererseits nicht feststellen. Somit kann auch nicht nachgewiesen werden, dass die Buchpreisbindung notwendig ist für die Erzielung der kulturpolitischen Leistung.*»
Quelle: Pressemitteilung des Eidgenössischen Volkswirtschaftsdepartements vom 2. Mai 2007.

«*Der Schweizerische Buchhändler- und Verlegerverband (SBVV) nimmt den Entscheid des Bundesrats über die Aufhebung der Buchpreisbindung mit grossem Bedauern zur Kenntnis. Für die überwiegende Mehrheit der Deutschschweizer Buchbranche ist es unverständlich, dass der Schweizer Bundesrat den kulturellen Funktionen des Buchmarkts in der Schweiz kein Gewicht einräumt. Der Bundesrat riskiert damit, dass ein Grossteil der Bücher deutlich teurer wird. Er hat die Verantwortung zu übernehmen für irreversible Konsequenzen, die dem Schweizer Buchmarkt erwachsen, und er verpasst eine weitere Gelegenheit, sich zu einer langfristigen Buch- und Literaturpolitik zu bekennen. Der SBVV ist nach wie vor von den positiven Wirkungen der Preisbindung sowohl auf der kulturellen (Angebotsvielfalt) wie auch auf der ökonomischen Ebene (tiefe Durchschnittspreise des Sortiments) überzeugt.*»
Quelle: Pressemitteilung des SBVV vom 2. Mai 2007.

3.3.4 KUNSTMARKT

GESAMTBEWERTUNG DES SCHWEIZERISCHEN KUNSTMARKTES Der Kunstmarkt wird durch eine hohe Anzahl von bildenden Künstlerinnen und Künstlern geprägt, die empirisch nur sehr schwer zu erfassen sind. Sie sind Teil einer Künstlerszene, die sich in ihrem Lebenszentrum mit bildender Kunst befasst. Die Eidgenössische Steuerverwaltung kann einen ökonomisch relevanten Kern von rund 250 steuerpflichtigen bildenden Künstlern ausweisen, die amtliche Statistik erfasst rund 770 Künstlerateliers, die überwiegend vom Inhaber geführt werden, und der Berufsverband für visuelle Kunst visarte zählt über 2500 aktive professionelle Künstlerinnen und Künstler in seinen Reihen.

Der schweizerische Kunsthandel ist ein international orientierter Markt. Die stark wachsenden internationalen Umsatzvolumina werden zum Teil von singulären Unternehmen erzielt. Der Kunstmarkt agiert immer schneller, eine Entwicklung, die auch durch die Informationsbeschaffung über das Internet möglich wird. Nach schriftlicher Auskunft der Geschäftsstelle des Verbandes Schweizer Galerien (SVG) im Januar 2007 wird der im Jahr 2004 einsetzende Boom mit Gegenwartskunst im Jahre 2005 kräftig gestiegen sein. Der SVG geht davon aus, dass sich diese Entwicklung auch für das Jahr 2006 fortsetzen wird. Er unterstreicht ausserdem die These, dass der Kunstmarkt in der Vergangenheit jeweils mit Finanzmärkten korrespondierte, sodass es zu weiteren positiven Trends kommen könne.

DER KUNSTMARKT AUS DER SICHT DER EIDGENÖSSISCHEN STEUERVERWALTUNG Die Anzahl der Unternehmen und selbstständig Erwerbenden im Kunstmarkt (ohne Kunsthandwerk) erreichte im Jahre 2005 einen Gesamtbestand von 1129. Dabei zählen die Kunsthandelsgruppe (Galerien und Kunsthändler) mit 422 Unternehmen, die Antiquitätenhändler mit knapp 300 Unternehmen und die Gruppe der selbstständig erwerbenden bildenden Künstler mit 249 Künstlerateliers zu den grösseren Teilgruppen. Die Restauratoren mit 105 Betrieben und die Museen mit 58 privatwirtschaftlichen Betriebsteilen ergänzen den Kernbereich des Kunstmarktes.

Im Vergleich zum Jahr 2004 stieg die Zahl der Kunstmarktunternehmen insgesamt um 1,3 Prozent an. Im gesamten Vergleichszeitraum von 2001 bis 2005 erreichte der Kunstmarkt jedoch insgesamt nur einen Zuwachs von 1,1 Prozent. Hinter dieser faktischen Stagnation verbergen sich unterschiedliche Entwicklungen. Während sich die Zahl der bildenden Künstler im Zeitverlauf mit rund 244 bis 251 Künstlerateliers kaum veränderte, stieg die Zahl der Galerien und Kunsthändler von 405 im Jahr 2004 auf 422 im Jahr 2005 um 4,2 Prozent an. Auch die Restauratorenbüros wachsen plötzlich wieder und legten zuletzt von 98 auf 105 Büroeinheiten oder um 7,1 Prozent zu. Die Zahl der Museen mit ihren privatwirtschaftlichen Betriebsteilen entwickelte sich unterschiedlich und schrumpfte um 11 Museumseinheiten oder 13,4 Prozent zwischen 2004 und 2005. Die Zahl der Antiquitätenhändler reduziert sich von 2001 auf 2005 kontinuierlich von 318 auf 295 Unternehmen (minus 7,2%).

Der erzielte Gesamtumsatz des Kunstmarktes lag im Jahre 2005 bei 1,5 Milliarden CHF. Die Entwicklung des Umsatzes verlief erheblich besser als die Unternehmensentwicklung. Mit knapp 17 Prozent Umsatzzuwachs gegenüber 2004 und mit 12,2 Prozent Zuwachs gegen-

UNTERNEHMEN 2001–2005 (MEHRWERTSTEUERSTATISTIK)

	Unternehmen Anzahl 2001	Anzahl 2002	Anzahl 2003	Anzahl 2004	Anzahl 2005	4-Jahres-Veränderung in % 2005/01	1-Jahres-Veränderung in % 2004/03	in % 2005/04
INSGESAMT	1 117	1 132	1 118	1 114	1 129	1,1	−0,4	1,3
Selbstständige bildende Künstler	244	251	245	243	249	2,0	−0,8	2,5
Sonstige künstlerische Tätigkeiten und Darbietungen (u. a. Restauratoren) [a]	89	96	96	98	105	18,0	2,1	7,1
Kunsthandel (Detailhandel mit zeitgen. Kunstgegenständen)	409	405	401	405	422	3,2	1,0	4,2
Museen (mit privatwirtschaftlichen Betriebsteilen)	57	64	69	67	58	1,8	−2,9	−13,4
Detailhandel mit Antiquitäten	318	316	307	301	295	−7,2	−2,0	−2,0

GESAMTUMSATZ 2001–2005 (MEHRWERTSTEUERSTATISTIK)

	Gesamtumsatz Mio. CHF 2001	Mio. CHF 2002	Mio. CHF 2003	Mio. CHF 2004	Mio. CHF 2005	4-Jahres-Veränderung in % 2005/01	1-Jahres-Veränderung in % 2004/03	in % 2005/04
INSGESAMT	1 318	1 439	1 249	1 266	1 479	12,2	1,4	16,9
Selbstständige bildende Künstler	48	47	46	49	49	0,4	6,5	−1,6
Sonstige künstlerische Tätigkeiten und Darbietungen (u. a. Restauratoren) [a]	23	25	21	23	31	36,8	9,6	36,2
Kunsthandel (Detailhandel mit zeitgen. Kunstgegenständen)	737	687	606	790	1 000	35,6	30,5	26,5
Museen (mit privatwirtschaftlichen Betriebsteilen)	252	443	343	177	150	−40,4	−48,5	−15,1
Detailhandel mit Antiquitäten	258	239	232	226	250	−3,3	−2,7	10,3

AUFTEILUNG NACH VERSCHIEDENEN UMSATZARTEN 2005 (MEHRWERTSTEUERSTATISTIK)

	Gesamtumsatz Mio. CHF 2005	Umsatz Kleinunternehmen Mio. CHF 2005	Anteil in %	Umsatz reduzierter Satz Mio. CHF 2005	Anteil in %	Umsatz Normalsatz Mio. CHF 2005	Anteil in %	Exportumsatz Mio. CHF 2005	Anteil in %	Ausgenommener Umsatz Mio. CHF 2005	Anteil in %
INSGESAMT	1 479	122	8	33	2	496	34	645	44	116	8
Selbstständige bildende Künstler	49	26	53	0	0	19	39	3	6	1	1
Sonstige künstlerische Tätigkeiten und Darbietungen (u. a. Restauratoren) [a]	31	15	48	0	1	15	49	0	1	0	1
Kunsthandel (Detailhandel mit zeitgen. Kunstgegenständen)	1 000	34	3	3	0	322	32	560	56	18	2
Museen (mit privatwirtschaftlichen Betriebsteilen)	150	15	10	16	11	63	42	2	1	54	36
Detailhandel mit Antiquitäten	250	33	13	13	5	77	31	80	32	42	17

ARBEITSSTÄTTEN UND BESCHÄFTIGUNG 2001/2005 (BETRIEBSZÄHLUNG)

	Arbeitsstätten Anzahl 2001	Anzahl 2005	4-Jahres-Veränderung in % 2005/01	Beschäftigte [b] Anzahl 2001	Anzahl 2005	4-Jahres-Veränderung in % 2005/01
INSGESAMT	2 256	1 850	−18,0	4 600	4 007	−12,9
Selbstständige bildende Künstler	982	768	−21,8	1 335	1 010	−24,3
Sonstige künstlerische Tätigkeiten und Darbietungen (u. a. Restauratoren) [a]	182	162	−11,0	381	423	11,0
Kunsthandel (Detailhandel mit zeitgen. Kunstgegenständen)	541	490	−9,4	1 251	1 118	−10,6
Museen (mit privatwirtschaftlichen Betriebsteilen)	45	47	4,4	615	678	10,2
Detailhandel mit Antiquitäten	506	383	−24,3	1 018	778	−23,6

ARBEITSSTÄTTEN NACH BESCHÄFTIGUNGSGRÖSSENKLASSEN 2005 (BETRIEBSZÄHLUNG)

	Arbeitsstätten [c] Anzahl 2005	davon Arbeitsstätten mit Beschäftigten [d] 1 bis unter 2 Anteil in %	2 bis unter 5 Anteil in %	5 bis unter 10 Anteil in %	10 und mehr Anteil in %
INSGESAMT	1 825	82	14	2	1
Selbstständige bildende Künstler	768	92	8	1	0
Sonstige künstlerische Tätigkeiten und Darbietungen (u. a. Restauratoren) [a]	161	83	12	2	3
Kunsthandel (Detailhandel mit zeitgen. Kunstgegenständen)	489	73	21	4	1
Museen (mit privatwirtschaftlichen Betriebsteilen)	24	39	30	15	16
Detailhandel mit Antiquitäten	383	78	20	1	1

TAB.14_ ECKDATEN ZUM KUNSTMARKT.

Hinweise: [a] einzelne Wirtschaftszweige verschiedenen Teilmärkten zugeordnet. [b] Vollzeit- und Teilzeitbeschäftigte. [c] ohne Unternehmen im nicht-marktwirtschaftlichen Bereich. [d] Vollzeitäquivalente.
Quellen: Mehrwertsteuerstatistik, ESTV; Betriebszählung, BfS; Creative Industries Research Unit/ZHdK; eigene Berechnung.

über 2001 zählt der Kunstmarkt zu den erfolgreichsten Märkten in der Kreativwirtschaft. Insbesondere die rasant anwachsenden Umsatzwerte im Kunsthandel mit 36 Prozent Zuwachs im Vierjahreszeitraum und einer Steigerung von 26,5 Prozent von 2004 auf 2005 haben die gesamte Situation des schweizerischen Kunstmarktes positiv beeinflusst. Mit einer Milliarde CHF deckt er bereits zwei Drittel des Branchenmarktes ab. Der Löwenanteil der Umsätze der Kunsthändler entfällt auf den wachsenden Anteil des Exports von Kunstgegenständen, der einen Wert von 560 Millionen CHF im Jahr 2005 erreichte.

Die Restauratoren konnten zuletzt ähnlich starke Umsatzzuwächse mit einer Steigerung von 36 Prozent zwischen 2004 und 2005 erzielen, während die Umsätze der verwandten Gruppe der bildenden Künstler nicht gestiegen sind. Dramatische Einbrüche werden bei den Museen sichtbar, deren wirtschaftliche Betriebsteile von einem Umsatzhöhepunkt mit 443 Millionen CHF im Jahre 2002 auf einen Tiefstand von 150 Millionen CHF im Jahr 2005 absackten. Das entspricht einer Reduzierung von zwei Dritteln des gesamten museumsbezogenen Umsatzes. Allerdings kann hier auch eine statistische Umsetzung [VGL. KAP. 3.3.1] von privatwirtschaftlichen Kunstumsätzen in den Wirtschaftszweig des Kunsthandels teilweise die Ursache für die starke Veränderung der Museumsdaten sein.

Der Kunstmarkt ist der am stärksten ausgeprägte kleinbetriebliche Markt in der gesamten Kreativwirtschaft. Dieses Strukturmerkmal wird jedoch in der Differenzierung nach Umsatzarten nur teilweise sichtbar. Zum einen deckt das Umsatzvolumen der selbstständigen Künstler in Höhe von 49 Millionen CHF nur das Potenzial ab, welches mit steuerpflichtigen Umsätzen insgesamt erreicht wurde. Es gibt jedoch zahlreiche bildende Künstler, die nur steuerfreie Umsätze erzielen und somit nicht in der Mehrwertsteuerstatistik erfasst werden. Darüber hinaus erreicht der Gesamtumsatz vieler Künstler nicht den Mindestumsatz von 75 000 CHF pro Jahr, der als Erfassungsuntergrenze in der Mehrwertsteuerstatistik gegeben ist. Der Berufsverband für visuelle Kunst visarte, der mit über 2500 aktiven bildenden Künstlern der zentrale Dachverband in der Schweiz ist, geht von einem durchschnittlichen Jahreseinkommen in Höhe von 30 000 CHF für bildende Künstler aus. Zum anderen sind auch die ausgewiesenen Gesamtumsätze der Galeristen und Kunsthändler bereits überwiegend steuerfrei, da sie zu 56 Prozent Exportumsätze ausweisen.

DER KUNSTMARKT AUS SICHT DER AMTLICHEN STATISTIK Die amtliche Statistik kann für einen grösseren Teil der von visarte angegebenen Zahlen zum Bestand der Künstlerateliers und Arbeitsstätten Strukturdaten zur Verfügung stellen. Danach existierten in der gesamten Schweiz im Jahre 2005 mindestens 768 bildende Künstlerateliers mit einem Beschäftigungspotenzial von 1010 Personen. Die Entwicklung der Künstlerateliers zeigt allerdings stark rückläufige Tendenzen. Knapp 22 Prozent aller Ateliers (= Arbeitsstätten) verschwanden zwischen 2001 und 2005. In absoluten Zahlen waren es mehr als 200 Ateliers, die aufgegeben wurden. Verbunden damit sind auch die Beschäftigungszahlen drastisch um 24,3 Prozent zurückgegangen. Von den 1335 im Jahr 2001 registrierten Arbeitsplätzen blieben im Jahr 2005 noch 1010 übrig.

Auch der Kunsthandel hat – obwohl sehr gute Gesamtumsätze erzielt wurden – einen starken Abbau von Arbeitsstätten und Beschäftigung im Vierjahreszeitraum erleben müssen. Die Zahl der Arbeitsstätten ging von 541 im Jahr 2001 auf 490 (minus 9,4 %), die Zahl der

Beschäftigten von 1251 auf 1118 (minus 10,6%) zurück. Diese Entwicklung ist ein Hinweis darauf, dass das Kunsthandelssegment nicht in seiner ganzen Breite gute wirtschaftliche Geschäfte erzielen konnte, sondern dass diese sich eher auf einige wenige grosse und internationale Unternehmen konzentriert haben dürften. Weitere Schrumpfungsprozesse musste auch der Antiquitätenhandel hinnehmen, dessen Marktanteile um ein knappes Viertel bei den Arbeitsstätten und im Beschäftigungsmarkt schrumpften.

Nur die Gruppe der Restauratoren und der Museen verhielt sich im Vergleichszeitraum antizyklisch. Während die Zahl der Arbeitsstätten bei den Restauratoren zwischen 2001 und 2005 um 11 Prozent zurückging, stieg hingegen die Zahl der Beschäftigten im gleichen Zeitraum um 11 Prozent an. Der Museumssektor konnte seine Arbeitsstättenzahl sogar ausweiten (plus 4,4%) und die Arbeitsplätze um rund 10 Prozent erhöhen. Das ist trotz schlechter wirtschaftlicher Lage nur möglich, wenn die Finanzierung durch öffentliche Mittel gegeben ist.

Die Struktur der Arbeitsstätten des Kunstmarktes, bezogen auf die Beschäftigungsgrössenklassen, macht überdeutlich, dass der Kunstmarkt mehr wie jeder andere Teilmarkt innerhalb der Kreativwirtschaft eine ausgeprägte kleinbetriebliche Struktur aufweist. 82 Prozent aller Kunstmarktarbeitsstätten zählen zu den Ateliers, Büros oder Betrieben für ein bis zwei Personen. Im Vergleich dazu kommt der durchschnittliche Anteil der gesamten Kreativwirtschaft in dieser kleinsten Grössenklasse gerade auf einen Wert von 58 Prozent. Insgesamt zählen 99 Prozent der Arbeitsstätten im Kunstmarkt zu den Kleinstunternehmen. Nur der Museumssektor hat mit einem Anteil von 16 Prozent Arbeitsstätten, die mehr als 10 Beschäftigte zählen – hier wirkt sich wieder die gemischte Kategorie der öffentlich finanzierten Museen aus.

Ein funktionierender Kunstmarkt besteht neben den grossen Unternehmen auch aus unzähligen Kleinstunternehmen und unternehmerischen Mischformen – die Grundlage für einen sich weiter entwickelnden Kunstsektor. Allerdings bewegte sich der regionale schweizerische Kunsthandel bis zum Jahr 2005 nicht in analoger Weise wie der internationale Kunstmarkt, denn der regionale Markt ist durch starke Schrumpfungsprozesse bei den Beschäftigten und Arbeitsstätten gekennzeichnet.

Auch für den Kunstmarkt sind Entkoppelungsprozesse zu beobachten, die zu neuen Marktstrukturen für die Entwicklung von neuen visuellen Produkten und Dienstleistungen führen können. Zunehmend verändern sich die «alten» Wertschöpfungsbeziehungen: Die Verbindung Künstler, Galerist, Kunsthändler, Sammler oder Museum wird durch neue Direktvermarktungsformen ersetzt. Zur Entwicklung einer internationalen Kunstproduktion wird es allerdings immer auch auf eine lokalregionale Infrastruktur ankommen. Spitzenkunst ohne Breitenkunst ist auch weiterhin nicht denkbar!

PORTRÄT: DER KUNSTMARKT AUS SICHT DES VERBANDS SCHWEIZER GALERIEN (VSG)

«Der Kunstmarkt ist weiter in Bewegung. Noch vor einem Jahr war unvorstellbar, dass ein Werk für einen Preis von 140 Millionen Dollar verkauft werden kann. Die Auktionshäuser verzeichnen Rekorde vor allem im Bereich der Gegenwartskunst. Viel Geld schwimmt auf der Welt herum und will investiert werden. Aufgrund der überdurchschnittlichen Renditen der Aktienmärkte fliesst auch ein beträchtlicher Teil in den Kunstmarkt. Eine andere Frage ist es, ob unsere 54 Mitglieder von diesem Boom profitieren können. ‹Jein!› dürfte wohl die Antwort lauten. Auf der einen Seite vertreten einige Galeristinnen und Galeristen ganz wichtige Künstler, die auf dem Weltmarkt hohe Preise und eine sehr gute Nachfrage erzielt haben. Die meisten Künstler aber haben doch eher eine lokale oder regionale Ausstrahlung. Diese Künstlerinnen und Künstler resp. Galeristen profitieren von der allgemeinen grösseren Kauffreudigkeit des Publikums. Damit kann aber nicht das grosse Geld verdient, sondern die Galerie auf eine bessere und stärkere Basis gestellt werden. Überhaupt ist bei all den Medienberichten Vorsicht geboten: Was im Top-shot-Segment der Welt gilt, braucht nicht unbedingt im lokalen Markt der Schweiz zu gelten. Der Verband Schweizer Galerien setzt sich seit längerer Zeit für gute Rahmenbedingungen in der Schweiz ein. Diese existieren tatsächlich, und einige Galerien aus Deutschland entschieden sich, hier Niederlassungen zu gründen, weil dies nicht nur vom Publikum, sondern auch steuertechnisch und von den Rahmenbedingungen her attraktiv ist. Gute Rahmenbedingungen bedeuten: alternatives Steuerumfeld, Verzicht auf das Folgerecht, keine Künstlersozialkasse, niedriger MwSt.-Satz und einfache Handhabung der Steuer. All diese Elemente verbilligen die Unkosten und erhöhen den Nettoumsatz bei Galerist und Künstler. Die Schweiz versucht ja generell, als Wirtschaftsstandort attraktiv zu sein. Für die Galeristen muss dies insbesondere gelten, da Kunstwerke sehr mobil sind und – wie das Beispiel unseres international renommierten Mitgliedes Hauser und Wirth zeigt – der Standort beliebig dorthin verschoben werden kann, wo die Erfolgsaussichten am erfolgreichsten sind. Dank unseres vielfältigen Beziehungsnetzes und unserer breit gefächerten Aktivitäten (in Zusammenarbeit mit den anderen Verbänden des Kunsthandels) sind wir optimistisch, auch in Zukunft als viertwichtigster Kunsthandelsplatz der Welt diese Position halten zu können.»

Quelle: VSG-Geschäftsbericht 2006.

	Mio. EUR Auktionen	Mio. EUR Kunsthandel	Mio. EUR Total	Anteil in %
UK	3 381,7	3 381,7	6 763,4	56
Frankreich	77,7	1 257,4	1 335,1	11
Deutschland	770,9	472,3	1243	10
Schweiz	234,3	390,6	624,9	5
Italien	204,9	250,4	455,3	4
Schweden	150,2	183,5	333,7	3
Europa	5 545,7	6 467,4	12 013	100

STELLUNG DES SCHWEIZER KUNSTMARKTES IM EUROPÄISCHEN VERGLEICH, 2001.

Quelle: Kusin & Company, 2002.

PORTRÄT: MITGLIEDERSTRUKTUR DES VERBANDS FÜR VISUELLE KUNST (VISARTE) visarte gehören 18 regionale Gruppen und eine Interessengruppe (für Gender-Fragen) an. Insgesamt zählt der Verband 2518 aktive Mitglieder. Davon sind 1137 visuelle Künstlerinnen und 1381 visuelle Künstler; 187 gehören zu den Architektinnen und Architekten. 836 Mitglieder haben einen Gönnerstatus.

STELLUNGNAHME ZUM BERICHT ZUR SOZIALEN SICHERHEIT DER KULTURSCHAFFENDEN

«visarte, der Berufsverband der visuellen Kunst, nimmt den Bericht zur sozialen Sicherheit der Kulturschaffenden mit grossem Bedauern zur Kenntnis. Die Chance, die bestehenden Analysen des Bundes und der Kulturverbände zur sozialen Sicherheit ernst zu nehmen und konstruktive Lösungen anzubieten, wurde verpasst. Der Ruf nach mehr Eigenverantwortung der Kulturschaffenden lenkt von den strukturellen Benachteiligungen, mit denen Künstlerinnen und Künstler zu kämpfen haben, ab – wie Arbeitslosenversicherung, BVG. So bieten die meisten Kulturverbände ihren Mitgliedern im Rahmen ihrer Möglichkeiten Versicherungsmöglichkeiten an. Dass diese nicht ausreichen, zeigt die verheerende finanzielle Situation vieler Kulturschaffender. Die mangelnde Flexibilität im Sozialversicherungsbereich, aber auch der Arbeitslosenkassen muss der Realität angepasst werden, und zwar vom Bund und nicht von den Kulturschaffenden oder ihren Verbänden. Die Forderungen, im Rahmen des Kulturförderungsgesetzes die bestehende Gesetzgebung zu Gunsten der Kulturschaffenden zu verbessern, haben sämtliche Kulturverbände frühzeitig und mit Nachdruck gestellt. Dass die Antwort der Bundesämter nun dahin gehend lautet, den Künstlerinnen und Künstlern die Lösung gesetzlicher Benachteiligungen zu übertragen, ist für visarte nicht akzeptabel.»

Quelle: visarte schweiz, Pressemitteilung, 1.3.2007.

3.3.5 FILMWIRTSCHAFT

GESAMTBEWERTUNG DER SCHWEIZERISCHEN FILMWIRTSCHAFT Die Schweizer Filmwirtschaft umfasst die Bühnen- und Filmkünstler, Drehbuchautoren und Regisseure, die Filmproduktion einschliesslich TV-Produktion, den Verleih, das Kino und als besonderen Akteur die Filmförderung. Die Filmwirtschaft ist der einzige Kulturmarkt der Kreativwirtschaft, der umfangreiche öffentliche Förderung für die direkte Unternehmensförderung in allen Produktionsketten und günstige Rahmenbedingungen erhält. Die wirtschaftliche und kulturelle Filmförderung ist eine Praxis, die nicht nur in der Schweiz üblich, sondern in ganz Europa verbreitet ist [VGL. KAP. 7.3.1] und die der jeweiligen einheimischen Filmproduktion marktfähige Existenzen ermöglichen will. Viele andere Teilbranchen der Kreativwirtschaft verweisen gerne auf die Filmförderpolitik der nationalen und regionalen öffentlichen Stellen und würden sich für ihre eigene Branche ähnlich günstige Bedingungen wünschen.

Die Filmwirtschaft der Schweiz konnte sich im beobachteten Zeitraum ganz offensichtlich vom Trend der anderen Teilmärkte der Kreativwirtschaft positiv abkoppeln. Verschiedene Fördermodelle wie etwa die erfolgsabhängige Filmförderung «Succès Cinéma» des Bundesamtes für Kultur oder der «Pacte de l'audiovisuel» zwischen der Filmbranche und der Schweizer Radio- und Fernsehgesellschaft (SRG SSR idée suisse) zeigen die engen Austauschbeziehungen zwischen öffentlichem und privatem Sektor. So sind etwa die Radio- und Fernsehanstalten Produzenten, Distributoren und Auftraggeber. Nach den Angaben des Bundesamtes für Statistik hat die Filmwirtschaft im Jahr 2004 rund 64,6 Millionen CHF an öffentlichen und privaten Mitteln zur Finanzierung von Film- und TV-Produktionen erhalten. Das

UNTERNEHMEN 2001–2005 (MEHRWERTSTEUERSTATISTIK)	Unternehmen Anzahl 2001	Anzahl 2002	Anzahl 2003	Anzahl 2004	Anzahl 2005	4-Jahres-Veränderung in % 2005/01	1-Jahres-Veränderung in % 2004/03	in % 2005/04
INSGESAMT	854	876	910	971	1 015	18,9	6,7	4,5
Theater- und Ballettgruppen (u. a. selbstständige Bühnenkünstler und Regisseure)a)	53	50	54	54	53	0,0	0,0	−1,9
Film-/TV- und Videofilmherstellung	626	647	678	726	773	23,5	7,1	6,5
Filmverleih- und Videoprogrammanbieter	50	51	56	66	57	14,0	17,9	−13,6
Kinos	125	128	122	125	132	5,6	2,5	5,6

GESAMTUMSATZ 2001–2005 (MEHRWERTSTEUERSTATISTIK)	Gesamtumsatz Mio. CHF 2001	Mio. CHF 2002	Mio. CHF 2003	Mio. CHF 2004	Mio. CHF 2005	4-Jahres-Veränderung in % 2005/01	1-Jahres-Veränderung in % 2004/03	in % 2005/04
INSGESAMT	1 262	1 343	1 412	1 528	1 431	13,4	8,2	−6,4
Theater- und Ballettgruppen (u. a. selbstständige Bühnenkünstler und Regisseure)a)	119	161	174	220	201	68,6	26,3	−8,7
Film-/TV- und Videofilmherstellung	540	553	585	593	654	21,1	1,3	10,3
Filmverleih- und Videoprogrammanbieter	273	253	296	328	266	−2,7	10,8	−19,0
Kinos	329	377	357	387	310	−5,9	8,5	−19,9

AUFTEILUNG NACH VERSCHIEDENEN UMSATZARTEN 2005 (MEHRWERTSTEUERSTATISTIK)	Gesamtumsatz Mio. CHF 2005	darunter Umsatz Kleinunternehmen Mio. CHF 2005	Anteil in %	Umsatz reduzierter Satz Mio. CHF 2005	Anteil in %	Umsatz Normalsatz Mio. CHF 2005	Anteil in %	Exportumsatz Mio. CHF 2005	Anteil in %	Ausgenommener Umsatz Mio. CHF 2005	Anteil in %
INSGESAMT	1 431	52	4	222	16	691	48	242	17	216	15
Theater- und Ballettgruppen (u. a. selbstständige Bühnenkünstler und Regisseure)a)	201	9	4	2	1	22	11	1	0	168	83
Film-/TV- und Videofilmherstellung	654	40	6	11	2	364	56	199	30	34	5
Filmverleih- und Videoprogrammanbieter	266	1	0	0	0	226	85	36	14	2	1
Kinos	310	3	1	209	67	80	26	6	2	12	4

ARBEITSSTÄTTEN UND BESCHÄFTIGUNG 2001/2005 (BETRIEBSZÄHLUNG)	Arbeitsstätten Anzahl 2001	Anzahl 2005	4-Jahres-Veränderung in % 2005/01	Beschäftigteb) Anzahl 2001	Anzahl 2005	4-Jahres-Veränderung in % 2005/01
INSGESAMT	1 082	1 163	7,5	6 610	7 028	6,3
Theater- und Ballettgruppen (u. a. selbstständige Bühnenkünstler und Regisseure)a)	135	133	−1,5	2 068	2 121	2,6
Film-/TV- und Videofilmherstellung	652	745	14,3	1 843	2 097	13,8
Filmverleih- und Videoprogrammanbieter	47	48	2,1	236	273	15,7
Kinos	248	237	−4,4	2 463	2 537	3,0

ARBEITSSTÄTTEN NACH BESCHÄFTIGUNGSGRÖSSENKLASSEN 2005 (BETRIEBSZÄHLUNG)	Arbeitsstättenc) Anzahl 2005	davon Arbeitsstätten mit Beschäftigtend) 1 bis unter 2 Anteil in %	2 bis unter 5 Anteil in %	5 bis unter 10 Anteil in %	10 und mehr Anteil in %
INSGESAMT	1 159	55	30	9	6
Theater- und Ballettgruppen (u. a. selbstständige Bühnenkünstler und Regisseure)a)	132	51	27	10	12
Film-/TV- und Videofilmherstellung	744	68	23	5	3
Filmverleih- und Videoprogrammanbieter	48	48	21	19	13
Kinos	235	18	53	17	12

TAB.15_ ECKDATEN ZUR FILMWIRTSCHAFT.

Hinweise: a) einzelne Wirtschaftszweige verschiedenen Teilmärkten zugeordnet. b) Vollzeit- und Teilzeitbeschäftigte. c) ohne Unternehmen im nicht-marktwirtschaftlichen Bereich. d) Vollzeitäquivalente.
Quellen: Mehrwertsteuerstatistik, ESTV; Betriebszählung, BfS; Creative Industries Research Unit/ZHdK; eigene Berechnung.

entspricht einer Steigerungsrate von 45 Prozent gegenüber 2001. Damals war der Fördertopf nur mit 44,7 Millionen CHF gefüllt.

Durch die technologischen Veränderungen wird sich die Filmwirtschaft in den nächsten Jahren innerhalb der einzelnen Produktionsschritte sehr stark verändern, wenn sich die digitalen Techniken in der Filmproduktion wie in den Abspielstätten in der Breite durchsetzen werden. Es kann sein, dass damit auch eine sprunghafte Entwicklung der kleinen Filmproduzenten einsetzt, die sich zum Beispiel immer mehr in Richtung Videoproduktion verlagern wird. Die digitale, technische Verschmelzung von DVD-Video, Film, TV und Computer kann somit eine neue grosse Entwicklungs- und Kreativitätsbasis für einen Grossteil der Filmschaffenden werden.

DIE FILMWIRTSCHAFT AUS SICHT DER EIDGENÖSSISCHEN STEUERVERWALTUNG Die Anzahl der Unternehmen und selbstständig Erwerbenden in der Filmwirtschaft (ohne Rundfunkmarkt und AV-Markt) erreichte im Jahre 2005 einen Gesamtbestand von 1015. Dazu zählt die Gruppe der Bühnenkünstler und Regisseure mit 53 selbstständigen Büros. Die grösste Teilgruppe der Filmwirtschaft bilden die Film- und TV-Filmproduzenten, die mit rund 770 Unternehmen drei Viertel des gesamten Unternehmensbestandes in der Filmwirtschaft ausmachen. Die Filmverleiher und Videoprogrammanbieter zählen mit 57 Unternehmen zu den «Kleinen» in der Branche, während die Kinolandschaft mit 132 Unternehmen abgebildet wird, hinter denen sich knapp 240 Kinobetriebe und Abspielstätten in der ganzen Schweiz verbergen.

Im Vergleich zu 2004 stiegen die Unternehmenszahlen in der Filmwirtschaft 2005 wieder deutlich um 4,5 Prozent an. Bereits im Vierjahresvergleich zum Jahr 2001 hatte die Filmwirtschaft einen starken Zuwachs an Filmfirmen zu verzeichnen. Am stärksten sind die Filmproduktionsfirmen gewachsen. Ihre Zahl stieg von 626 Firmen im Jahr 2001 auf eine Anzahl von 773 Firmen im Jahr 2005 an. Das bedeutet einen prozentualen Zuwachs von fast 24 Prozent. Aktuell drängen pro Jahr im Schnitt weitere 6 bis 7 Prozent neue Produktionsfirmen in den Filmmarkt. Die Filmverleihunternehmen hatten in den früheren Jahren einen moderaten Anstieg zu verzeichnen und erlebten zuletzt einen deutlichen Rückgang von 13 Prozent. Die Kinolandschaft verändert sich, was die Zahl der Unternehmen betrifft, nur geringfügig. Diese bewegt sich zwischen 125 und 132 Kinounternehmen im Vierjahreszeitraum.

Der erzielte Gesamtumsatz der Filmwirtschaft lag im Jahre 2005 bei 1,4 Milliarden CHF. Die Umsatzentwicklung in der Filmwirtschaft verlief zwar nicht ganz so dynamisch wie die der Unternehmensentwicklung, mit einem Plus von 13,4 Prozent stellt sie aber ein überdurchschnittliches Wachstum in der Kreativwirtschaft insgesamt dar. Allerdings wurden diese positiven Wachstumszahlen nur von den beiden Filmsegmenten der Filmproduktion und den Bühnen- und Filmkünstlern getragen. Die negativen Veränderungsraten des Filmverleihs und der Kinos deuteten bereits an, dass die Filmwirtschaft in der aktuellen Entwicklung in ein Krisenjahr gerutscht ist. So musste die Filmwirtschaft zwischen 2004 und 2005 eine Schrumpfung ihres gesamten Umsatzvolumens um 6,4 Prozent hinnehmen. Hätten nicht die Filmproduktionsfirmen wiederum ein positives Wachstum von 10,4 Prozent im aktuellen Vergleichsjahr präsentiert, dann wäre für die gesamte Filmwirtschaft ein prozentual zweistelliger Umsatzverlust eingetreten.

Ein besonderes Merkmal der Filmwirtschaft ist der auffallend gleich verteilte Anteil der verschiedenen

Umsatzarten. Von den 1,4 Milliarden CHF Gesamtumsatzvolumen entfiel mit 691 Millionen CHF fast die Hälfte auf den normalen Umsatzsteuersatz (7,6 Prozent), darunter 364 Millionen CHF durch die Filmproduktion und 226 Millionen CHF durch den Verleih. Die übrigen drei Umsatzarten des reduzierten Steuersatzes, des Exports und des ausgenommenen Umsatzes verteilten sich jeweils auf Umsatzvolumina von 220 bis 240 Millionen CHF. Die Kinos erzielten mit dem Verkauf von steuerbegünstigten Kinokarten den Löwenanteil des reduzierten Umsatzes von über 200 Millionen CHF. Der Filmexport wurde überwiegend durch die Filmproduktionsfirmen mit rund 200 Millionen CHF erwirtschaftet. Der ausgenommene Umsatz, der aus steuerfreien Mitteln aus den öffentlichen Finanzen stammt, wurde vor allem von der Gruppe der Bühnen- und Filmkünstler in Höhe von 168 Millionen CHF erzielt.

DIE FILMWIRTSCHAFT AUS SICHT DER AMTLICHEN STATISTIK

Wie die Eckdatentabelle ausweist, existierten im Jahre 2005 insgesamt 1163 Arbeitsstätten, die ein Beschäftigungsvolumen von insgesamt 728 Personen (Voll- und Teilzeit) aufweisen. Die Entwicklung der Arbeitsstätten ist in zwei Wirtschaftszweigen der Filmwirtschaft zwischen 2001 und 2005 positiv, in zwei Wirtschaftszweigen negativ verlaufen. Wieder sind es die Filmproduktion und der Verleih, deren Arbeitsstätten um 14,3 Prozent im Vierjahreszeitraum zunahmen, die des Verleihs allein immerhin noch um 2,1 Prozent. Die Kinos haben Arbeitsstätten (minus 4,4%) abgebaut, ebenso die Gruppe der Bühnen- und Filmkünstler (minus 1,5%). Von besonderer Bedeutung sind die Zahlen des Beschäftigungsmarktes in der Filmwirtschaft. Hier hat es in allen vier Wirtschaftszweigen positive Effekte gegeben. Insgesamt stieg die Zahl der Beschäftigten um 6,3 Prozent, am stärksten mit 15,7 Prozent beim Verleih und mit 13,8 Prozent in der Filmproduktion.

Auch die Filmwirtschaft ist überwiegend von Kleinst- und Kleinunternehmen geprägt. 55 Prozent der Filmfirmen sind inhabergeführte Büros und Studios mit ein bis zwei Mitarbeitern. 94 Prozent der Filmfirmen haben weniger als 10 Beschäftigte je Arbeitsstätte und zählen damit zu Kleinstunternehmen. Lediglich 6 Prozent aller Filmfirmen können mehr als zehn Mitarbeiter je Betrieb beschäftigen.

PORTRÄT: DIE FILMWIRTSCHAFT AUS SICHT VON MEDIA DESK SUISSE

«In der Schweiz entstehen pro Jahr rund 25 Kinospielfilme und etwa ebenso viele lange Dokumentarfilme. Ungefähr ein Fünftel wird als Koproduktion realisiert. Zur Filmherstellung steht eine gute Produktionsbasis (Equipment, Labor, Special Effects) zur Verfügung, die in einzelnen Bereichen auch international einen guten Ruf hat. Der Schweizer Film erlebt momentan einen Höhenflug. Im ersten Quartal des Jahres 2006 beträgt sein Anteil am Box Office 14%. Im Jahr zuvor lag er bei 6%, was im Vergleich zu den letzten Jahren bereits sehr hoch war. Schweizer und Schweizerinnen (ca. 7,2 Mio. Einwohner) gehen durchschnittlich 2,3-mal jährlich ins Kino trotz hoher Eintrittspreise (9 €). In den letzten Jahren wurde viel Geld in die Projektentwicklung investiert. Durch erfolgsabhängige Zuschüsse wurden auf allen Ebenen (Produktion, Verleih, Kino) Anreize geschaffen, in Schweizer Filme zu investieren.»

Quelle: www.mediadesk.ch.

Eintrittsrate (pro Person pro Jahr)	2,23
Box Office	245 Mio. CHF
Durchschnittlicher Kinopreis	14,55 CHF
Anzahl Eintritte 2005	
Deutsche Schweiz	11 432 831
Französische Schweiz	4 872 043
Italienische Schweiz	545 370
Total Eintritte 2005	16 850 244
Marktanteil in Prozenten	
USA	59,38
Europa	28,21
Deutschland	5,98
Frankreich	8,70
Grossbritannien	8,51
Spanien	2,15
Schweiz	9,62
Andere	2,79

Schweizer Filmproduktion (2005)	
Produzierte Langspielfilme	25
Vollständige Schweizer Produktionen	17
Erstlingswerke	15
Spielfilme mit Kinoauswertung	18
Produzierte lange Dokumentarfilme	22
Vollständige Schweizer Produktionen	19
Erstlingswerke	6
Dokumentarfilme mit Kinoauswertung	27

Quelle für alle Daten: www.mediadesk.ch, Rubrik Filmindustrie Schweiz, Internet vom 17.4.07.
Eine detaillierte Übersicht zur Schweizer Filmförderung liefert zudem die Film- und Kinostatistik des Bundesamtes für Statistik, www.bfs.admin.ch.

3.3.6 RUNDFUNKMARKT Der Rundfunkmarkt ist inzwischen fast überall in Europa durch eine duale Struktur geprägt. Neben den aus öffentlichen Budgets oder über Gebühren finanzierten Rundfunkunternehmen existieren die privaten Rundfunkunternehmen, die ihre Programme über Werbung, direkte Einnahmen und – in der Schweiz – auch über Gebühren finanzieren. Da die Struktur des Rundfunkmarktes in der amtlichen Statistik nicht zwischen öffentlichen und privatwirtschaftlichen Unternehmenseinheiten getrennt werden kann, wird er in der statistischen Analyse als gemischter Kreativmarkt untersucht.

Wie die Eckdatentabelle ausweist, existieren im Rundfunkmarkt im Jahre 2005 rund 100 bis 105 Unternehmen, deren Bestand sich über den beobachteten Vierjahreszeitraum kaum verändert hat. Während die Zahl der Radiounternehmen in Höhe von 55 Einheiten nur sehr geringfügig zunahm, blieb die Zahl der TV-Unternehmen mit 51 Einheiten relativ konstant. Lediglich ein bis drei Unternehmen verschwanden im Laufe der vier Jahre.

Die Rundfunklandschaft besteht meist aus wenigen sehr grossen Unternehmen. Die relativ kleine Unternehmenszahl verfügt über ein riesiges Umsatzvolumen. Im Jahr 2005 wurden rund 2,2 Milliarden CHF erzielt. Die Umsatzentwicklung verlief nach Steigerungen in Höhe von 2,5 Milliarden CHF bis zum Jahre 2003 in negativer Richtung weiter, vor allem bedingt durch die TV-Unternehmen, die den Löwenanteil des Umsatzes mit 2,0 Milliarden CHF ausmachen. Immerhin wird zum Jahre 2005 eine Verbesserung der Umsatzsituation erkennbar. Der Gesamtumsatz im schweizerischen Rundfunkmarkt konnte zwischen 2004 und 2005 wieder eine Zuwachsrate von 4,0 Prozent erreichen.

UNTERNEHMEN 2001–2005 (MEHRWERTSTEUERSTATISTIK)	Unternehmen					4-Jahres-Veränderung	1-Jahres-Veränderung	
	Anzahl 2001	Anzahl 2002	Anzahl 2003	Anzahl 2004	Anzahl 2005	in % 2005/01	in % 2004/03	in % 2005/04
INSGESAMT	104	97	103	104	106	1,9	1,0	1,9
Radioanstalten (-unternehmen)	52	47	52	55	55	5,8	5,8	0,0
Fernsehanstalten (-unternehmen)	52	50	51	49	51	−1,9	−3,9	4,1

GESAMTUMSATZ 2001–2005 (MEHRWERTSTEUERSTATISTIK)	Gesamtumsatz					4-Jahres-Veränderung	1-Jahres-Veränderung	
	Mio. CHF 2001	Mio. CHF 2002	Mio. CHF 2003	Mio. CHF 2004	Mio. CHF 2005	in % 2005/01	in % 2004/03	in % 2005/04
INSGESAMT	2 123	2 270	2 508	2 113	2 198	3,6	−15,7	4,0
Radioanstalten (-unternehmen)	117	127	128	141	150	28,1	9,9	6,5
Fernsehanstalten (-unternehmen)	2 005	2 143	2 380	1 972	2 048	2,1	−17,1	3,9

AUFTEILUNG NACH VERSCHIEDENEN UMSATZARTEN 2005 (MEHRWERTSTEUERSTATISTIK)	Gesamtumsatz	darunter								
	Mio. CHF 2005	Umsatz Kleinunternehmen Mio. CHF 2005	Anteil in %	Umsatz reduzierter Satz Mio. CHF 2005	Anteil in %	Umsatz Normalsatz Mio. CHF 2005	Anteil in %	Exportumsatz Mio. CHF 2005	Anteil in %	Ausgenommener Umsatz Mio. CHF 2005	Anteil in %
INSGESAMT	2 198	2	0	1 190	54	929	42	30	1	32	1
Radioanstalten (-unternehmen)	150	1	1	8	5	137	91	1	0	3	2
Fernsehanstalten (-unternehmen)	2 048	1	0	1 182	58	792	39	29	1	29	1

ARBEITSSTÄTTEN UND BESCHÄFTIGUNG 2001/2005 (BETRIEBSZÄHLUNG)	Arbeitsstätten		4-Jahres-Veränderung	Beschäftigte [b]		4-Jahres-Veränderung
	Anzahl 2001	Anzahl 2005	in % 2005/01	Anzahl 2001	Anzahl 2005	in % 2005/01
INSGESAMT	135	132	−2,2	7 008	7 058	0,7
Radioanstalten (-unternehmen)	79	76	−3,8	2 926	3 142	7,4
Fernsehanstalten (-unternehmen)	56	56	0,0	4 082	3 916	−4,1

ARBEITSSTÄTTEN NACH BESCHÄFTIGUNGSGRÖSSENKLASSEN 2005 (BETRIEBSZÄHLUNG)	Arbeitsstätten [c]	davon Arbeitsstätten mit Beschäftigten [d]			
	Anzahl 2005	1 bis unter 2 Anteil in %	2 bis unter 5 Anteil in %	5 bis unter 10 Anteil in %	10 und mehr Anteil in %
INSGESAMT	132	16	10	15	59
Radio- und Fernsehanstalten (-unternehmen)	132	16	10	15	59

TAB.16_ ECKDATEN ZUM RUNDFUNKMARKT.

Hinweise: [a] einzelne Wirtschaftszweige verschiedenen Teilmärkten zugeordnet. [b] Vollzeit- und Teilzeitbeschäftigte. [c] ohne Unternehmen im nicht-marktwirtschaftlichen Bereich. [d] Vollzeitäquivalente.
Quellen: Mehrwertsteuerstatistik, ESTV; Betriebszählung, BfS; Creative Industries Research Unit/ZHdK; eigene Berechnung.

In der Betrachtung nach Umsatzarten zeigt sich, dass die Umsätze mit reduzierter Steuer mit einem Umfang von 1,2 Milliarden CHF etwas höher liegen als der Umsatz mit Normalsteuersatz, der rund 930 Millionen CHF im Jahr 2005 erreichte. Wegen des kulturellen Auftrags des Rundfunks kann er die kulturbezogenen Teile seiner Dienstleistungen zum reduzierten Steuersatz anbieten. Diese Steuervergünstigung wird auch dem Buchmarkt und anderen kulturellen Dienstleistern gewährt.

Die Exportanteile sowie der von der Steuer ausgenommene Umsatz spielen im Rundfunkmarkt so gut wie keine Rolle. Ebenso ist dieser Kreativmarkt auch nicht für Kleinunternehmen relevant. Dies lässt auch die vom Bundesamt für Statistik (BfS) angebotene Statistik der «Betriebszählung» erkennen, nach der die Mehrheit der Rundfunkunternehmen mit knapp 60 Prozent aller Arbeitsstätten zu den aus kreativwirtschaftlicher Sicht grösseren Unternehmen zählt.

Insgesamt haben sowohl die öffentlichen wie die privaten Rundfunkunternehmen für die Kreativwirtschaft in mehrerlei Hinsicht grosse Bedeutung. Sie sind zentrale Nachfrager kreativwirtschaftlicher Leistungen, sie agieren mit eigenen Produktionsfirmen auf dem Kreativmarkt und sie treten in direkter Weise als wichtiger Geldgeber der Film- und TV-Produktionslandschaft in Erscheinung. Neben den Fördermodellen etwa der erfolgsabhängigen Filmförderung «Succès Cinéma» des Bundesamtes für Kultur gibt es auch den «Pacte de l'audiovisuel» zwischen der Filmbranche und der Schweizer Radio- und Fernsehgesellschaft (SRG SSR idée suisse). Dies belegt enge Austauschbeziehungen zwischen öffentlichem und privatem Sektor (vgl. dazu weiter unten die Fördersummen der SRG SSR idée suisse).

PORTRÄT: DAS NEUE SCHWEIZER RADIO- UND FERNSEHGESETZ: *«Am 9. März 2007 hat der Bundesrat das total revidierte Bundesgesetz über Radio und Fernsehen (RTVG) auf den 1. April 2007 in Kraft gesetzt. Gleichzeitig hat er die Ausführungsbestimmungen in der neuen Radio- und Fernsehverordnung (RTVV) erlassen.*

GRUNDSÄTZE DES NEUEN GESETZES *Ein starker, auf die Schweiz ausgerichteter Service public und mehr Spielraum für private Radio- und Fernsehveranstalter: Dies sind die Hauptziele des neuen RTVG, das einer Medienlandschaft Rechnung trägt, die von technischem Wandel und Internationalisierung gekennzeichnet ist. Abschied genommen wird vom umfassenden Gestaltungsanspruch des Staates (Sitzung des Bundesrats vom 19. Januar 2000).*

Die Digitalisierung der Daten, die dadurch ermöglichte Verschmelzung von Rundfunk, Telekommunikation und Informatik («Konvergenz») sowie die Internationalisierung der Rundfunktätigkeit charakterisieren die aktuelle Entwicklung von Radio und Fernsehen. Diese Tendenzen ändern allerdings nichts an der Tatsache, dass die wichtigen Leistungen des Rundfunks für die Einzelnen und die Gesellschaft (Service public) nicht allein durch den Markt erbracht werden können.

Die Vorgaben der Verfassung sollen im veränderten Umfeld durch ein revidiertes Radio- und Fernsehgesetz konkretisiert werden, das in erster Linie einen starken Service public garantiert. Daneben erhalten die privaten Veranstalter dank einer weitgehenden Liberalisierung der Rundfunktätigkeit mehr Handlungsspielraum. Der umfassende Gestaltungsanspruch des Staates wird zurückgenommen und auf die künstliche Marktordnung des Dreiebenenmodells wird verzichtet.

AUSGEPRÄGTES DUALES SYSTEM Das bestehende RTVG schützt die SRG als Service-public-Veranstalterin auf der sprachregionalen und nationalen Ebene weitgehend vor beeinträchtigender Konkurrenz durch andere Veranstalter. Der SRG soll künftig die Erfüllung ihres Leistungsauftrages nicht mehr durch Schutz vor Konkurrenz, sondern durch eine ausreichende Gebührenfinanzierung gesichert werden. Private Veranstalter kommen im Gegenzug in den Genuss eines erleichterten Marktzugangs, werden von besonderen Leistungsaufträgen entbunden und erhalten erweiterte Finanzierungsmöglichkeiten, indem die Werberegeln auf den europäischen Standard liberalisiert und so dem Ausland angeglichen werden (z. B. Unterbrecherwerbung). Diskutiert wird ferner, die kommerziellen Möglichkeiten der SRG zugunsten der Privaten einzuschränken.

ERLEICHTERTE KONZESSIONSVORAUSSETZUNGEN FÜR PRIVATE Für private Veranstalter werden die Konzessionsvoraussetzungen stark vereinfacht. Die Konzession für private Programmveranstalter, die keine knappen Frequenzen beanspruchen, wird sich inhaltlich an eine blosse Polizeibewilligung annähern. Insbesondere soll künftig nicht mehr der Staat entscheiden, ob ein Radio- oder Fernsehprojekt wirtschaftlich realisierbar ist.

EINGESCHRÄNKTER GELTUNGSBEREICH Der Geltungsbereich des künftigen RTVG wird sich auf den Programmrundfunk beschränken. Es werden somit nur noch diejenigen Inhalte reguliert, die tatsächlich eine gewisse publizistische Bedeutung und Macht zur Beeinflussung der Öffentlichkeit besitzen. Zugriffsdienste wie beispielsweise Teletext werden daher nicht mehr dem RTVG unterstehen. Unerheblich für die rechtliche Einordnung von Angeboten ist im Zeitalter der Konvergenz der Verbreitungsweg, über den die Inhalte verteilt werden. Über Internet verbreitete Dienste unterliegen also nur dann dem RTVG, wenn sie Programme von publizistischer Bedeutung enthalten, somit die öffentliche Meinung beeinflussen können.»

Quelle: Bundesamt für Kommunikation (BAKOM), www.bakom.admin.ch.

PORTRÄT: SCHWEIZER RADIO- UND FERNSEHGESELLSCHAFT SRG SSR IDÉE SUISSE «Die SRG SSR idée suisse ist ein privatrechtlich organisiertes und nach den Grundsätzen des Aktienrechts geführtes Medienunternehmen, dessen Auftrag auf der Bundesverfassung, dem Radio- und Fernsehgesetz (RTVG) sowie der Konzession basiert und das dem Service public verpflichtet ist. Als Non-Profit-Unternehmen finanziert sich die SRG SSR zu rund zwei Dritteln über Gebühren und rund einem Drittel aus kommerzieller Tätigkeit. Sie ist politisch und wirtschaftlich unabhängig.

Mit 5861 Beschäftigten, einem Jahresumsatz von 1,5 Mrd. CHF, sechzehn Radio- und sieben Fernsehprogrammen sowie ergänzenden Websites und Teletextdiensten ist die SRG SSR (Stammhaus) das grösste Unternehmen für elektronische Medien in der Schweiz. Ihre Radioprogramme und in der Hauptsendezeit auch die Fernsehprogramme sind in allen vier Sprachregionen marktführend und setzen sich erfolgreich gegen eine Vielzahl von wesentlich finanzkräftigeren ausländischen Konkurrenzsendern durch. Dieser Publikumserfolg ist eine der zentralen Voraussetzungen für die Erfüllung des Leistungsauftrags, den die SRG SSR vom Gesetzgeber erhalten hat. Ein Ziel von gleich hohem Rang ist die qualitative Marktführerschaft. Die SRG SSR ist nicht allein dem Erfolg, sondern auch einer hohen publizistischen Ethik, dem Respekt vor der Würde des Menschen, Glaubhaftigkeit und hoher Professionalität verpflichtet.»

Quelle: Schweizer Radio- und Fernsehgesellschaft SRG SSR idée suisse.

3.3.7 MARKT DER DARSTELLENDEN KUNST

GESAMTBEWERTUNG DES MARKTES DER DARSTELLENDEN KUNST Der Markt der darstellenden Kunst ist aus kulturwirtschaftlicher Sicht ein besonderer Markt. Überall in Europa lässt sich beobachten, dass das Theaterwesen im Wesentlichen durch öffentlich finanzierte Strukturen geprägt ist. Dies gilt auch für die schweizerische Theaterlandschaft. Opernhäuser und Schauspielbühnen in staatlicher Trägerschaft zählen in ihrer Finanz- und Personalausstattung zu Grossunternehmen im Vergleich zur privatwirtschaftlich kleinteiligen Theaterszene. Das Bindeglied zwischen den beiden Bereichen ist der intermediäre Bereich, der durch eine reiche, lokal und regional verankerte Laienszene gekennzeichnet ist, welche nicht zuletzt auch den föderalistischen, kleinräumigen Strukturen der Schweiz entspricht.

Die beschriebenen Verhältnisse von steuerfreien und steuerpflichtigen Umsätzen kann die These belegen, wonach für den kulturellen Sektor die kapillaren Austauschbeziehungen zwischen dem staatlichen, dem intermediären und dem privatwirtschaftlichen Bereich von grosser Bedeutung sind. Staatlich und privatwirtschaftlich induzierte Leistungen können sich gegenseitig verstärken und sind nicht nur als Gegensatzpaare zu verstehen.

Die präsentierten Daten dürften jedoch – trotz der bislang rudimentären Datenlage – auch deutlich machen, dass der Markt der darstellenden Kunst aus privatwirtschaftlicher Perspektive in der Schweiz sichtbare Veränderungen in Richtung einer erweiterten Kreativszenebildung zeigt. Die Gründung kleiner Theaterensembles, die Aktivitäten der freien Theatergruppen und der Kleinkunstszene werden zunehmen. Etablierte Arbeitsplätze in den öffentlich getragenen Theaterhäusern wird es zunehmend weniger geben.

Die darstellenden Künstler entwickeln immer komplexere Berufsstrukturen. Sie werden immer stärker freiberuflich tätig, gleichzeitig aber keineswegs autonomer. Sie sind in vielschichtiger Weise von den Marktstrukturen abhängig und auf die Veranstalter (Theater, Rundfunk, Film) angewiesen, um ihre Leistungen anbieten und verwerten zu können. Traditionelle gesicherte Angestelltenverhältnisse (durch gesicherte Arbeitsplätze) lösen sich auf. Ob sie Unternehmer oder Arbeitnehmer sind, wird immer schwieriger zu beantworten sein, entsprechende Geschäftsmodelle reflektieren diese Arten der Hybridisierung [VGL. KAP. 5].

DER MARKT DER DARSTELLENDEN KUNST AUS SICHT DER EIDGENÖSSISCHEN STEUERVERWALTUNG Für den privatwirtschaftlich relevanten Bereich zeigen die vorliegenden Daten, dass insbesondere die Theaterhäuser und Konzerthallen sowie die Theater- und Ballettgruppen und die selbstständig erwerbenden Bühnenkünstler in klassischen Mischstrukturen tätig sind. Ihr jährlicher Gesamtumsatz von rund 780 Millionen CHF weist einen bedeutenden steuerfreien Anteil auf. Für die Theater- und Ballettgruppen und die selbstständigen Bühnenkünstler waren dies im Jahre 2005 rund 168 Millionen CHF (bei einem steuerpflichtigen Anteil von 33 Millionen CHF), für die Theaterhäuser und Konzerthallen 127 Millionen CHF (bei einem steuerpflichtigen Anteil von 126 Millionen CHF). Umgekehrt verhält es sich für die Bereiche der Theater-, Konzertkassen und sonstigen Hilfsdienste und für Zirkusse und Puppentheater. Dort überwiegt der steuerpflichtige Anteil klar. So erzielten die sogenannten sonstigen Hilfsdienste des Kulturbetriebs (Theater- und Konzertkassen, Agenturen, Direktionen usw.) einschliesslich Exportanteil einen steuerpflichtigen Umsatz von 105 Millionen CHF im Jahre

UNTERNEHMEN 2001–2005 (MEHRWERTSTEUERSTATISTIK)	Unternehmen Anzahl 2001	Anzahl 2002	Anzahl 2003	Anzahl 2004	Anzahl 2005	4-Jahres-Veränderung in % 2005/01	1-Jahres-Veränderung in % 2004/03	in % 2005/04
INSGESAMT	517	530	531	566	593	14,7	6,6	4,8
Theater- und Ballettgruppen (u. a. selbstständige Bühnenkünstler) [a]	53	50	54	54	53	0,0	0,0	−1,9
Betrieb von Theatern, Opern, Schauspielhäusern und Theaterhäusern, Konzerthallen [a]	87	93	93	103	106	21,8	10,8	2,9
Sonstige Hilfsdienste des Kultur- und Unterhaltungswesens [a]	184	192	192	201	203	10,3	4,7	1,0
Weitere Kultur- und Unterhaltungseinrichtungen (Zirkus, Akrobaten, Puppentheater etc.)	193	195	192	208	231	19,7	8,3	11,1

GESAMTUMSATZ 2001–2005 (MEHRWERTSTEUERSTATISTIK)	Gesamtumsatz Mio. CHF 2001	Mio. CHF 2002	Mio. CHF 2003	Mio. CHF 2004	Mio. CHF 2005	4-Jahres-Veränderung in % 2005/01	1-Jahres-Veränderung in % 2004/03	in % 2005/04
INSGESAMT	580	648	677	765	781	34,6	13,0	2,1
Theater- und Ballettgruppen (u. a. selbstständige Bühnenkünstler) [a]	119	161	174	220	201	68,6	26,3	−8,7
Betrieb von Theatern, Opern, Schauspielhäusern und Theaterhäusern, Konzerthallen [a]	175	186	228	242	288	64,7	6,0	19,1
Sonstige Hilfsdienste des Kultur- und Unterhaltungswesens [a]	101	113	90	115	111	9,8	27,5	−3,5
Weitere Kultur- und Unterhaltungseinrichtungen (Zirkus, Akrobaten, Puppentheater etc.)	186	188	185	189	181	−2,2	2,1	−3,8

AUFTEILUNG NACH VERSCHIEDENEN UMSATZARTEN 2005 (MEHRWERTSTEUERSTATISTIK)	Gesamtumsatz Mio. CHF 2005	darunter Umsatz Kleinunternehmen Mio. CHF 2005	Anteil in %	Umsatz reduzierter Satz Mio. CHF 2005	Anteil in %	Umsatz Normalsatz Mio. CHF 2005	Anteil in %	Exportumsatz Mio. CHF 2005	Anteil in %	Ausgenommener Umsatz Mio. CHF 2005	Anteil in %
INSGESAMT	781	55	7	61	8	253	32	45	6	353	45
Theater- und Ballettgruppen (u. a. selbstständige Bühnenkünstler) [a]	201	9	4	2	1	22	11	1	0	168	83
Betrieb von Theatern, Opern, Schauspielhäusern und Theaterhäusern, Konzerthallen [a]	288	13	5	29	10	84	29	22	8	127	44
Sonstige Hilfsdienste des Kultur- und Unterhaltungswesens [a]	111	12	11	18	16	59	53	16	15	6	5
Weitere Kultur- und Unterhaltungseinrichtungen (Zirkus, Akrobaten, Puppentheater etc.)	181	22	12	12	7	88	49	6	3	53	29

ARBEITSSTÄTTEN UND BESCHÄFTIGUNG 2001/2005 (BETRIEBSZÄHLUNG)	Arbeitsstätten Anzahl 2001	Anzahl 2005	4-Jahres-Veränderung in % 2005/01	Beschäftigte [b] Anzahl 2001	Anzahl 2005	4-Jahres-Veränderung in % 2005/01
INSGESAMT	1 165	955	−18,0	8 043	7 921	−1,5
Theater- und Ballettgruppen (u. a. selbstständige Bühnenkünstler) [a]	135	133	−1,5	2 068	2 121	2,6
Betrieb von Theatern, Opern, Schauspielhäusern und Theaterhäusern, Konzerthallen [a]	152	156	2,6	2 606	2 859	9,7
Sonstige Hilfsdienste des Kultur- und Unterhaltungswesens [a]	303	217	−28,4	796	666	−16,3
Weitere Kultur- und Unterhaltungseinrichtungen (Zirkus, Akrobaten, Puppentheater etc.)	575	449	−21,9	2 573	2 275	−11,6

ARBEITSSTÄTTEN NACH BESCHÄFTIGUNGSGRÖSSEN-KLASSEN 2005 (BETRIEBSZÄHLUNG)	Arbeitsstätten [c] Anzahl 2005	davon Arbeitsstätten mit Beschäftigten [d] 1 bis unter 2 Anteil in %	2 bis unter 5 Anteil in %	5 bis unter 10 Anteil in %	10 und mehr Anteil in %
INSGESAMT	935	56	28	9	7
Theater- und Ballettgruppen (u. a. selbstständige Bühnenkünstler) [a]	132	51	27	10	12
Betrieb von Theatern, Opern, Schauspielhäusern und Theaterhäusern, Konzerthallen [a]	139	38	22	19	20
Sonstige Hilfsdienste des Kultur- und Unterhaltungswesens [a]	215	74	20	4	2
Weitere Kultur- und Unterhaltungseinrichtungen (Zirkus, Akrobaten, Puppentheater etc.)	449	54	34	8	4

TAB.17_ ECKDATEN ZUM MARKT DER DARSTELLENDEN KUNST.

Hinweise: [a] einzelne Wirtschaftszweige verschiedenen Teilmärkten zugeordnet. [b] Vollzeit- und Teilzeitbeschäftigte.
[c] ohne Unternehmen im nicht-marktwirtschaftlichen Bereich. [d] Vollzeitäquivalente.
Quellen: Mehrwertsteuerstatistik, ESTV; Betriebszählung, BfS; Creative Industries Research Unit/ZHdK; eigene Berechnung.

2005, während der steuerfreie Anteil lediglich bei 6 Millionen CHF lag. Auch die anderen typischen Unternehmen der Kleinstkunstszene wie Akrobatengruppen, Puppentheater, Zirkusse usw. erzielten 128 Millionen CHF an steuerpflichtigem Umsatz, der steuerfreie Anteil lag bei 53 Millionen CHF.

Der hohe Anteil des steuerfreien Umsatzes für den gesamten Markt der darstellenden Kunst führt auch dazu, dass der Umsatzanteil für die Kleinunternehmen ungewöhnlich niedrig ausfällt. In der Realität sind es jedoch gerade die Theaterleute und die Kleinkunstszene, die eine wichtige Funktion im Theatermarkt einnehmen. Ihre statistische Abbildung gelingt bislang kaum und ist vor allem deshalb ungenügend, weil sich die beruflichen und wirtschaftlichen Aktivitäten der darstellenden Künstler traditionellen Erfassungskategorien weitgehend entziehen.

Die Entwicklung des Gesamtumsatzes hat im Vierjahreszeitraum 2001 bis 2005 dynamisch zugenommen und erreichte einen Zuwachs von 34,6 Prozent, der am stärksten auf die Theatergruppen und -bühnen zurückzuführen ist. Die Betrachtung des Zeitraumes von 2004 bis 2005 zeigt allerdings nur sehr schwache Zuwächse von 2,1 Prozent. Von den vier ausgewiesenen Segmenten konnten drei keine positiven Umsatzraten erreichen, während die Theaterbetriebe mit einem Plus von 19,1 Prozent den gesamten Markt in eine positive Gesamtentwicklung mitziehen konnten.

DER MARKT DER DARSTELLENDEN KUNST AUS SICHT DER AMTLICHEN STATISTIK Aus Sicht der Betriebszählung wird sichtbar, dass der Markt für darstellende Kunst schrumpft. Die Zahl der Arbeitsstätten nimmt mit einer Veränderungsrate von minus 18 Prozent ab und mit ihr auch die Zahl der Beschäftigten. Es sind vor allem die privatwirtschaftlich geprägten Segmente, wie die sonstigen Hilfsdienste sowie Akrobaten, Puppentheater usw., die Strukturen abbauen (minus 22% bis 28% bei den Arbeitsstätten, minus 12% bis 16% bei der Beschäftigung).

Hier findet offensichtlich ein Strukturwandel statt, der vermuten lässt, dass die Zahl der Einpersonenbetriebe in den nächsten Jahren zunehmen wird. In der Gliederung nach Beschäftigungsgrössenklassen zählen 56 Prozent der Arbeitsstätten des Marktes der darstellenden Kunst mit ein bis zwei Personen zu den kleinsten Betriebseinheiten. Insgesamt sind mindestens 93 Prozent der Kleinstbetriebe (bis zu 9 Beschäftigte je Arbeitsstätte) in diesem Markt aktiv.

Hohe Anteile von grösseren Arbeitsstätten weisen lediglich die Segmente «Theater- und Ballettgruppen» sowie die «Betriebe von Theatern, Opern usw.» aus. Hier ordnet die amtliche Statistik überwiegend die öffentlichen Theaterbetriebe zu, sofern sie in privatwirtschaftlicher Rechtsform existieren. Auf diese Weise erklären sich die Anteile von 12 Prozent bzw. 20 Prozent der Arbeitsstätten in den beiden Theatersegmenten.

PORTRÄT: STRUKTURMERKMALE DER DARSTELLENDEN KÜNSTLER AM BEISPIEL DER SUISSECULTURE-UMFRAGE *«Die soziale Sicherheit der Kulturschaffenden in der Schweiz. Situation und Verbesserungsmöglichkeiten. Bericht der Arbeitsgruppe Bundesamt für Kultur, Bundesamt für Sozialversicherungen und Staatssekretariat für Wirtschaft. Vom Bundesrat zur Kenntnis genommen am 28. Februar 2007»:*

«Suisseculture ist der Dachverband der professionellen Kulturschaffenden der Schweiz. Mitglieder von Suisseculture sind schweizerische Berufsverbände aus zahlreichen Sparten (Schriftsteller, Musiker, Tänzer, Schauspieler, Filmer, bildende Künst-

ler etc.) und schweizerische Urheberrechtsgesellschaften. Suisseculture liess Ende 2005 insgesamt 7691 Kulturschaffenden einen Fragebogen zum Thema Erwerbssituation und soziale Sicherheit zukommen. Insgesamt 2082 Kulturschaffende haben an der Befragung teilgenommen.

Die von Suisseculture vorgenommene Auswertung der Fragebogen enthält in Bezug auf die Erwerbssituation der Kulturschaffenden interessante Ergänzungen zu den vorzitierten Statistiken des Bundes:

__ Zahlreiche Kulturschaffende sind sowohl Selbstständige als auch Arbeitnehmende. In dieser Mischform zwischen Selbstständigkeit und Angestelltenverhältnis sind 29,7% der Kulturschaffenden tätig. [15]

__ Die Kulturschaffenden mit ausschliesslichem Arbeitnehmerstatus verfügen zu 50,7% über keine Festanstellung, [16] haben also nur einen befristeten Arbeitsvertrag.

__ 50,3% der Kulturschaffenden erzielen mit ihrer kulturellen Tätigkeit ein Jahreseinkommen von unter 19 350 Franken (BVG-Eintrittsschwelle bis Ende 2006).

__ 42,1% der Kulturschaffenden erzielen ihr Gesamteinkommen [17] aus der kulturellen Tätigkeit. 57,9% der Kulturschaffenden erzielen dagegen massgebliche Anteile ihres Gesamteinkommens durch Tätigkeiten ausserhalb des Kultursektors. [18]

[15] Ausschliesslich Selbstständige: 50 Prozent. Ausschliesslich Arbeitnehmerstatus: 20,3 Prozent.
[16] Der Begriff «Festanstellung» wurde im Fragebogen der Suisseculture nicht definiert. Üblicherweise wird unter dem Begriff der Festanstellung ein dauerhaftes Arbeitsverhältnis verstanden.
[17] Zwischen 80 bis 100 Prozent des Gesamteinkommens.
[18] Mindestens 20 Prozent des Gesamteinkommens wird ausserhalb des Kultursektors erzielt.

	Kulturschaffende	Nationale Durchschnittswerte
Selbstständige [1]	48,3%[a]	13,3%
Arbeitnehmende [1]	51,7%	86,7%
Vollzeit [1]	66,6%	74,1%
Teilzeit [1]	33,4%	25,9%
Mehrfachbeschäftigte	10,5%[1]	6,2%[2]
Befristete Anstellung	50,7%[3]	7,2%[2]
Monatlicher Bruttolohn [4, b]	6649 Franken	5500 Franken
Arbeitslosenquote [5, c]	4,7%	3,1%
Arbeitslosenquote [6, d]	9,6%	3,5%

DIE KULTURSCHAFFENDEN IM QUERVERGLEICH.

Quellen:
[1] Eidgenössische Volkszählung 2000.
[2] Schweizerische Arbeitskräfteerhebung (SAKE) 2005.
[3] Umfrage Suisseculture.
[4] Schweizerische Lohnstrukturerhebung (LSE) 2004.
[5] Arbeitslosenstatistik des SECO für Juli 2006.
[6] Basis: Arbeitslosenstatistik des SECO für Juli 2006 und Eidgenössische Volkszählung 2000.
Anmerkungen:
[a] Inklusive mitarbeitende Familienmitglieder. Ohne Berücksichtigung der teilweise Selbstständigen.
[b] Vollzeitäquivalenz für Arbeitnehmer (Median).
[c] Arbeitslosenquote 1: unter Berücksichtigung der Selbstständigen als Erwerbspersonen.
[d] Arbeitslosenquote 2: ohne Berücksichtigung der Selbstständigen als Erwerbspersonen.

DIE KULTURSCHAFFENDEN IM QUERVERGLEICH
Gestützt auf die vorstehenden Ergebnisse wird nachfolgend die Erwerbssituation der Kulturschaffenden im Quervergleich zu den nationalen Durchschnittswerten für sämtliche Berufsgattungen dargestellt:

Der vorstehende Quervergleich zeigt insbesondere in Bezug auf vier Messgrössen signifikante Unterschiede zwischen den Kulturschaffenden und den nationalen Durchschnittswerten:
__ Der Anteil der Selbstständigerwerbenden ist bei Kulturschaffenden rund viermal höher als im nationalen Durchschnitt.
__ Der Anteil der Mehrfachbeschäftigungen ist bei Kulturschaffenden annähernd doppelt so hoch wie im nationalen Durchschnitt.
__ Der Anteil der befristeten Anstellungen ist bei Kulturschaffenden rund siebenmal höher als im nationalen Durchschnitt.
__ Die Arbeitslosenquote von Kulturschaffenden ist bis zu rund dreimal höher als im nationalen Durchschnitt.
__ Was den monatlichen Bruttolohn der Kulturschaffenden von 6649 Franken betrifft, gilt es folgende Ergänzungen anzubringen:
__ Der im Rahmen der Schweizerischen Lohnstrukturerhebung 2004 festgestellte monatliche Bruttolohn im Kultursektor von 6649 Franken bezieht sich zunächst einmal nur auf Arbeitnehmende, also nur auf rund die Hälfte aller Kulturschaffenden. Gesicherte Zahlen zur Einkommenssituation der selbstständigen Kulturschaffenden existieren nicht. Gemäss einer Studie der Gesellschaft Schweizerischer Maler, Bildhauer und Architekten (GSMBA) aus dem Jahre 1994 erzielen nur 15% der Verbandsmitglieder ein Gesamteinkommen von über 50 000 Franken pro Jahr.[19] Dagegen lag das jährliche Gesamteinkommen bei fast der Hälfte der Befragten unter 30 000 Franken.[20] Diese Studie, deren Zuverlässigkeit und Aktualität nicht nachgeprüft werden kann, legt zumindest die Vermutung nahe, dass das Einkommen der selbstständigen Kulturschaffenden deutlich unter 6649 Franken pro Monat liegen dürfte.

__ Der monatliche Bruttolohn von 6649 Franken basiert auf einer Vollzeitstelle. Da der Anteil der Vollzeitstellen im Kultursektor im Vergleich zu den übrigen Wirtschaftszweigen erstens eher gering ist (66,6%) und zweitens Erwerbsunterbrüche für den Kultursektor eine typische Erscheinung darstellen (ablesbar am hohen Anteil der befristeten Anstellungen und der verhältnismässig hohen Arbeitslosenquote), dürfte der ermittelte monatliche Bruttolohn von 6649 Franken von vielen Arbeitnehmenden des Kultursektors nicht erreicht werden. Es handelt sich bei diesem Bruttolohn nach Ansicht der Verfasser demnach eher um eine theoretische Verdienstmöglichkeit als um den tatsächlich im Mittel erzielten Lohn.»

[19] Mitgliederumfrage GSMBA, 1994, 1.
[20] Mitgliederumfrage GSMBA, 1994, 1.

3.3.8 DESIGNWIRTSCHAFT
GESAMTBEWERTUNG DER SCHWEIZERISCHEN DESIGNWIRTSCHAFT Die Designwirtschaft gilt überall in Europa als Wachstumsbranche, die in der Wissens- und Informationsgesellschaft zunehmend eine bedeutende Funktion für die Wettbewerbsfähigkeit eines Landes einnimmt. Während Design lange Zeit nur als Annex anderer Industrien wahrgenommen wurde, zum Beispiel als Automobil-, Möbel- oder Verpackungsdesign, entsteht aktuell immer stärker ein neues Bild. Designwirtschaft, Designindustrie oder Designmarkt umfassen heute ein eigenständiges Wirtschaftsfeld, das sich nach verschiedenen Wirtschaftszweigen ausdifferenzieren lässt. Nach der europäischen (EU-Kommission) und der schweizerischen Wirtschaftssystematik wird der Designsektor ab dem Jahre 2008 mindestens in drei Kerndimensionen gegliedert werden: Zum Design als Wirtschaftsfeld zählen danach die Gruppe des Grafikdesigns und Kommunikationsdesigns, die Gruppe des Produktdesigns und

UNTERNEHMEN 2001–2005 (MEHRWERTSTEUERSTATISTIK)

	Unternehmen Anzahl 2001	Anzahl 2002	Anzahl 2003	Anzahl 2004	Anzahl 2005	4-Jahres-Veränderung in % 2005/01	1-Jahres-Veränderung in % 2004/03	in % 2005/04
INSGESAMT	7 406	7 667	7 772	7 890	7 991	7,9	1,5	1,3
Industriedesign/sonstige Ingenieurbüros	281	293	298	310	318	13,1	4,0	2,8
Produkt-/Grafikdesign	1 868	1 948	1 987	2 019	2 070	10,8	1,6	2,5
Kommunikationsdesign/Werbegestaltung	2 723	2 747	2 722	2 730	2 704	−0,7	0,3	−1,0
Kommunikationsdesign/Unternehmensberatung	947	1 008	1 053	1 119	1 182	24,8	6,3	5,6
Fotodesign/Fotografische Ateliers	934	942	943	928	923	−1,2	−1,6	−0,5
Ausstellungsdesign/Ausstellungs- und Messeorganisation	652	729	769	784	794	21,8	2,0	1,3

GESAMTUMSATZ 2001–2005 (MEHRWERTSTEUERSTATISTIK)

	Gesamtumsatz Mio. CHF 2001	Mio. CHF 2002	Mio. CHF 2003	Mio. CHF 2004	Mio. CHF 2005	4-Jahres-Veränderung in % 2005/01	1-Jahres-Veränderung in % 2004/03	in % 2005/04
INSGESAMT	6 296	6 122	6 076	6 461	6 681	6,1	6,3	3,4
Industriedesign/sonstige Ingenieurbüros	380	380	399	426	436	14,6	6,7	2,3
Produkt-/Grafikdesign	729	738	698	720	719	−1,3	3,1	0,0
Kommunikationsdesign/Werbegestaltung	2 766	2 650	2 628	2 593	2 560	−7,4	−1,4	−1,3
Kommunikationsdesign/Unternehmensberatung	948	865	917	1 157	1 337	41,0	26,2	15,5
Fotodesign/Fotografische Ateliers	285	275	266	263	270	−5,4	−1,4	2,7
Ausstellungsdesign/Ausstellungs- und Messeorganisation	1 188	1 214	1 167	1 303	1 359	14,4	11,6	4,3

AUFTEILUNG NACH VERSCHIEDENEN UMSATZARTEN 2005 (MEHRWERTSTEUERSTATISTIK)

	Gesamtumsatz Mio. CHF 2005	Umsatz Kleinunternehmen Mio. CHF 2005	Anteil in %	Umsatz reduzierter Satz Mio. CHF 2005	Anteil in %	Umsatz Normalsatz Mio. CHF 2005	Anteil in %	Exportumsatz Mio. CHF 2005	Anteil in %	Ausgenommener Umsatz Mio. CHF 2005	Anteil in %
INSGESAMT	6 681	618	9	59	1	4 219	63	1 546	23	224	3
Industriedesign/sonstige Ingenieurbüros	436	19	4	1	0	221	51	187	43	8	2
Produkt-/Grafikdesign	719	199	28	4	1	454	63	59	8	3	0
Kommunikationsdesign/Werbegestaltung	2 560	194	8	23	1	1 861	73	461	18	18	1
Kommunikationsdesign/Unternehmensberatung	1 337	81	6	7	1	473	35	635	47	139	10
Fotodesign/Fotografische Ateliers	270	99	37	0	0	149	55	20	7	1	1
Ausstellungsdesign/Ausstellungs- und Messeorganisation	1 359	26	2	25	2	1 061	78	185	14	55	4

ARBEITSSTÄTTEN UND BESCHÄFTIGUNG 2001/2005 (BETRIEBSZÄHLUNG)

	Arbeitsstätten Anzahl 2001	Anzahl 2005	4-Jahres-Veränderung in % 2005/01	Beschäftigte[b] Anzahl 2001	Anzahl 2005	4-Jahres-Veränderung in % 2005/01
INSGESAMT	7 722	7 406	−4,1	24 791	24 510	−1,1
Industriedesign/sonstige Ingenieurbüros	260	260	0,0	1 341	1 511	12,6
Produkt-/Grafikdesign	2 242	2 191	−2,3	5 152	5 092	−1,2
Kommunikationsdesign/Werbegestaltung	1 011	1 087	7,5	3 352	3 514	4,8
Kommunikationsdesign/Unternehmensberatung	2 531	2 312	−8,7	9 277	9 124	−1,6
Fotodesign/Fotografische Ateliers	1 169	1 037	−11,3	2 125	1 811	−14,8
Ausstellungsdesign/Ausstellungs- und Messeorganisation	509	519	2,0	3 544	3 459	−2,4

ARBEITSSTÄTTEN NACH BESCHÄFTIGUNGSGRÖSSENKLASSEN 2005 (BETRIEBSZÄHLUNG)

	Arbeitsstätten[c] Anzahl 2005	davon Arbeitsstätten mit Beschäftigten[d] 1 bis unter 2 Anteil in %	2 bis unter 5 Anteil in %	5 bis unter 10 Anteil in %	10 und mehr Anteil in %
INSGESAMT	7 404	66	23	7	4
Industriedesign/sonstige Ingenieurbüros	260	58	22	10	10
Produkt-/Grafikdesign	2 191	72	22	5	2
Kommunikationsdesign/Werbegestaltung	1 087	73	19	5	3
Kommunikationsdesign/Unternehmensberatung	2 312	58	26	10	6
Fotodesign/Fotografische Ateliers	1 037	77	20	2	1
Ausstellungsdesign/Ausstellungs- und Messeorganisation	517	50	29	13	9

TAB.18_ ECKDATEN ZUR DESIGNWIRTSCHAFT.

Hinweise: [a] einzelne Wirtschaftszweige verschiedenen Teilmärkten zugeordnet. [b] Vollzeit- und Teilzeitbeschäftigte. [c] ohne Unternehmen im nicht-marktwirtschaftlichen Bereich. [d] Vollzeitäquivalente.
Quellen: Mehrwertsteuerstatistik, ESTV; Betriebszählung, BfS; Creative Industries Research Unit/ZHdK; eigene Berechnung.

Industriedesigns und die Gruppe des Interieurdesigns und der Innenarchitektur. Weitere designbezogene Aktivitäten sollen in einer Gruppe unter sonstige Designaktivitäten erfasst werden können.

Die Designwirtschaft entwickelt sich möglicherweise immer mehr zu einer Leitbranche innerhalb der Kreativwirtschaft, denn sie hat zu fast allen anderen Teilmärkten Schnittstellen, die sich immer mehr ausweiten. Die Berührungspunkte reichen vom Sounddesign in der Musikwirtschaft, Grafikdesign in der Verlagsbranche, visuellen Design im Kunstmarkt, Mediendesign in der Filmwirtschaft und szenografischen Design im Markt der darstellenden Kunst bis zum Web- und Videodesign in der Games-Industrie. Die Übernahme neuer technologischer Entwicklungen bereitet den Designern erheblich geringere Probleme als anderen Kulturbranchen, weil sie sich zunehmend weniger über die Gestaltung von Produkten definieren, sondern über die Gestaltung von Ideen und Konzepten. Die Designwirtschaft ist vermutlich diejenige Kreativbranche, welche die sogenannten nicht technologischen Innovationen am besten sichtbar machen kann.

Die Designwirtschaft ist andererseits aber eine typische Branche der Kreativwirtschaft, die in hohem Masse von kleinsttteiligen Strukturen geprägt ist. Die Designszene und Kleinunternehmen mit wirtschaftlich tendenziell schwachen Akteuren und die etablierten klein- oder mittelständischen Unternehmen mit marktwirtschaftlich erfolgreichen Akteuren bilden zusammen sowohl eine Humuswirtschaft als auch eine professionelle Wirtschaft. Im Kapitel 5 werden Ansätze vorgestellt, welche die komplexen Interaktionsstrukturen zwischen der Kreativszene und den etablierten Unternehmen beleuchten.

DIE DESIGNWIRTSCHAFT AUS DER SICHT DER EIDGENÖSSISCHEN STEUERVERWALTUNG Die Anzahl der Unternehmen und selbstständig Erwerbenden in der Designwirtschaft erreichte im Jahre 2005 einen Gesamtbestand von 7991. Dazu zählen die Gruppe der Industriedesigner mit 318 Unternehmen, die Gruppe der Produkt- und Grafikdesigner mit 2070 Unternehmen, die beiden Gruppen der Kommunikationsdesigner mit zusammen 3886 Unternehmen, die Gruppe der Fotodesigner mit 923 Unternehmen und die Ausstellungsdesigner mit 794 Unternehmen. Der Werbemarkt, der oftmals dem Design als beziehungsreicher Teilmarkt zur Seite gestellt wird, wird in dieser Studie einem eigenen Teilmarkt zugeordnet und dort behandelt.

Mit einem durchschnittlichen Wachstum von 7,9 Prozent zwischen 2001 und 2005 sind rund 590 neue Designunternehmen in den Markt eingetreten. Lediglich die Werbegestalter und die Fotodesigner haben während dieses Zeitraums geringfügige Schrumpfungseffekte von 1 Prozent hinnehmen müssen. Insgesamt zeigt die Designwirtschaft einen kontinuierlichen Anstieg in der Unternehmensentwicklung innerhalb der beobachteten Vierjahresperiode.

Der erzielte Gesamtumsatz der Designwirtschaft lag im Jahre 2005 bei 6,7 Milliarden CHF. Die Umsatzentwicklung in der Designwirtschaft verlief zwischen 2001 und 2005 mit einem Plus von 6,1 Prozent fast in ähnlicher Geschwindigkeit wie die der Unternehmensentwicklung. Allerdings waren nur drei der sechs Wirtschaftszweige in der Vergrösserung ihres Umsatzpotenzials erfolgreich. Im Vierjahreszeitraum legten die Industriedesigner um 14,6 Prozent beim Umsatz zu, die Kommunikationsdesigner in der Unternehmensberatung um überdurchschnittliche 41 Prozent und die Ausstellungsdesigner um 14,4 Prozent.

Die restlichen Designzweige der Produktdesigner, Kommunikationsdesigner in der Werbegestaltung und die Fotodesigner mussten Umsatzverluste zwischen 1,3 und 7,4 Prozent hinnehmen. Über die Gründe für die Umsatzerfolge der Kommunikationsdesigner in der Unternehmensberatung und die Schwäche der Designer in der Werbegestaltung kann nur spekuliert werden. Möglicherweise handelt es sich um einzelne grosse Kommunikationsfirmen, die singuläre, aber exorbitant hohe Umsätze innerhalb der Unternehmenskommunikation erzielen konnten und dadurch dem gesamten Wirtschaftszweig hohe Umsatzzuwächse verschafft haben. Andererseits ist die Struktur der Unternehmenskommunikation, gemessen an der Beschäftigungsgrössenklassengliederung der Arbeitsstätten, noch kleinteiliger als die der Werbegestaltung. 73 Prozent der Arbeitsstätten im Segment Kommunikationsdesign sind Büros mit ein bis zwei Beschäftigten. Bei den Werbegestaltern liegt der vergleichbare Wert lediglich bei 53 Prozent (vgl. Tabelle Arbeitsstätten nach Beschäftigungsgrössenklassen).

Der überwiegende Anteil des Gesamtumsatzes in der Designwirtschaft, nämlich 63 Prozent, wurde im Jahre 2005 mit dem normalen Steuersatz erzielt (derzeit 7,6%) und erreichte in fast allen Designzweigen mehr als die Hälfte des jeweiligen Gesamtumsatzes. Lediglich die Kommunikationsdesigner erzielten mit dem Export und dem ausgenommenen Steuersatz (steuerfrei) zusammen mehr als die Hälfte ihres Umsatzes. Der Anteil der Umsätze, den die Kleinunternehmen erreichen konnten, unterzeichnet tendenziell die Lage in der Designwirtschaft. Nur 9 Prozent des Gesamtumsatzes, darunter der der Produktdesigner (28%) und der Fotodesigner (37%) mit etwas höheren Anteilen, wurde den Kleinunternehmen zugerechnet. Die Statistik der Betriebszählung zeigt hingegen ein anderes Bild, wie unten erläutert wird.

DIE DESIGNWIRTSCHAFT AUS SICHT DER AMTLICHEN STATISTIK Wie die Eckdatentabelle ausweist, existierten im Jahre 2005 insgesamt 7406 Arbeitsstätten in der Designwirtschaft, die zusammen ein Beschäftigungsvolumen von insgesamt 24 510 Personen (Voll- und Teilzeit) aufwiesen.

Die Entwicklung der Arbeitsstätten ist zwischen 2001 und 2005 negativ verlaufen. Rund 4 Prozent der Arbeitsstätten sind in diesen Jahren vom Markt verschwunden. Die Fotodesigner lösten mehr als 11 Prozent ihrer Arbeitsstätten auf, die Werbegestalter folgten mit einem Abbau von knapp 9 Prozent und die Produktdesigner mit einem Abbau von 2,3 Prozent. In der Unternehmenskommunikation (plus 7,5%) und bei den Ausstellungsdesignern (plus 2%) wurden neue Arbeitsstätten aufgebaut.

Mit dem Verschwinden von Arbeitsstätten wurden auch Arbeitsplätze abgebaut, allerdings – insgesamt betrachtet – nur in einem geringen Umfang von 1,1 Prozent zwischen 2001 und 2005.

Die für die positive Beschäftigungsentwicklung wichtigsten Designzweige waren die Industriedesigner, die mit 12,6 Prozent Zuwachs im Vierjahreszeitraum zulegten, und die Kommunikationsdesigner in der Unternehmensberatung, die 4,8 Prozent im gleichen Zeitraum an Beschäftigungszuwachs erzielten.

Auch die Designwirtschaft ist überwiegend von Kleinst- und Kleinunternehmen geprägt. 66 Prozent der Designunternehmen sind inhabergeführte Büros und Studios mit ein bis zwei Mitarbeitern. 96 Prozent der Unternehmen haben weniger als 10 Beschäftigte je Arbeitsstätte und zählen somit zu den Kleinstunternehmen. Lediglich 4 Prozent aller Designunternehmen sind in der Lage, mehr als 10 Mitarbeiter je Betrieb zu beschäftigen.

**PORTRÄT: EINE AUSWAHL VON VERBÄNDEN DER DE-
SIGNWIRTSCHAFT** Es ist nach wie vor schwierig, in der Schweiz auch nur in Ansätzen konsolidierte Verbandsdaten zur Lage der Designwirtschaft zu erhalten. Im Ausland gibt es hier standardisierte und professionalisierte Kenntnisse und damit verbunden auch eine stärkere Position der Verbände.[55]

Die nachfolgende Liste widerspiegelt die Resultate einer von den Autoren in Auftrag gegebenen Umfrage der Swiss Design Association (Stand: Dezember 2006) und kann nicht mehr als ein bescheidener erster Schritt auf dem Weg zu einer besseren Datenlage sein.

1. DNS DESIGN NETWORK SWITZERLAND
__ *Mitglieder: 125*
__ *Das Design-Netzwerk schätzt, dass zusätzliche 150–160 Designerbüros oder Firmen im Markt aktiv sind.*

2. BSW BUND SCHWEIZER WERBEAGENTUREN
__ *Mitglieder: 70*
__ *Der Verband schätzt, dass zusätzlich maximal 100 Agenturen im Markt aktiv sind.*

3. SGD SWISS GRAPHIC DESIGNERS
__ *Mitglieder: 350*

4. SDA SWISS DESIGN ASSOCIATION
__ *Mitglieder: 200*
__ *Die Organisation schätzt, dass zusätzlich maximal 500 Designerbüros und Agenturen aktiv sind.*

5. VSI.ASAI. VEREINIGUNG SCHWEIZER INNENARCHITEKTEN/ARCHITEKTINNEN
__ *Mitglieder: 200*

6. SWISSCARTON
__ *Verband der Schweizerischen Karton und Wellkarton verarbeitenden Industrie*
__ *Mitglieder: 45 Betriebe*
__ *ca. 3000 Beschäftigte*
__ *ca. 650 Millionen CHF Umsatz*

3.3.9 ARCHITEKTURMARKT Inzwischen gilt der Architekturmarkt fast überall in Europa als selbstverständlicher Teilmarkt innerhalb der Kreativwirtschaft. Während die Architektur in Italien oder Frankreich schon lange als Kulturberuf anerkannt ist, hat es in Ländern wie Deutschland oder in Skandinavien gedauert, bis auch die Architekten Eingang in kreativwirtschaftliche Untersuchungen gefunden haben.

Der Schweizer Architekturmarkt zählt in mehrerlei Sicht zu den bedeutendsten Teilmärkten innerhalb der Kreativwirtschaft Schweiz. Er ist der grösste Teilmarkt hinsichtlich der Unternehmens- und Arbeitsstätten mit Anteilen von 28 Prozent bzw. 25 Prozent. Das sind rund 11 500 Büros mit circa 10 400 Arbeitsstätten, die Architekturdienstleistungen jedweder Art anbieten. Mit 36 300 Beschäftigten und 8,3 Milliarden CHF Umsatz ist er der zweitgrösste Teilmarkt hinter der Software- und Games-Industrie.

Der Architekturmarkt ist einer der wenigen Kreativmärkte, der nach relativ klar gegliederten Wirtschaftszweigen beschrieben werden kann. Abgeleitet aus der amtlichen Wirtschaftszweigklassifikation, wird der schweizerische Architekturmarkt nach drei Arten von Architekturtätigkeiten unterschieden: die Gruppe der Architekturbüros mit Architekturstudien und Beratungstätigkeit, die Gruppe der Innenarchitekten und die Gruppe der Landschaftsgestalter und Gartenarchitekturbüros.

---

[55] Zum Vergleich: Die Allianz Deutscher Designer (AGD) ist mit rund 3000 Mitgliedern der grösste Fachverband in Europa. Quelle: BEDA-Bureau of European Design Association – Dachorganisation der Designverbände in Europa.

UNTERNEHMEN 2001–2005 (MEHRWERTSTEUERSTATISTIK)

	Unternehmen					4-Jahres-Veränderung	1-Jahres-Veränderung	
	Anzahl 2001	Anzahl 2002	Anzahl 2003	Anzahl 2004	Anzahl 2005	in % 2005/01	in % 2004/03	in % 2005/04
INSGESAMT	10 911	11 055	11 147	11 372	11 482	5,2	2,0	1,0
Architekturbüros	10 187	10 300	10 377	10 571	10 647	4,5	1,9	0,7
Innenarchitekturbüros	485	501	507	517	513	5,8	2,0	−0,8
Landschaftsplanung	239	254	263	284	322	34,7	8,0	13,4

GESAMTUMSATZ 2001–2005 (MEHRWERTSTEUERSTATISTIK)

	Gesamtumsatz					4-Jahres-Veränderung	1-Jahres-Veränderung	
	Mio. CHF 2001	Mio. CHF 2002	Mio. CHF 2003	Mio. CHF 2004	Mio. CHF 2005	in % 2005/01	in % 2004/03	in % 2005/04
INSGESAMT	7 001	7 254	7 441	8 044	8 293	18,4	8,1	3,1
Architekturbüros	6 556	6 829	7 036	7 595	7 829	19,4	7,9	3,1
Innenarchitekturbüros	303	277	257	280	281	−7,3	9,2	0,2
Landschaftsplanung	142	149	148	168	182	28,5	13,3	8,7

AUFTEILUNG NACH VERSCHIEDENEN UMSATZARTEN 2005 (MEHRWERTSTEUERSTATISTIK)

	Gesamt-umsatz	darunter								
		Umsatz Kleinunternehmen		Umsatz reduzierter Satz		Umsatz Normalsatz		Exportumsatz		Ausgenommener Umsatz	
	Mio. CHF 2005	Mio. CHF 2005	Anteil in %	Mio. CHF 2005	Anteil in %	Mio. CHF 2005	Anteil in %	Mio. CHF 2005	Anteil in %	Mio. CHF 2005	Anteil in %
INSGESAMT	8 293	1 259	15	8	0	6 792	82	130	2	88	1
Architekturbüros	7 829	1 184	15	1	0	6 436	82	106	1	86	1
Innenarchitekturbüros	281	35	12	0	0	228	81	18	6	1	0
Landschaftsplanung	182	40	22	6	4	128	70	6	3	1	0

ARBEITSSTÄTTEN UND BESCHÄFTIGUNG 2001/2005 (BETRIEBSZÄHLUNG)

	Arbeitsstätten		4-Jahres-Veränderung	Beschäftigte[b]		4-Jahres-Veränderung
	Anzahl 2001	Anzahl 2005	in % 2005/01	Anzahl 2001	Anzahl 2005	in % 2005/01
INSGESAMT	10 923	10 383	−4,9	34 958	36 262	3,7
Architekturbüros	10 140	9 578	−5,5	32 628	33 716	3,3
Innenarchitekturbüros	525	514	−2,1	1 259	1 222	−2,9
Landschaftsplanung	258	291	12,8	1 071	1 324	23,6

ARBEITSSTÄTTEN NACH BESCHÄFTIGUNGSGRÖSSENKLASSEN 2005 (BETRIEBSZÄHLUNG)

	Arbeitsstätten[c]	davon Arbeitsstätten mit Beschäftigten[d]			
	Anzahl 2005	1 bis unter 2 Anteil in %	2 bis unter 5 Anteil in %	5 bis unter 10 Anteil in %	10 und mehr Anteil in %
INSGESAMT	10 383	54	30	11	5
Architekturbüros	9 578	54	30	12	5
Innenarchitekturbüros	514	68	25	5	2
Landschaftsplanung	291	51	29	11	9

TAB.19_ ECKDATEN ZUM ARCHITEKTURMARKT.

Hinweise: [a] einzelne Wirtschaftszweige verschiedenen Teilmärkten zugeordnet. [b] Vollzeit- und Teilzeitbeschäftigte.
[c] ohne Unternehmen im nicht-marktwirtschaftlichen Bereich. [d] Vollzeitäquivalente.
Quellen: Mehrwertsteuerstatistik, ESTV; Betriebszählung, BfS; Creative Industries Research Unit/ZHdK; eigene Berechnung.

DER ARCHITEKTURMARKT AUS DER SICHT DER EIDGENÖSSISCHEN STEUERVERWALTUNG Wie die Eckdatentabelle ausweist, erreichte die Zahl der Büros im Jahre 2005 einen Gesamtbestand von 11 482. Die weitaus grösste Gruppe bilden die allgemeinen Architekten mit allein rund 10 650 Büros. Innenarchitekten und Landschaftsplaner formen dagegen eine verschwindend kleine Gruppe von 513 bzw. 322 Büros. Die Entwicklung im Architekturmarkt verlief im Vierjahreszeitraum in allen drei Gruppen positiv. Rund 5,2 Prozent neue Büros drängten in den letzten Jahren in den Markt. Die kleinste Gruppe der Landschaftsplaner hatte bei den Neugründungen das stärkste Wachstum von knapp 35 Prozent. Zuletzt hat sich der Gründungstrend, mit Ausnahme wiederum der Landschaftsplaner, allerdings abgeschwächt. Die Zahl der Architekten legte von 2004 auf 2005 um 0,7 Prozent geringfügig zu, während die Zahl der Innenarchitekten geringfügig um 0,8 Prozent abnahm.

Der erzielte Gesamtumsatz des Architekturmarktes lag im Jahre 2005 bei 8,3 Milliarden CHF. Wiederum den grössten Umsatz in Höhe von 7,83 Milliarden CHF erzielten die allgemeinen Architekten. Die Umsatzwerte der Innenarchitekten und Landschaftsplaner erreichten im Jahre 2005 jeweils 281 Millionen CHF und 182 Millionen CHF. Die wirtschaftliche Situation des Architekturmarktes war im Vierjahreszeitraum für zwei der drei Gruppen hervorragend. Die Steigerung des Umsatzes von 18,4 Prozent von 2001 bis zum Jahr 2005 macht deutlich, dass die Architekten im Vergleichszeitraum innerhalb der Kreativwirtschaft Schweiz zu den erfolgreichsten Teilnehmern am Markt zählten. Lediglich die Innenarchitekten hatten ein Umsatzminus von 7,3 Prozent im Vierjahreszeitraum zu verzeichnen. Allerdings macht auch hier der Umsatzverlauf deutlich, dass der wirtschaftliche Tiefpunkt im Jahre 2003 mit 257 Millionen CHF Umsatz überwunden wurde. Seitdem hat sich der Umsatz der Innenarchitekten wieder deutlich vergrössert und erreichte bis 2005 ein Volumen von 281 Millionen CHF.

Die Verteilung nach Umsatzarten zeigt, dass in allen drei Architekturgruppen jeweils ein nennenswerter Anteil von 12 bis 22 Prozent des Umsatzes durch Kleinunternehmen erzielt wurde. Kleinunternehmen bedeutet im Zusammenhang mit der Architekturbranche allerdings, dass Architekturbüros mit einem Umsatz von bis zu 3 Millionen CHF die besonders günstigen Steuersätze (Pauschal- oder Saldo-Satz) in Anspruch nehmen können.

Der grössere Anteil des Architekturumsatzes wurde jedoch mit dem üblichen normalen Umsatzsteuersatz erwirtschaftet. Dieser lag mit 6,79 Milliarden CHF bei 82 Prozent des Gesamtumsatzes. Die Exportumsätze der Architekten in Höhe von 130 Millionen CHF und einem Anteil von 2 Prozent am Gesamtumsatz waren erstaunlich niedrig. Der ausgenommene Umsatz spielte mit einem Anteil von 1 Prozent praktisch keine Rolle. Der Architekturmarkt nimmt in der Kreativwirtschaft insofern eine Sonderstellung ein, als er praktisch ohne besondere Rahmenbedingungen seitens der öffentlichen Hand auskommt (ohne öffentliche Fördermittel, steuerliche Sonderbehandlung usw.).

DER ARCHITEKTURMARKT AUS SICHT DER AMTLICHEN STATISTIK Durch die Betriebszählung wird erkennbar, dass die Architektenbüros trotz der guten wirtschaftlichen Entwicklung weitgehend Arbeitsstätten abgebaut haben. 4,9 Prozent der Architektur-Arbeitsstätten verschwanden im Zeitraum zwischen 2001 und 2005. Hingegen hat sich die positive wirtschaftliche Entwicklung ganz offensichtlich beim Zuwachs der Beschäftigten ausgewirkt. Die beiden Gruppen der Architekturbüros und der Landschaftsplaner, die bereits positive Umsatzentwicklungen im Vergleichszeitraum erreichen konnten, haben dies auch zum Aufbau neuer Arbeitsplätze eingesetzt. Insgesamt stieg die Zahl der im Architekturmarkt beschäftigten Personen von 34 958 im Jahr 2001 um 3,7 Prozent auf 36 262 Personen im Jahre 2005. Die Investition in neue Arbeitsplätze ist ein eindeutiger Indikator für einen erfolgreichen Architekturmarkt.

Besonders erstaunlich ist diese weitgehend positive Entwicklung vor allem deshalb, weil auch der Architekturmarkt eine kleinstteilige Branche darstellt. 95 Prozent aller Arbeitsstätten in diesem Markt zählen zu den Kleinstbetrieben mit weniger als 10 Beschäftigten je Betrieb. Der schweizerische Architekturmarkt ist somit ein Beispiel dafür, dass auch kleinste Unternehmenseinheiten stabile Wertschöpfungseffekte erzielen können.

INTERNATIONAL: ARCHITEKTURMARKT IN DER SCHWEIZ UND IN DEUTSCHLAND Dies kann abschliessend auch ein kleiner Vergleich zum deutschen Architekturmarkt aufzeigen. In der grössten Gruppe der allgemeinen Architektenbüros waren laut Umsatzsteuerstatistik des deutschen Statistikamtes rund 19 950 Architekten im Jahr 2005 aktiv. Diese erzielten einen Gesamtumsatz in Höhe von 8,39 Milliarden CHF. Damit dieser Vergleich möglich ist, wurden nur diejenigen Architekten berücksichtigt, die nach den Schweizer Kriterien in die Statistik einbezogen werden, nämlich die mit einem Jahresumsatz von umgerechnet mindestens 75 000 CHF.

Die Gruppe der schweizerischen allgemeinen Architekten erwirtschaftete mit nur 11 482 Büros 7,83 Milliarden CHF und damit ein ähnlich hohes Umsatzvolumen wie die deutschen Kollegen und blieb im Jahre 2005 nur um rund 0,56 Milliarden CHF unter dem deutschen Umsatzwert.

In der Summe bildet der schweizerische Architekturmarkt also ein wirtschaftlich bedeutendes Marktpotenzial innerhalb der schweizerischen Kreativwirtschaft. Insgesamt ist der Schweizer Architekturmarkt einer der wenigen Märkte in Europa, die wachsen, während in anderen Ländern seit Jahren ständige Rückgänge zu beobachten sind.

PORTRÄT: DER ARCHITEKTURMARKT AUS SICHT DER VERBÄNDE SIA SCHWEIZERISCHER INGENIEUR- UND ARCHITEKTENVEREIN
Die SIA ist ein privatrechtlicher Verein, der in vier Berufsgruppen gegliedert ist: Architektur, Ingenieurbau, Technik und Industrie sowie Boden, Wasser, Luft. Unter den rund 15 000 Mitgliedern befinden sich etwa 5500 Architekten, 20 Landschaftsarchitekten sowie 2 Innenarchitekten. Innerhalb der Berufsgruppe Architektur (BGA) sind folgende Fachvereine vereint:
__ *AEC Schweizerische Gesellschaft für Bauökonomie*
__ *A & K Fachverein Architektur und Kultur*
__ *BSLA Bund Schweizer Landschaftsarchitekten und -architektinnen*
__ *FEB Fachgruppe für die Erhaltung von Bauwerken*
__ *FIB Fachgruppe für Integrales Planen und Bauen*
__ *FSU Fachverband Schweizer RaumplanerInnen*
__ *VSI.ASAI Vereinigung Schweizer Innenarchitekten/ architektinnen*

Quelle: http://www.sia.ch.

BSLA BUND SCHWEIZER LANDSCHAFTSARCHITEK-
TEN UND LANDSCHAFTSARCHITEKTINNEN
Der BSLA ist ein Zusammenschluss von in der Planung tätigen Landschaftsarchitekten und Landschaftsarchitektinnen in der Schweiz. Der BSLA zählt rund 350 Mitglieder.

Quelle: http://www.bsla.ch.

BSA BUND SCHWEIZER ARCHITEKTEN
Im BSA sind Architekten und Architektinnen vereinigt, die sich schwerpunktmässig mit Städtebau und Raumplanung befassen. Dem BSA gehören circa 730 ordentliche und circa 100 assoziierte Mitglieder an.

Quelle: http://www.architekten-bsa.ch.

VSI VEREINIGUNG SCHWEIZER INNENARCHITEK-
TEN/ARCHITEKTINNEN
Die VSI.ASAI. versteht sich als Vereinigung von Architekten und Architektinnen, die sich als Spezialisten mit dem Ausbau und Umbau von Innenräumen befassen. Die VSI vereinigt über 160 aktive Mitglieder. Daneben gibt es eine noch grössere Anzahl an Jungmitgliedern, assoziierten Mitgliedern, Ehren- und Fördermitgliedern sowie Freimitgliedern.

Quelle: http://www.vsi-asai.ch.

3.3.10 WERBEMARKT Der Werbemarkt umfasst alle wirtschaftlichen Aktivitäten, welche die Bewerbung von Produkten, Dienstleistungen und sonstigen Konzepten beinhalten. Durch seine Verbindung mit den Massenmedien ist der Werbemarkt selbst wiederum eine Querschnittsbranche mit vielfältigen Facetten.

Der Werbemarkt wird in der Kreativwirtschaft Schweiz als sogenannter ergänzender Teilmarkt geführt. Er kann der Designwirtschaft als verwandter Markt im weiteren Sinne zugeordnet werden und wird in der amtlichen Wirtschaftszweigklassifikation mit den beiden Kategorien «Werbegestaltung» und «Werbevermittlung» abgegrenzt. Da der Wirtschaftszweig «Werbegestaltung» wegen der hohen Anteile der visuellen Designerbüros bereits in den Teilmarkt Designwirtschaft einbezogen wurde, wird der Werbemarkt an dieser Stelle entlang seines zweiten Wirtschaftszweigs «Werbevermittlung» dargestellt.

Diese etwas komplizierte Trennung der Wirtschaftszweige ist derzeit noch nicht zufriedenstellend. Allerdings wird die zukünftige europaweite Gliederung der Wirtschaftszweigklassifikation voraussichtlich eine erheblich verbesserte Zuordnung der einzelnen wirtschaftlichen Aktivitäten ermöglichen.

Wie die Eckdatentabelle ausweist, ist die Zahl der Büros im Werbemarkt (nur Wirtschaftszweig Werbevermittlung, ohne Werbegestaltung) im Jahre 2005 auf einen Gesamtbestand von 395 Einheiten gestiegen. Die Zahl der Büros hat somit seit dem Jahr 2001, nach einem geringen Einbruch bis 2003, leicht zugenommen.

Der für einen Teilmarkt relativ kleinen Unternehmenszahl ist ein äusserst beachtliches Umsatzvolumen zugeordnet. Im Jahr 2005 wurden von den knapp 400 Werbeunternehmen rund 4,4 Milliarden CHF erwirtschaftet. Das bedeutet im statistischen Mittel ein Umsatz je Unternehmen in Höhe von 11,1 Millionen CHF.

Zwischen 2004 und 2005 legte der gesamte Werbeumsatz um 2 Prozent zu. Trotz des guten Verlaufs seit dem Jahr 2004 hat der Teilmarkt jedoch seinen Umsatzhöhepunkt vom Jahr 2001 mit 5,15 Milliarden CHF noch nicht wieder erreicht. Der überwiegende Teil des Gesamtumsatzes in Höhe von 3,62 Milliarden CHF wird über den normalen Steuersatz mit den derzeit in der Schweiz üblichen 7,6 Prozent erzielt. Der Export spielt mit einem

UNTERNEHMEN 2001–2005 (MEHRWERTSTEUERSTATISTIK)	Unternehmen					4-Jahres-Veränderung	1-Jahres-Veränderung	
	Anzahl 2001	Anzahl 2002	Anzahl 2003	Anzahl 2004	Anzahl 2005	in % 2005/01	in % 2004/03	in % 2005/04
INSGESAMT	387	376	373	381	395	2,1	2,1 %	3,7 %

GESAMTUMSATZ 2001–2005 (MEHRWERTSTEUERSTATISTIK)	Gesamtumsatz					4-Jahres-Veränderung	1-Jahres-Veränderung	
	Mio. CHF 2001	Mio. CHF 2002	Mio. CHF 2003	Mio. CHF 2004	Mio. CHF 2005	in % 2005/01	in % 2004/03	in % 2005/04
INSGESAMT	5 150	4 709	4 146	4 299	4 384	−14,9	3,7	2,0

AUFTEILUNG NACH VERSCHIEDENEN UMSATZARTEN 2005 (MEHRWERTSTEUERSTATISTIK)	Gesamt-umsatz	darunter								
	Mio. CHF 2005	Umsatz Klein-unternehmen Mio. CHF 2005	Anteil in %	Umsatz redu-zierter Satz Mio. CHF 2005	Anteil in %	Umsatz Normalsatz Mio. CHF 2005	Anteil in %	Export-umsatz Mio. CHF 2005	Anteil in %	Ausgenom-mener Umsatz Mio. CHF 2005	Anteil in %
INSGESAMT	4 384	22	0	75	2	3 616	82	506	12	116	3

ARBEITSSTÄTTEN UND BESCHÄFTIGUNG 2001/2005 (BETRIEBSZÄHLUNG)	Arbeitsstätten		4-Jahres-Veränderung	Beschäftigte[b]		4-Jahres-Veränderung
	Anzahl 2001	Anzahl 2005	in % 2005/01	Anzahl 2001	Anzahl 2005	in % 2005/01
INSGESAMT	588	502	−14,6	9 575	9 647	0,8

ARBEITSSTÄTTEN NACH BESCHÄFTIGUNGSGRÖSSENKLASSEN 2005 (BETRIEBSZÄHLUNG)	Arbeitsstätten[c]	davon Arbeitsstätten mit Beschäftigten[d]			
	Anzahl 2005	1 bis unter 2 Anteil in %	2 bis unter 5 Anteil in %	5 bis unter 10 Anteil in %	10 und mehr Anteil in %
INSGESAMT	502	35	30	16	20

TAB.20_ ECKDATEN ZUM WERBEMARKT (WERBEVERMITTLUNG).

Hinweise: Werbemarkt = Wirtschaftszweig Werbevermittlung [a] einzelne Wirtschaftszweige verschiedenen Teilmärkten zugeordnet.
[b] Vollzeit- und Teilzeitbeschäftigte. [c] ohne Unternehmen im nicht-marktwirtschaftlichen Bereich. [d] Vollzeitäquivalente.
Quellen: Mehrwertsteuerstatistik, ESTV; Betriebszählung, BfS; Creative Industries Research Unit/ZHdK; eigene Berechnung.

Volumen von 506 Millionen CHF und einem Anteil von 12 Prozent nur eine geringe Rolle. Die anderen Umsatzarten (Kleinunternehmen, reduziert und steuerfrei) erreichen keine nennenswerten Anteile am gesamten Werbemarktumsatz.

Aus der Betriebszählung wird ersichtlich, dass die Werbebranche wegen der ungünstigen wirtschaftlichen Entwicklung zwischen 2001 und 2005 eine beachtliche Zahl von Arbeitsstätten abgebaut hat. 14,6 Prozent der Werbemarkt-Arbeitsstätten verschwanden innerhalb von vier Jahren. Hingegen hat sich die verschlechterte wirtschaftliche Lage nicht wirklich im Abbau von Beschäftigungspotenzialen ausgewirkt. Die Zahl der Beschäftigten stieg sogar von 2001 bis 2005 von 9575 geringfügig auf 9647 Personen an. Der Werbemarkt zeigt neben dem Rundfunkmarkt die grösste Abweichung von der stark ausgeprägten kleinstteiligen Struktur der Kreativmärkte. Allein 20 Prozent der Werbeunternehmen verfügen über mindestens 10 und mehr Beschäftigte je Betrieb. Im statistischen Durchschnitt liegt der Beschäftigungsanteil bei knapp 20 Beschäftigten je Betrieb. Das ist für die sonstigen Verhältnisse in der Kreativwirtschaft ein sehr hoher Anteil. Dennoch gibt es auch hier Einpersonenbetriebe. 35 Prozent der Arbeitsstätten verfügen höchstens über ein bis zwei Beschäftigte.

PORTRÄT: WERBEAUFWAND SCHWEIZ

Gemäss Angaben der Stiftung Werbestatistik Schweiz wurden im Jahre 2006 CHF 5,632 Mia. in die Werbung investiert. Im Vergleich zum Vorjahr bedeutet dies ein Plus von 3,3%. Die Gattungen Aussenwerbung, Print, Fernsehen, Direktwerbung, Messen und Ausstellungen

Netto-Werbeumsätze (ohne Produktionskosten)	in Mio. CHF gerundet					
	2001	2002	2003	2004	2005	2006
Netto-Werbeumsätze Schweiz	5665	5390	5123	5323	5376	5632[4]
Presse	2886	2547	2302	2294	2299	2369
1000 Tages-, regionale Wochen-, Sonntagspresse	[1]	1861	1646	1638	1615	1688
2000 Publikums-, Finanz- und Wirtschaftspresse	[1]	307	281	283	294	290
3000 Spezialpresse	[1]	245	248	245	257	263
4000 Fachpresse	[1]	133	127	127	133	128
Elektronische Medien	677	708	711	757	777	797
Fernsehen (inkl. Sponsoring)	494	527[2]	533	570	588	615
Radio (inkl. Sponsoring)	129	129	127	133	142	138
Kino	40[3]	38	38	41	37	37
Teletext	14	14	13	13	10	8
Übrige Medien	2102	2135	2110	2272	2300	2466[4]
Aussenwerbung	603	571	566	570	559	598
Adressbücher	155	181	194	201	209	211
Messen und Ausstellungen	235	243	239	253	257	345[4]
Direktwerbung	1109	1140	1111	1248	1275	1313
Brutto-Werbeumsätze Schweiz						
Internet					36	52
Adscreen					9	12

[1] Nicht mit Vorjahr vergleichbar, da neue Pressetypologie ab 2002.
[2] Nicht mit Vorjahr vergleichbar, da bis 2001 im Umsatz der öffentlich-rechtlichen Sender die Beraterkommission nicht enthalten ist.
[3] Nicht mit Vorjahr vergleichbar, da nicht von allen Anbietern Umsatzmeldungen vorhanden sind.
[4] Nicht vergleichbar mit dem Vorjahr, da bei den Messen und Ausstellungen mehr Veranstalter ihre Umsätze meldeten.

Quelle: Stiftung Werbestatistik Schweiz, Werbeaufwand Schweiz 2007.

sowie Adressbücher erzielten höhere Einnahmen als im vergangenen Jahr. Während die Netto-Werbeumsätze beim Kino stagnierten, wurden gegenüber 2005 rückläufige Einnahmen bei den Gattungen Teletext und Radio gemeldet. Die Daten wurden mittels schriftlicher Umfragen direkt bei den Medien erhoben. Sie drücken die Beträge aus, welche die Werbetreibenden für die Verbreitung ihrer Werbemassnahmen effektiv bezahlt haben.

3.3.11 SOFTWARE- UND GAMES-INDUSTRIE

Nach dem britischen Konzept der «creative industries» zählt die Software- und Games-Industrie zu den zentralen Märkten der Kreativwirtschaft. Sie bezieht sich auf die Herstellung und Vervielfältigung von Software, Computer- und Videospielen. Es ist jedoch noch nicht möglich, für diese Produktionsaktivitäten die adäquaten Wirtschaftszweige aus der allgemeinen Wirtschaftsklassifikation zu selektieren. Deshalb wird an dieser Stelle in Anlehnung an das britische Konzept die Wirtschaftsgruppe «Softwarehäuser», die mit dem Verlegen von Software, der Softwareberatung und -entwicklung beschäftigt ist, als zentraler Wirtschaftszweig für die Games-Industrie genommen. Diese Abgrenzung erfolgt im Übrigen auch in Übereinstimmung mit dem derzeit gültigen OECD-Konzept.[56]

Dennoch ist darauf hinzuweisen, dass die Softwareproduktion ein sehr viel weiteres Spektrum umfasst. Neben der Softwareproduktion von Spielen dürfte der grössere Anteil auf Bürosoftware entfallen. Insofern können die unten dargestellten Ergebnisse nur als vorläufige Anhaltswerte gelten.

Wie die Eckdatentabelle ausweist, ist die Zahl der Unternehmen in der Software- und Games-Industrie im Jahre 2005 auf einen Gesamtbestand von über 11 000 Einheiten gestiegen. Der Unternehmensbestand wächst seit dem beobachteten Zeitraum ab dem Jahr 2001 kontinuierlich an. Die prozentuale Zuwachsrate bis 2005 liegt bei knapp 10 Prozent.

Das Gesamtumsatzvolumen ist vom Jahr 2001 mit 15 Milliarden CHF bis zum Jahr 2005 auf 21,4 Milliarden CHF und damit um über 42 Prozent gestiegen. Dieser Zuwachs von mehr als 6 Milliarden CHF erfolgte allerdings erst im letzten Vergleichsjahr. Es kann auch hier vermutet werden, dass es sich um eine statistische Umsetzung [VGL. KAP. 3.3.1] in der Mehrwertsteuerstatistik handelt und nicht um eine reale Marktveränderung.

Diese Vermutung kann durch die Daten der Betriebszählung erhärtet werden. Danach gab es keinen nennenswerten Aufbau von neuen Arbeitsplätzen, sondern die Games-Industrie hat im Gegenteil zwischen den Jahren 2001 und 2005 sogar Arbeitsplätze abgebaut. So schrumpfte das Beschäftigungsvolumen von 56 763 Personen im Jahr 2001 auf 53 744 im Jahr 2005. Das entspricht einer Veränderungsrate von minus 5,3 Prozent.

Der Gesamtumsatz in der Games-Industrie wird zu etwas mehr als 50 Prozent im Inland erwirtschaftet. Das entspricht im Jahr 2005 rund 10,6 Mrd. CHF. Mit einem Umsatzvolumen in Höhe von 9,8 Milliarden CHF wird jedoch bereits ein beachtlicher Teil über den Export erzielt. Die Games-Industrie ist trotz der sehr hohen Gesamtumsätze durch eine breite Verteilung von Kleinstunternehmen gekennzeichnet. 58 Prozent zählen zu den kleinsten Softwareunternehmen mit ein bis zwei Beschäftigten. 91 Prozent der Unternehmen beschäftigen maximal bis zu 10 Mitarbeiter je Betrieb. Die restlichen 9 Prozent zählen zu den grösseren Unternehmen, für die vermutlich der Name «Industrie» angemessener ist.

---

[56] OECD: The Online Computer and Video Game Industry. Working Paper DSTI/ICCP/IE (2004)13/FINAL 12. May 2005.

UNTERNEHMEN 2001–2005 (MEHRWERTSTEUERSTATISTIK)	Unternehmen					4-Jahres-Veränderung	1-Jahres-Veränderung	
	Anzahl 2001	Anzahl 2002	Anzahl 2003	Anzahl 2004	Anzahl 2005	in % 2005/01	in % 2004/03	in % 2005/04
INSGESAMT	10 039	10 623	10 766	10 963	11 013	9,7	1,8%	0,5%

GESAMTUMSATZ 2001–2005 (MEHRWERTSTEUERSTATISTIK)	Gesamtumsatz					4-Jahres-Veränderung	1-Jahres-Veränderung	
	Mio. CHF 2001	Mio. CHF 2002	Mio. CHF 2003	Mio. CHF 2004	Mio. CHF 2005	in % 2005/01	in % 2004/03	in % 2005/04
INSGESAMT	15 003	16 411	15 334	15 075	21 390	42,6	−1,7	41,9

AUFTEILUNG NACH VERSCHIEDENEN UMSATZARTEN 2005 (MEHRWERTSTEUERSTATISTIK)	Gesamtumsatz	darunter									
	Mio. CHF 2005	Umsatz Kleinunternehmen Mio. CHF 2005	Anteil in %	Umsatz reduzierter Satz Mio. CHF 2005	Anteil in %	Umsatz Normalsatz Mio. CHF 2005	Anteil in %	Exportumsatz Mio. CHF 2005	Anteil in %	Ausgenommener Umsatz Mio. CHF 2005	Anteil in %
INSGESAMT	21 390	644	3	9	0	10 611	50	9 874	46	201	1

ARBEITSSTÄTTEN UND BESCHÄFTIGUNG 2001/2005 (BETRIEBSZÄHLUNG)	Arbeitsstätten		4-Jahres-Veränderung	Beschäftigte [b]		4-Jahres-Veränderung
	Anzahl 2001	Anzahl 2005	in % 2005/01	Anzahl 2001	Anzahl 2005	in % 2005/01
INSGESAMT	10 092	9 669	−4,2	56 763	53 744	−5,3

ARBEITSSTÄTTEN NACH BESCHÄFTIGUNGSGRÖSSENKLASSEN 2005 (BETRIEBSZÄHLUNG)	Arbeitsstätten [c]	davon Arbeitsstätten mit Beschäftigten [d]			
	Anzahl 2005	1 bis unter 2 Anteil in %	2 bis unter 5 Anteil in %	5 bis unter 10 Anteil in %	10 und mehr Anteil in %
INSGESAMT	9 666	58	23	9	9

TAB.21_ ECKDATEN ZUR SOFTWARE-/GAMES-INDUSTRIE.

Hinweise: [a] einzelne Wirtschaftszweige verschiedenen Teilmärkten zugeordnet. [b] Vollzeit- und Teilzeitbeschäftigte.
[c] ohne Unternehmen im nicht-marktwirtschaftlichen Bereich. [d] Vollzeitäquivalente.
Quellen: Mehrwertsteuerstatistik, ESTV; Betriebszählung, BfS; Creative Industries Research Unit/ZHdK; eigene Berechnung.

PORTRÄT: SOFTWARE-SEKTOR

Aus: Die volkswirtschaftliche Bedeutung des selbstständigen Software-Sektors. Studie im Auftrag der ICT Switzerland, durchgeführt von Dr. Pascal Sieber & Partners AG Bern, in Zusammenarbeit mit den Universitäten Bern und Lausanne (2004). www.ictswitzerland.ch.

«Die meisten der 11 329 selbstständigen Schweizer Softwarefirmen sind klein und lokal tätig. Die Mehrheit der 63 401 Beschäftigten arbeitet in der Softwareentwicklung und -beratung. Der selbstständige Schweizer Software-Sektor[1] beschäftigt sich zu grossen Teilen mit der lokalen Umsetzung ausländischer Standard-Software. Einzig bei der Applikations-Software sind inländische Hersteller fast ebenso wichtig wie ausländische.

Softwarefirmen bezahlen weit überdurchschnittliche Löhne, wobei Frauen davon weniger profitieren als Männer – aber Spitzenlöhne beziehen auch sie nicht. Der Software-Sektor bildet unterdurchschnittlich viele Lehrlinge aus, obwohl die Mehrheit der Geschäftsleitungen einen Mangel an qualifizierten Arbeitskräften beklagt.

Mit weit überdurchschnittlichem Wachstum ist der selbstständige Software-Sektor ein wichtiger Motor der Schweizer Wirtschaft. Er trägt zur Bruttowertschöpfung rund ein Fünftel bei – so viel wie der Finanzsektor.

Die Informatikdienste[2] sind einer der 43 Wirtschaftssektoren der Schweiz; sie beziehen relativ wenig Leistungen aus anderen Sektoren. Dieser Sektor ist aber stark intern verflochten. Umgekehrt beziehen die anderen Sektoren vom Sektor Informatikdienste insgesamt Leistungen von 13,4 Milliarden Franken. Mit gut einer Milliarde Franken ist der Sektor öffentliche Verwaltung (in dem Outsourcing eine sehr grosse Rolle spielt) der grösste Abnehmer, gefolgt von der Nachrichtenübermittlung (dazu gehört auch die Telefonie) mit über 800 Millionen Franken, während der Finanzsektor sehr viele Informatikleistungen intern selber erbringt. Der gesamte ICT-Bereich (inklusive Telekommunikation) setzt 25 Milliarden CHF um. Die Bedeutung des selbstständigen Software-Sektors wird sichtbar, wenn man betrachtet, was die Folgen von zu geringen Investitionen in den Sektor sind: Wächst er nämlich langsamer als die Gesamtwirtschaft, entsteht ein enormer Schaden. Für jeden fehlenden Franken im Software-Sektor gehen der Schweizer Wirtschaft jährlich bis zu 2,3 Franken verloren.»

[1] Alle Schweizer Unternehmen, die Software für Dritte herstellen, veredeln, verbreiten, implementieren oder anderswie nutzbar machen. Nicht dazu zählen die Informatikabteilungen z. B. von Banken.
[2] Die Informatikdienste umfassen den vom Bundesamt für Statistik, Datenverarbeitung und Datenbanken genannten Wirtschaftssektor. Der Software-Sektor ist ein Teil davon.

3.3.12 KUNSTHANDWERK

Das Kunsthandwerk wird in die Kreativwirtschaft Schweiz als sogenannter ergänzender Teilmarkt einbezogen. Der Teilmarkt kann in Beziehung sowohl zum Kunstmarkt als auch zur Designwirtschaft gesetzt werden. Nach der Wirtschaftszweigklassifikation lassen sich mindestens drei Wirtschaftszweige unterscheiden, die dem Kunsthandwerk zuzurechnen sind. Dazu zählen die «Bearbeitung von Edel- und Schmucksteinen», die «Herstellung von Schmuck-, Gold- und Silberschmiedwaren» sowie die «Herstellung sonstiger keramischer Erzeugnisse».

Wie die Eckdatentabelle zeigt, schwankt die Zahl der Kunsthandwerksbetriebe im beobachteten Zeitraum von 2001 bis 2005 zwischen 872 und 854 Betrieben. Schmuck-, Gold- und Silberschmiedwarenhersteller stellen mit rund 770 Betrieben die grösste Gruppe. Die beiden kleineren Wirtschaftszweige Edel- und Schmucksteinbearbeiter sowie die keramischen Betriebe kommen zusammen auf eine Zahl von 88 Betrieben.

Der Gesamtumsatz im Kunsthandwerk erreichte im Jahre 2005 eine Höhe von 1,1 Milliarden CHF. Mit 744 Millionen CHF entfielen drei Viertel des Umsatzes wiederum auf die Schmuck-, Gold- und Silberschmiedwarenhersteller. Das weitere Viertel mit 357 Millionen CHF wurde von den Edel- und Schmucksteinbearbeitern im gleichen Zeitraum erwirtschaftet. Die Keramikbetriebe erreichten mit 9 Millionen CHF nur vergleichsweise marginale Umsatzbeträge im Vergleichszeitraum. Die Gesamtentwicklung des Umsatzes wird vom grössten Wirtschaftszweig der Schmuck-, Gold- und Silberschmiedwarenhersteller geprägt. Nach einem Umsatzhöhepunkt im Jahr 2001 mit 909 Millionen CHF pendelte sich ihr Umsatz auf eine Summe von rund 750 Millionen CHF ein. Damit weist die Veränderungsrate im Vierjahreszeitraum ein Minus von 18,1 Prozent auf.

Trotz der positiven Entwicklungen der beiden anderen Wirtschaftszweige bleibt die Gesamtbilanz der Umsätze im Kunsthandwerk bislang noch negativ. Rund 8 Prozent des Umsatzes ging im Kunsthandwerkermarkt im Vierjahreszeitraum verloren. Mit Blick auf die Umsatzarten wird deutlich, dass der grösste Umsatzanteil über den normalen Steuersatz erwirtschaftet wird. Darüber hinaus fällt der relativ hohe Exportanteil von 380 Millionen CHF oder 34 Prozent des Gesamtumsatzes auf. Der Anteil der Kleinunternehmen am Gesamtumsatz liegt bei 10 Prozent. Hier sind es die Schmuck-, Gold-, Silberschmiedwarenhersteller, die die grössten Anteile belegen.

Die vom Bundesamt für Statistik (BfS) zur Verfügung gestellten Daten aus der Betriebszählung zeigen auch im Kunsthandwerk einen Schrumpfungsprozess an. Rund 925 Arbeitsstätten existieren im Jahr 2005 noch, nachdem die Zahl seit 2001 um 11,3 Prozent zurückgegangen ist. Das Beschäftigungsvolumen schrumpfte noch stärker. Von den mehr als 4000 Arbeitsplätzen im Jahr 2001 blieben im Jahr 2005 nur noch etwas mehr als 3100 übrig. Dies entspricht einer Minusrate von knapp 22 Prozent zwischen 2001 und 2005.

Betriebe des Kunsthandwerks zählen traditionell zu den Kleinstunternehmen. Das bestätigen die vorliegenden statistischen Zahlen. Rund 63 Prozent aller Arbeitsstätten verfügen höchstens über ein bis zwei Beschäftigte. 96 Prozent mit bis zu 10 Beschäftigten zählen zu den Kleinstbetrieben. Immerhin gibt es einen auffallend höheren prozentualen Anteil bei den Edel- und Schmucksteinbearbeitern mit grösseren Arbeitsstätten. 13 Prozent dieser Arbeitsstätten verfügen über 10 und mehr Arbeitsplätze je Betrieb.

UNTERNEHMEN 2001–2005 (MEHRWERTSTEUERSTATISTIK)

	Unternehmen					4-Jahres-Veränderung	1-Jahres-Veränderung	
	Anzahl 2001	Anzahl 2002	Anzahl 2003	Anzahl 2004	Anzahl 2005	in % 2005/01	in % 2004/03	in % 2005/04
INSGESAMT	872	864	847	870	854	−2,1	2,7	−1,8
Bearbeitung von Edel- und Schmucksteinen	86	87	89	88	82	−4,7	−1,1	−6,8
Herstellung von Schmuck-, Gold- und Silberschmiedwaren	779	770	752	777	766	−1,7	3,3	−1,4
Herstellung von sonstigen keramischen Erzeugnissen a.n.g.	7	7	6	5	6	−14,3	−16,7	20,0

GESAMTUMSATZ 2001–2005 (MEHRWERTSTEUERSTATISTIK)

	Gesamtumsatz					4-Jahres-Veränderung	1-Jahres-Veränderung	
	Mio. CHF 2001	Mio. CHF 2002	Mio. CHF 2003	Mio. CHF 2004	Mio. CHF 2005	in % 2005/01	in % 2004/03	in % 2005/04
INSGESAMT	1 208	1 012	1 072	1 012	1 110	−8,1	−5,5	9,6
Bearbeitung von Edel- und Schmucksteinen	292	272	274	379	357	22,2	38,5	−5,8
Herstellung von Schmuck-, Gold- und Silberschmiedwaren	909	734	791	626	744	−18,1	−20,8	18,8
Herstellung von sonstigen keramischen Erzeugnissen a.n.g.	7	7	7	7	9	25,0	1,5	25,0

AUFTEILUNG NACH VERSCHIEDENEN UMSATZARTEN 2005 (MEHRWERTSTEUERSTATISTIK)

	Gesamtumsatz Mio. CHF 2005	Umsatz Kleinunternehmen Mio. CHF 2005	Anteil in %	Umsatz reduzierter Satz Mio. CHF 2005	Anteil in %	Umsatz Normalsatz Mio. CHF 2005	Anteil in %	Exportumsatz Mio. CHF 2005	Anteil in %	Ausgenommener Umsatz Mio. CHF 2005	Anteil in %
INSGESAMT	1 110	111	10	0	0	605	55	380	34	6	1
Bearbeitung von Edel- und Schmucksteinen	357	6	2	0	0	185	52	165	46	2	0
Herstellung von Schmuck-, Gold- und Silberschmiedwaren	744	105	14	0	0	412	55	215	29	5	1
Herstellung von sonstigen keramischen Erzeugnissen a.n.g.	9	0	0	0	0	8	94	1	6	0	0

ARBEITSSTÄTTEN UND BESCHÄFTIGUNG 2001/2005 (BETRIEBSZÄHLUNG)

	Arbeitsstätten Anzahl 2001	Anzahl 2005	4-Jahres-Veränderung in % 2005/01	Beschäftigte[b] Anzahl 2001	Anzahl 2005	4-Jahres-Veränderung in % 2005/01
INSGESAMT	1 043	925	−11,3	4 062	3 183	−21,6
Bearbeitung von Edel- und Schmucksteinen	79	82	3,8	934	644	−31,0
Herstellung von Schmuck-, Gold- und Silberschmiedwaren	952	837	−12,1	3 102	2 525	−18,6
Herstellung von sonstigen keramischen Erzeugnissen a.n.g.	12	6	−50,0	26	14	−46,2

ARBEITSSTÄTTEN NACH BESCHÄFTIGUNGSGRÖSSENKLASSEN 2005 (BETRIEBSZÄHLUNG)

	Arbeitsstätten[c] Anzahl 2005	davon Arbeitsstätten mit Beschäftigten[d]			
		1 bis unter 2 Anteil in %	2 bis unter 5 Anteil in %	5 bis unter 10 Anteil in %	10 und mehr Anteil in %
INSGESAMT	925	63	26	7	4
Bearbeitung von Edel- und Schmucksteinen	82	60	18	9	13
Herstellung von Schmuck-, Gold- und Silberschmiedwaren	837	64	26	7	4
Herstellung von sonstigen keramischen Erzeugnissen a.n.g.	6	67	33	0	0

TAB.22_ ECKDATEN ZUM KUNSTHANDWERK.

Hinweise: [a] einzelne Wirtschaftszweige verschiedenen Teilmärkten zugeordnet. [b] Vollzeit- und Teilzeitbeschäftigte. [c] ohne Unternehmen im nicht-marktwirtschaftlichen Bereich. [d] Vollzeitäquivalente.
Quellen: Mehrwertsteuerstatistik, ESTV; Betriebszählung, BfS; Creative Industries Research Unit/ZHdK; eigene Berechnung.

3.3.13 PRESSEMARKT

Der Pressemarkt wird ebenfalls als sogenannter ergänzender Teilmarkt in die schweizerische Kreativwirtschaft einbezogen. Er bezieht sich auf diejenigen Wirtschaftszweige, die dem Buchmarkt oftmals im weiteren Sinne zugeordnet werden. Zu den einzelnen Wirtschaftszweigen des Pressemarktes zählen: Zeitungs- und Zeitschriftenverlage sowie das sonstige Verlagsgewerbe, der Detailhandel mit Zeitungen, Zeitschriften usw. und die Übersetzungsbüros.

Wie die Eckdatentabelle ausweist, erreichte der Pressemarkt im Jahre 2005 einen Bestand von insgesamt 2309 Unternehmen. Die grösste Gruppe bildet der «Detailhandel mit Zeitungen usw.» mit knapp 990 Unternehmen, gefolgt von den «Übersetzungsbüros» mit 484 und den «Zeitschriftenverlagen» mit 422 Einheiten. Zu den «Zeitungsverlagen» und zum «sonstigen Verlagsgewerbe» zählen 232 bzw. 182 Unternehmen. In allen Wirtschaftszweigen wächst die Zahl der Unternehmen zwischen 2001 und 2005 an. Um insgesamt 10 Prozent im Vierjahreszeitraum nehmen die Akteure auf dem Pressemarkt zu. Ein starker Zuwachs ist bei den eher kleinteiligen Wirtschaftszweigen wie dem Detailhandel oder den Übersetzungsbüros zu verzeichnen, jedoch sind auch bei den Verlagen Zuwächse zwischen 2 und 6,6 Prozent festzustellen.

Der Gesamtumsatz im Pressemarkt erreichte im Jahre 2005 eine Höhe von 8,2 Milliarden CHF. 3 Milliarden CHF wurden von den Detailhändlern, 2,9 Milliarden CHF von den Zeitungsverlagen und 1,8 Milliarden CHF von den Zeitschriftenverlagen erzielt. Rund 300 Millionen CHF gehen auf das Konto des sonstigen Verlagsgewerbes, und knapp 200 Millionen CHF tragen die Übersetzungsbüros bei. Der Gesamtumsatz des Teilmarktes hat sich jedoch nicht so positiv gestaltet wie die gesamte Unternehmensentwicklung.

Für die Umsatzstagnation von 0,3 Prozent zwischen 2001 und 2005 waren vor allem die beiden Presseverlagsgruppen verantwortlich. Sie mussten im Vierjahreszeitraum Umsatzverluste von minus 14,7 bzw. 12,4 Prozent hinnehmen. Die anderen drei Gruppen hingegen zeigten extrem positive Umsatzentwicklungen an. Mit Zuwachsraten von 25 bis 44 Prozent schossen die Umsätze zwischen 2001 und 2005 im Detailhandel, beim sonstigen Verlagsgewerbe und bei den Übersetzungsbüros in die Höhe. Insgesamt weisen alle Wirtschaftszweige aktuell wieder positive Umsatzentwicklungen aus, wenn auch noch sehr verhalten bei den Zeitungsverlagen.

Die Unterscheidung nach Umsatzarten macht deutlich, dass der grösste Umsatzanteil in Höhe von 4,8 Milliarden CHF (oder 59%) von allen Wirtschaftszweigen über den normalen Steuersatz erwirtschaftet wurde. Der reduzierte Umsatz hingegen erreichte nur ein Volumen von 2,6 Milliarden CHF (oder 30%). Einen nennenswerten Exportanteil erzielten die Zeitschriftenverlage mit rund 250 Millionen CHF (oder einem Anteil von 14% am Gesamtumsatz). Die Umsatzanteile der Kleinunternehmen fallen mit einem Anteil von 5 Prozent insgesamt relativ niedrig aus. Allerdings sind hier mit 11 Prozent die Detailhändler und die Übersetzungsbüros mit 23 Prozent überdurchschnittlich präsent.

Aus der Betriebszählung des Bundesamtes für Statistik (BfS) wird erkennbar, dass auch der Pressemarkt wie schon die meisten anderen Teilmärkte einen Schrumpfungsprozess zu verzeichnen hatte. Um 7,9 Prozent ging die Zahl der Arbeitsstätten von 4175 im Jahre 2001 auf 3846 im Jahre 2005 zurück. Damit einher ging ein besonders drastischer Personalabbau. Rund 10 Prozent der Arbeitsstellen im Pressemarkt gingen in diesem Zeitraum verloren, insbesondere im Detailhandel und bei den Presseverlagen. Der sonstige Verlagsbereich und

UNTERNEHMEN 2001–2005 (MEHRWERTSTEUERSTATISTIK)

	Unternehmen Anzahl 2001	Anzahl 2002	Anzahl 2003	Anzahl 2004	Anzahl 2005	4-Jahres-Veränderung in % 2005/01	1-Jahres-Veränderung in % 2004/03	in % 2005/04
INSGESAMT	2 100	2 148	2 156	2 239	2 309	10,0	3,8	3,1
Detailhandel mit Zeitungen und Zeitschriften; Kioske	896	916	898	941	989	10,4	4,8	5,1
Zeitungsverlag	227	229	231	226	232	2,2	−2,2	2,7
Zeitschriftenverlag	396	395	401	424	422	6,6	5,7	−0,5
Sonstiges Verlagsgewerbe	144	149	157	173	182	26,4	10,2	5,2
Übersetzungsbüros	437	459	469	475	484	10,8	1,3	1,9

GESAMTUMSATZ 2001–2005 (MEHRWERTSTEUERSTATISTIK)

	Gesamtumsatz Mio. CHF 2001	Mio. CHF 2002	Mio. CHF 2003	Mio. CHF 2004	Mio. CHF 2005	4-Jahres-Veränderung in % 2005/01	1-Jahres-Veränderung in % 2004/03	in % 2005/04
INSGESAMT	8 215	7 962	7 658	8 071	8 236	0,3	5,4	2,0
Detailhandel mit Zeitungen und Zeitschriften; Kioske	2 442	2 663	2 704	3 022	3 070	25,7	11,8	1,6
Zeitungsverlag	3 400	3 026	2 862	2 896	2 899	−14,7	1,2	0,1
Zeitschriftenverlag	2 013	1 920	1 680	1 684	1 763	−12,4	0,3	4,7
Sonstiges Verlagsgewerbe	206	201	240	273	297	43,9	13,8	8,8
Übersetzungsbüros	153	154	172	196	207	35,3	14,1	5,1

AUFTEILUNG NACH VERSCHIEDENEN UMSATZARTEN 2005 (MEHRWERTSTEUERSTATISTIK)

	Gesamtumsatz Mio. CHF 2005	darunter Umsatz Kleinunternehmen Mio. CHF 2005	Anteil in %	Umsatz reduzierter Satz Mio. CHF 2005	Anteil in %	Umsatz Normalsatz Mio. CHF 2005	Anteil in %	Exportumsatz Mio. CHF 2005	Anteil in %	Ausgenommener Umsatz Mio. CHF 2005	Anteil in %
INSGESAMT	8 236	418	5	2 503	30	4 845	59	381	5	73	1
Detailhandel mit Zeitungen und Zeitschriften; Kioske	3 070	337	11	980	32	1 684	55	49	2	19	1
Zeitungsverlag	2 899	7	0	926	32	1 895	65	46	2	18	1
Zeitschriftenverlag	1 763	17	1	532	30	924	52	249	14	35	2
Sonstiges Verlagsgewerbe	297	8	3	63	21	201	68	24	8	0	0
Übersetzungsbüros	207	48	23	3	1	141	68	13	6	1	1

ARBEITSSTÄTTEN UND BESCHÄFTIGUNG 2001/2005 (BETRIEBSZÄHLUNG)

	Arbeitsstätten Anzahl 2001	Anzahl 2005	4-Jahres-Veränderung in % 2005/01	Beschäftigte[b] Anzahl 2001	Anzahl 2005	4-Jahres-Veränderung in % 2005/01
INSGESAMT	4 175	3 846	−7,9	26 394	23 646	−10,4
Detailhandel mit Zeitungen und Zeitschriften; Kioske	2 799	2 487	−11,1	10 954	9 742	−11,1
Zeitungsverlag	314	296	−5,7	9 599	7 917	−17,5
Zeitschriftenverlag	389	359	−7,7	4 097	3 704	−9,6
Sonstiges Verlagsgewerbe	128	159	24,2	787	1 058	34,4
Übersetzungsbüros	545	545	0,0	957	1 225	28,0

ARBEITSSTÄTTEN NACH BESCHÄFTIGUNGSGRÖSSENKLASSEN 2005 (BETRIEBSZÄHLUNG)

	Arbeitsstätten[c] Anzahl 2005	davon Arbeitsstätten mit Beschäftigten[d] 1 bis unter 2 Anteil in %	2 bis unter 5 Anteil in %	5 bis unter 10 Anteil in %	10 und mehr Anteil in %
INSGESAMT	3 837	59	30	6	5
Detailhandel mit Zeitungen und Zeitschriften; Kioske	2 487	61	33	4	1
Zeitungsverlag	295	24	25	21	29
Zeitschriftenverlag	356	37	34	12	17
Sonstiges Verlagsgewerbe	159	50	27	13	10
Übersetzungsbüros	540	84	12	2	2

TAB.23_ ECKDATEN ZUM PRESSEMARKT.

Hinweise: [a] einzelne Wirtschaftszweige verschiedenen Teilmärkten zugeordnet. [b] Vollzeit- und Teilzeitbeschäftigte. [c] ohne Unternehmen im nicht-marktwirtschaftlichen Bereich. [d] Vollzeitäquivalente.
Quellen: Mehrwertsteuerstatistik, ESTV; Betriebszählung, BfS; Creative Industries Research Unit/ZHdK; eigene Berechnung.

PORTRÄT: PRESSEMARKT NACH TITELN UND VERLAGSHÄUSERN

Die 15 grössten Tageszeitungen 2006 in der Schweiz:

	Titel	Verlag	Auflage	Leser (in Tausend)
1	20 Minuten [a), d)]	20 Minuten (Schweiz) AG	419 684	1 170
2	Blick	Ringier AG	254 657	694
3	Tages-Anzeiger	Tamedia AG	225 287	534
4	Mittelland Zeitung	Aargauer Zeitung AG	210 358	435
5	Berner Zeitung [b), c)]	Espace Medien Groupe	157 590	395
6	Neue Zürcher Zeitung	Neue Zürcher Zeitung AG	146 729	308
7	Die Südostschweiz [d)]	Südostschweiz Presse AG	139 802	243
8	Le Matin bleu [a)]	Edipresse Publications SA	134 500	309
9	Neue Luzerner Zeitung	Neue Luzerner Zeitung AG	131 004	318
10	Zürcher Landzeitung [e)]	Zürich Land Medien AG	109 931	221
11	St. Galler Tagblatt	St. Galler Tagblatt AG	103 077	214
12	Basler Zeitung [c)]	National Zeitung und Basler Nachrichten AG	98 645	204
13	24 heures	Edipresse Publications SA	95 315	242
14	Le Matin semaine	Edipresse Publications SA	76 194	321
15	Tribune de Genève	La Tribune de Genève SA	67 151	169
16	Der Bund [b)]	Der Bund Verlag AG	58 590	–

Hinweise:
[a)] Gratiszeitung (erscheint Mo–Fr)
[b)] Berner Zeitung: Zahlen inkl. Leser von Der Bund
[c)] Nicht WEMF-beglaubigt, Angaben des Verlags
[d)] Inkl. Liechtensteiner Vaterland und Liechtensteiner Volksblatt
[e)] Kooperation der Zürcher Landzeitungen Der Zürcher Oberländer, Zürcher Unterländer inkl. Bülacher Tagblatt und Zürichsee-Zeitungen seit September 2006
Quellen: WEMF Auflagen-Bulletin 2006 (Basis: Auflagendurchschnitt 1.7.2006 – 30.6.2006); MACH Basic 2007/1, Verband Schweizer Presse, März 2007.

Die grössten Schweizer Verlagshäuser nach Umsatz 2005:

	Verlag	Umsatz 2005	Umsatzveränderung 2004/2005	Reingewinn	Umsatzrendite auf Reingewinn	Beschäftigte 2004
1	Ringier AG	1 256,3	12,8	67,1	5,30	6 081
2	Edipresse Publications SA [a)]	894,4	5,9	37,5	4,20	3 636
3	Tamedia AG	650,0	14,7	79,7	18,50	1 518
4	NZZ Gruppe	482,3 [c)]	–11,8	13,6 [c)]	3,70	1 737
5	Basler Mediengruppe [a)]	276,2	–5,2	2,7	0,98	2 023
6	Espace Media Groupe	261,9	0,4	21,3	8,13	890
7	AZ Medien Gruppe	195,8	6,0	8,2	4,70	520
8	LZ Medien AG [c)]	134,2	8,1	11,8	8,80	475
9	Südostschweiz Mediengruppe	124,0	0,2	2,9	2,40	825
10	Jean Frey AG [c)]	93,2	–3,3	6,6	7,10	300
11	Vogt-Schild/Habegger Medien AG	n.v.	n.v.	n.v.	n.v.	380
12	Zürichsee Medien	55,2	–3,0	n.v.	n.v.	197
13	Das Beste [d)]	40,0 ca.	n.v.	n.v.	n.v.	n.v.

Hinweise:
[a)] Basis IFRS
[b)] Geschäftsjahr endet jeweils per 30.6.
[c)] 2004 erstmals vollumfänglich bei der NZZ Gruppe konsolidiert
[d)] Aufgrund der amerikanischen Börsengesetze (Sarbanes Oxley Act) dürfen keine Zahlen veröffentlicht werden;
   n.v. = nicht veröffentlicht
Quellen: Media Trend Journal 6, 2006; Top Medienunternehmen Schweiz (Geschäftsberichte, Recherchen MTJ); Verband Schweizer Presse, Juni 2006.

die Übersetzungsbüros hingegen bauten ihr Beschäftigungsvolumen sogar aus. Ihre Zuwachsraten lagen bei 34 bzw. 28 Prozent.

Der Pressemarkt ist durch Kleinstunternehmen geprägt. 95 Prozent der Arbeitsstätten können nur für weniger als 10 Beschäftigte je Betrieb Arbeitsplätze bieten. Die Kleinstunternehmensstruktur ist besonders stark im Detailhandel und bei den Übersetzungsbüros konzentriert. Die Presseverlage hingegen zählen traditionsgemäss zu den mittleren oder Grossunternehmen in der Kreativwirtschaft.

3.3.14 DER PHONOTECHNISCHE MARKT Der phonotechnische Markt wird in die schweizerische Kreativwirtschaft als sogenannter ergänzender Teilmarkt einbezogen. Er bezieht sich auf diejenigen Wirtschaftszweige, die den Teilmärkten des Musik-, Film- und Rundfunkmarkts oftmals im weiteren Sinne zugeordnet werden. Zu den einzelnen Wirtschaftszweigen des phonotechnischen Marktes zählen: «Herstellung von Radio- und Fernsehgeräten einschliesslich phonotechnischer Geräte» sowie der entsprechende «Detailhandel».

Wie die Eckdaten zeigen, erreichte der phonotechnische Markt im Jahre 2005 einen Bestand von insgesamt 1367 Unternehmen. Während die Phonotechnikproduktion wuchs – die Zahl der Unternehmen stieg zwischen 2001 und 2005 um 20 Prozent – schrumpfte der Detailhandel im gleichen Zeitraum um 8,1 Prozent. Die beiden Entwicklungslinien setzten sich auch zwischen 2004 und 2005 fort.

Der Gesamtumsatz im phonotechnischen Markt lag im Jahre 2005 bei 2,3 Milliarden CHF. Gegenüber 2001 ging das Umsatzvolumen um 8,5 Prozent zurück. Dieser Trend ist für beide Wirtschaftszweige in gleicher Weise sichtbar. Während jedoch der Umsatz in der Phonotechnikproduktion stetig weiter sank, verbesserte sich die Lage im Detailhandel und der negative Trend beim Umsatz konnte immerhin gestoppt werden. Die Entwicklung der letzten Jahre zeigt leicht aufsteigende Tendenzen im Umsatzbereich.

Der phonotechnische Markt erwirtschaftet seine Umsätze insgesamt mit dem Normalsteuersatz. Die Phonotechnikproduktion ist darüber hinaus mit 51 Prozent ihres Umsatzes auf den Auslandsmarkt gerichtet. Der Umsatzanteil der Kleinunternehmen erreicht einen Anteil von 8 Prozent.

Die Schrumpfungsprozesse bei den Arbeitsstätten und beim Beschäftigungspotenzial fallen nach der «Betriebszählung» des Bundesamtes für Statistik (BfS) deutlich aus. Mit minus 11 Prozent bei den Arbeitsstätten und knapp minus 15 Prozent beim Personal hat der phonotechnische Markt im Vierjahreszeitraum Marktpotenziale abgegeben. Dies war jedoch aufgrund der drastischen Umsatzrückgänge nicht anders zu erwarten.

Während in der Phonotechnikproduktion einige wenige grosse Arbeitsstätten vorhanden sind, ist der überwiegende Teil der Produktion von einer kleinteiligen Struktur geprägt. 94 Prozent der Arbeitsstätten haben weniger als 10 Beschäftigte je Betrieb.

Mit der Detailanalyse der gesamten 13 Teilmärkte konnte eine vielfältige und heterogene Struktur der Kreativwirtschaft beschrieben werden. Im folgenden Kapitel soll die Perspektive auf der Basis der empirisch-quantitativen Analyse erweitert werden und die Schweiz in einen europäischen Kontext eingeordnet werden.

UNTERNEHMEN 2001–2005 (MEHRWERTSTEUERSTATISTIK)	Unternehmen Anzahl 2001	Anzahl 2002	Anzahl 2003	Anzahl 2004	Anzahl 2005	4-Jahres-Veränderung in % 2005/01	1-Jahres-Veränderung in % 2004/03	in % 2005/04
INSGESAMT	1 455	1 437	1 403	1 397	1 367	–6,0	–0,4	–2,1
a) Herstellung von Radio- und Fernsehgeräten sowie phonotechn. Geräten	104	108	111	119	125	20,2	7,2	5,0
a) Detailhandel mit Radio-/TV-geräten	1 351	1 329	1 292	1 278	1 242	–8,1	–1,1	–2,8

GESAMTUMSATZ 2001–2005 (MEHRWERTSTEUERSTATISTIK)	Gesamtumsatz Mio. CHF 2001	Mio. CHF 2002	Mio. CHF 2003	Mio. CHF 2004	Mio. CHF 2005	4-Jahres-Veränderung in % 2005/01	1-Jahres-Veränderung in % 2004/03	in % 2005/04
INSGESAMT	2 559	2 640	2 365	2 381	2 341	–8,5	0,7	–1,7
a) Herstellung von Radio- und Fernsehgeräten sowie phonotechn. Geräten	236	264	252	260	215	–8,9	2,9	–17,0
a) Detailhandel mit Radio-/TV-geräten	2 322	2 376	2 113	2 121	2 125	–8,5	0,4	0,2

AUFTEILUNG NACH VERSCHIEDENEN UMSATZARTEN 2005 (MEHRWERTSTEUERSTATISTIK)	Gesamtumsatz Mio. CHF 2005	darunter Umsatz Kleinunternehmen Mio. CHF 2005	Anteil in %	Umsatz reduzierter Satz Mio. CHF 2005	Anteil in %	Umsatz Normalsatz Mio. CHF 2005	Anteil in %	Exportumsatz Mio. CHF 2005	Anteil in %	Ausgenommener Umsatz Mio. CHF 2005	Anteil in %
INSGESAMT	2 341	186	8	3	0	2 010	86	131	6	6	0
a) Herstellung von Radio- und Fernsehgeräten sowie phonotechn. Geräten	215	7	3	0	0	96	45	110	51	0	0
a) Detailhandel mit Radio-/TV-geräten	2 125	178	8	3	0	1 914	90	21	1	6	0

ARBEITSSTÄTTEN UND BESCHÄFTIGUNG 2001/2005 (BETRIEBSZÄHLUNG)	Arbeitsstätten Anzahl 2001	Anzahl 2005	4-Jahres-Veränderung in % 2005/01	Beschäftigte [b] Anzahl 2001	Anzahl 2005	4-Jahres-Veränderung in % 2005/01
INSGESAMT	2 050	1 824	–11,0	9 740	8 291	–14,9
a) Herstellung von Radio- und Fernsehgeräten sowie phonotechn. Geräten	114	114	0,0	1 051	817	–22,3
a) Detailhandel mit Radio-/TV-geräten	1 936	1 710	–11,7	8 689	7 474	–14,0

ARBEITSSTÄTTEN NACH BESCHÄFTIGUNGSGRÖSSENKLASSEN 2005 (BETRIEBSZÄHLUNG)	Arbeitsstätten [c] Anzahl 2005	davon Arbeitsstätten mit Beschäftigten [d] 1 bis unter 2 Anteil in %	2 bis unter 5 Anteil in %	5 bis unter 10 Anteil in %	10 und mehr Anteil in %
INSGESAMT	1 824	34	40	20	6
a) Herstellung von Radio- und Fernsehgeräten sowie phonotechn. Geräten	114	42	29	15	14
a) Detailhandel mit Radio-/TV-geräten	1 710	34	41	20	5

TAB.24_ ECKDATEN ZUM PHONOTECHNISCHEN MARKT.

Hinweise: [a] einzelne Wirtschaftszweige verschiedenen Teilmärkten zugeordnet. [b] Vollzeit- und Teilzeitbeschäftigte.
[c] ohne Unternehmen im nicht-marktwirtschaftlichen Bereich. [d] Vollzeitäquivalente.
Quellen: Mehrwertsteuerstatistik, ESTV; Betriebszählung, BfS; Creative Industries Research Unit/ZHdK; eigene Berechnung.

4.0
SCHWEIZ – EU

Die Diskussion über die Kreativwirtschaft Schweiz kann nicht losgelöst von der europäischen Dimension geführt werden. Als Ausgangspunkt für den Vergleich bietet sich die im Kapitel 2.2.2 bereits erwähnte Studie der EU-Kommission «The Economy of Culture» an.

In diesem Kapitel sollen einige Ergebnisse aus dieser Studie für die Positionierung der Schweiz im europäischen Rahmen ausgeführt werden. Dabei wird in einem ersten Teil die Schweiz im europäischen Kontext beschrieben [4.1]; anschliessend folgt ein erweitertes Porträt der Kreativwirtschaft in Europa [4.2].

4.1 DIE SCHWEIZ IM EUROPÄISCHEN VERGLEICH Für europäische Vergleichsanalysen kann auf eine von der Forschungsabteilung des französischen Kulturministeriums (Département des Études, de la Prospective et des Statistiques, DEPS) für ganz Europa durchgeführte Untersuchung zurückgegriffen werden. Diese stellvertretend für EUROSTAT, das Statistische Amt der Europäischen Union, verfasste Arbeit zählt zu den wenigen validen Datenunterlagen, die für den europäischen Kultursektor derzeit zur Verfügung stehen. Der Kultursektor umfasst danach die in der Tabelle 25 aufgeführten Wirtschaftsgruppen, die aus der europäischen Wirtschaftszweigklassifikation abgeleitet wurden:

Abgrenzung der EU-Kommission nach der offiziellen europäischen Wirtschaftszweigklassifikation NACE

Nace 2-digits	Nace 3 digits	Inclusion in the cultural field
22 – Publishing, printing and reproduction of recorded media	22.1 – Publishing	Yes
	22.2 – Printing and service activities related to printing	No
	22.3 – Reproduction of recorded media	No
92 – Recreational, cultural and sporting activities	92.1 – Motion picture and video activities	Yes
	92.2 – Radio and television activities	Yes
	92.3 – Other entertainment activities	Yes
	92.4 – News agency activities	Yes
	92.5 – Library, archive, museums and other cultural activities	Yes
	92.6 – Sporting activities	No
	92.7 – Other recreational activities	No
74 – Other business activities	74.1 – Legal, accounting, bookkeeping and auditing activities; tax consultancy; market research and public opinion polling; business and management consultancy; holdings	No
	74.2 – Architectural and engineering activities and related technical consultancy	Direct estimation [a]
	74.3 – Technical testing and analysis	No
	74.4 – Advertising	Yes
	74.5 – Labour recruitment and provision of personnel	No
	74.6 – Investigation and security activities	No
	74.7 – Industrial cleaning	No
	74.8 – Miscellaneous business activities not elsewhere classified	Yes

TAB.25_ STATISTISCHE ABGRENZUNG DES KULTURSEKTORS IN EUROPA.

Hinweis: [a] Der Architekturbereich kann aufgrund der verwendeten Systematik lediglich geschätzt werden. Europäische Definition des Kultursektors ohne NACE 52.47, 36.3, 22.3. NACE Rev.1 = «Nomenclature statistique des Activités économiques dans la Communauté Européenne» – Statistische Systematik der Wirtschaftszweige in der Europäischen Gemeinschaft.
Quelle: EU-Kommission, The Economy of Culture in Europe, Brüssel 2006 nach: EU-Kulturstatistik; Task Force Employment; EUROSTAT und französisches Kulturministerium; Forschungsabteilung DEPS.

Erwerbstätige im Kultursektor in Europa 2004/2003
Anzahl der Erwerbstätigen absolut, Anteile und Veränderung in %

EU–Staaten	Kultursektor[a] Anzahl absolut 2004	Anteil an EU-25 und Schweiz in % 2004	Anteil[b] am Gesamt in % 2004	Veränderung in % 2004/03	Kultursektor Anzahl absolut 2003	Anteil der Selbstständigen in % 2003	Anteil[c] Tertiärbildung in % 2003
Deutschland	957 000	19,9	3,2	−2,5	981 700	32,6	46,9
Verein. Königreich	883 300	18,4	3,8	−1,3	894 500	27,5	47,1
Frankreich	496 300	10,3	2,5	5,3	471 400	20,3	54,3
Italien	466 900	9,7	2,8	0,1	466 400	51,4	34,7
Spanien	379 000	7,9	3,1	13,3	334 400	21,9	57,9
Niederlande	296 400	6,2	4,2	4,7	283 000	29,9	44,4
Polen	230 800	4,8	1,9	2,9	224 300	20,4	51,8
Schweden	135 500	2,8	3,6	−5,7	143 700	24,8	43,0
Griechenland	97 400	2,0	3,2	−3,2	100 600	33,5	40,6
Schweiz	**94 000**	**2,0**	**3,2**	**0,5**	**93 500**	**–**	**–**
Belgien	93 500	1,9	2,7	9,4	85 500	28,5	61,7
Tschech. Republik	89 400	1,9	2,5	1,8	87 800	34,0	34,7
Dänemark	80 600	1,7	3,3	−5,4	85 200	14,9	50,1
Ungarn	80 600	1,7	6,5	−3,8	83 800	18,3	47,4
Österreich	79 100	1,6	3,0	−1,1	80 000	38,4	33,1
Finnland	77 600	1,6	3,7	3,2	75 200	17,8	41,3
Portugal	76 200	1,6	2,3	25,7	60 600	21,8	27,1
Irland	45 700	1,0	3,4	2,9	44 400	26,4	50,8
Lettland	29 100	0,6	3,2	3,9	28 000	7,0	37,6
Litauen	28 900	0,6	2,3	−6,5	30 900	5,0	58,3
Slowakei	28 700	0,6	1,9	−5,6	30 400	17,3	32,5
Slowenien	28 700	0,6	3,6	22,6	23 400	17,4	41,5
Estland	18 600	0,4	3,6	−1,6	18 900	9,1	52,2
Zypern	7 800	0,2	2,3	−7,1	8 400	23,3	64,5
Luxemburg	3 500	0,1	2,4	2,9	3 400	16,2	39,4
Malta	3 000	0,1	3,3	7,1	2 800	11,1	27,8
EU-25 und Schweiz	**4 807 600**	**100,0**	**3,1**	**1,4**	**4 742 200**	**28,9**	**46,6**

TAB.26_ ERWERBSTÄTIGE IM KULTURSEKTOR IN EUROPA 2004/2003.

Hinweise: Definition des Kultursektors, siehe TAB. 25. [a] Kultursektor ohne Beschäftigte im Kulturtourismus. [b] Anteil der Erwerbstätigen des Kultursektors einschliesslich Beschäftigte im Kulturtourismus, dadurch %-Werte im Schnitt 0,5% höher. Gesamt = Anteil an Gesamterwerbstätigkeit des jeweiligen Landes in %. [c] Hochschulabschluss. Daten basieren auf regelmässigen Erhebungen des französischen Kulturministeriums/Forschungsabteilung (DEPS) in Zusammenarbeit mit EUROSTAT/LFS. Erwerbstätige umfassen Selbstständige (Freiberufler und Unternehmer, geringfügig Tätige) und abhängig Beschäftigte (Arbeiter, Angestellte, Beamte, geringfügig Beschäftigte). Definition der Erwerbstätigen basiert auf Labour force Konzept, in der Schweiz auf dem SAKE-Konzept.
Quellen: EU-Kommission, The Economy of Culture in Europe, Brüssel 2006; Schätzung für Schweiz, Creative Industries Research Unit/ZHdK, eigene Berechnung.

Die Einteilung auf der Basis der Wirtschaftszweigklassifikation entspricht einer pragmatischen Vorgehensweise, da die Analyse auf vorhandenen Datenbeständen aufbauen soll. Die ausgewerteten Daten wurden der europäischen Arbeitskräfteerhebung (Labour force survey) entnommen sowie auf Basis der nationalen Datenbestände erhoben. Für die Schweiz war dies die Schweizerische Arbeitskräfteerhebung (SAKE).

Im Jahre 2004 waren in der EU mit 25 Mitgliedsstaaten schätzungsweise 4,7 Millionen Menschen, 2,6 Prozent der Erwerbstätigen insgesamt, im Kultursektor tätig. Bezieht man die im europäischen Kulturtourismus beschäftigten Menschen mit ein, erreicht das Gesamtvolumen mit einer Höhe von 5,9 Millionen Personen einen Anteil von 3,1 Prozent der Gesamterwerbstätigkeit in der EU.

Für die Schweiz lassen sich nach der europäischen Einteilung insgesamt 94 000 Erwerbstätige für den Kultursektor ermitteln. Dazu zählen die selbstständig Erwerbenden ebenso wie die abhängig Beschäftigten. Im Vergleich zum Beschäftigungsvolumen der Schweizer Kreativwirtschaft in Höhe von 201 100 Beschäftigten enthält der hier abgegrenzte Kultursektor einige Teilmärkte nicht, wie etwa die Software- und Games-Industrie mit 53 000 Beschäftigten oder den phonotechnischen Markt.

Die räumliche Verteilung der kulturellen Erwerbstätigkeit konzentriert sich naturgemäss auf die grossen, bevölkerungsreichen Mitgliedsstaaten. In Deutschland und im Vereinigten Königreich arbeitet bereits deutlich mehr als ein Drittel der Kulturbeschäftigten. Nimmt man Frankreich noch hinzu, ist es bereits fast die Hälfte aller Kulturbeschäftigten in der EU. 2,3 Millionen Menschen oder 49 Prozent sind in diesen drei Ländern tätig. Dies stellt jedoch keineswegs einen Hinweis auf Konzentrationen des Potenzials in den drei genannten Ländern dar.

Nimmt man nämlich den Anteil der Kulturbeschäftigung an der Gesamtbeschäftigung des jeweiligen Landes als Vergleichskennzahl, treten andere Länder in den Vordergrund. Die höchsten prozentualen Anteile der Kulturbeschäftigung an der jeweiligen Gesamtbeschäftigung erreichen mit deutlichem Abstand zum EU-Durchschnitt von 3,1 Prozent folgende Länder: Ungarn 6,5 Prozent, Niederlande 4,2 Prozent, Grossbritannien und Finnland jeweils 3,7 Prozent sowie Schweden, Slowenien und Estland jeweils 3,6 Prozent. Dabei zeigt die gesamte prozentuale Verteilung der Kulturbeschäftigung in allen EU-Mitgliedsstaaten ein relativ gleichwertiges Niveau. Die kulturelle Infrastruktur ist eine Basisinfrastruktur, die wohl in allen europäischen Ländern in vergleichbarer Weise vorhanden ist.

Zu den wichtigsten Merkmalen der Beschäftigung des Kultursektors zählt die Selbstständigenquote im Kultursektor, die bei knapp 29 Prozent liegt. Die Selbstständigenquote in der Gesamterwerbstätigkeit in der EU erreicht im Jahr 2006 hingegen erst einen Anteil von 15 Prozent.

Auffallend ist ausserdem die extrem hohe Quote der Hochschulabsolventen im Kultursektor von 46,6 Prozent. Im Vergleich dazu nimmt sich der Anteil von 24 Prozent in der gesamten Erwerbsgesellschaft fast bescheiden aus. Die Kultur- und Kreativberufe haben längst in ihre Ausbildung investiert. Ob sich dies für sie gelohnt hat nicht, wird ein Thema im Kapitel 5 sein.

Der Schweizer Kultursektor zählt also, gemessen in absoluten Grössenordnungen, zum oberen Drittel der europäischen Vergleichsländer. Der geschätzte Anteil der Kulturbeschäftigung an der Gesamtbeschäftigung liegt mit 3,2 Prozent knapp über dem EU-Durchschnitt. Damit kann die Schweiz jedoch noch nicht an die Spitzengruppe mit Grossbritannien oder den skandinavischen Länder anschliessen.

4.2 DIE EUROPÄISCHE KREATIVWIRTSCHAFT

In einer erweiterten Betrachtung wird in diesem Kapitel die europäische Kreativwirtschaft untersucht. Das Einteilungskonzept erfolgte in Anlehnung an die EU-Kulturstatistik Task Force Employment «Kultursektor» [VGL. KAP. 4.1] unter Einbeziehung der Definition von «creative industries» des britischen Department for Culture, Media and Sports.

Hierzu zählen folgende Branchen nach NACE-Nr. 22.1, 22.3, 72.2, 74.4, 74.8 sowie die Kulturgruppen NACE-Nr. 92.1 bis 92.5. Die für diese Auswertung benötigten Daten stammen aus der strukturellen Unternehmensstatistik sowie aus der europäischen Arbeitskräfteerhebung von Eurostat. Die Daten lagen meist nur in zweistelliger Tiefengliederung vor und wurden für die dreistellige Gliederung auf der Basis von nationalen Ergebnissen aus Deutschland, Frankreich und Grossbritannien geschätzt.

Die europäische Kreativwirtschaft erreichte im Jahre 2002[57] mit einer stetig wachsenden Unternehmenszahl von insgesamt 1 394 162 selbstständigen Büros und Unternehmen ein gesamtes Umsatzvolumen von 556 Milliarden Euro. Das entspricht einem geschätzten Wertschöpfungspotenzial von 215 Milliarden Euro. Die Zahl der Beschäftigten liegt bei rund 6,4 Millionen.

Dies wurde durch die Creative Industries Research Unit an der Zürcher Hochschule der Künste in Zusammenarbeit mit der Forschungsgruppe EU-Kulturwirtschaft bei der EU-Generaldirektion Kultur in einem Branchenvergleich der Kreativwirtschaft für Europa (EU-25) untersucht.

Der Vergleich mit ausgewählten traditionellen Industriebranchen kann die Stärken und Schwächen der Kreativwirtschaft sichtbar machen.

Die Kreativwirtschaft (EU 25) zeigt in der Entwicklung der Wertschöpfung im Vergleich zu den traditio-

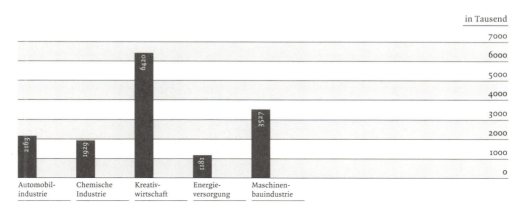

ABB.13_ BESCHÄFTIGUNG IN DER KREATIVWIRTSCHAFT DER EU-25 IM BRANCHENVERGLEICH, 2002.

Quelle: EUROSTAT; Creative Industries Research Unit/ZHdK; eigene Berechnung.

---

[57] Die geringe Aktualität der Daten aus dem Jahr 2002 liegt in dem komplizierten Erhebungsverfahren beim europäischen Statistikamt Eurostat begründet. Das Amt kann keine eigene Direkterhebung durchführen, sondern muss die nationalen Unternehmensstatistiken sammeln, die meist mit Verzögerung eingehen. Darüber hinaus werden die nationalen Daten in einem zeitaufwendigen Verfahren bei Eurostat «synthetisiert».

nellen klassischen Industrien noch deutliche Schwächen; umgekehrt ist das Beschäftigungsvolumen der Kreativwirtschaft mit 6,4 Millionen Beschäftigten jedoch überdurchschnittlich hoch und somit über jenem der Automobil- und Chemieindustrie (2,2 Millionen bzw. 1,9 Millionen); diese klassischen Industrien erreichen jeweils nur noch circa ein Drittel des Beschäftigungsumfangs der Kreativwirtschaft.

Einerseits bedeuten diese Eckdaten für die Kreativwirtschaft, dass sie sich inzwischen mit wichtigen europäischen Industriebranchen vergleichen kann. Denn nur noch die traditionellen Branchen wie die Chemieindustrie (601 Milliarden Euro), die Automobilindustrie (721 Milliarden Euro), der Maschinenbau (502 Milliarden Euro) oder auch das Ernährungsgewerbe (791 Milliarden Euro) erreichen Umsatzwerte in ähnlicher Grössenordnung wie die Kreativwirtschaft (556 Milliarden Euro).

Andererseits handelt es sich bei der Kreativwirtschaft um eine stark «fragmentierte Industrie» mit drei unterschiedlichen Unternehmensschichten: Zu unterscheiden sind die Mikrounternehmen und freiberuflichen Büros (Kreativszene; VGL. KAP. 5) von den klein- und mittelständischen Unternehmen (das regionale Rückgrat der Kreativbranchen) und die Majors und Medienkonzerne im globalen Markt.

Durch diese extrem kleinteilig geprägten Branchenstrukturen beschäftigen die Unternehmen der Kreativwirtschaft im Schnitt nur 5 Personen, während traditionelle

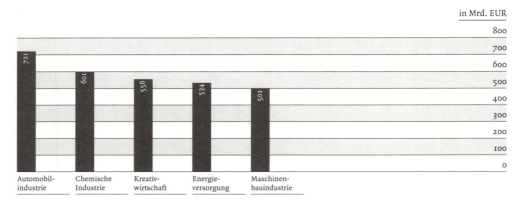

ABB. 14_ UMSÄTZE DER KREATIVWIRTSCHAFT IN DER EU-25 IM BRANCHENVERGLEICH, 2002.

Quelle: EUROSTAT; Creative Industries Research Unit/ZHdK; eigene Berechnung.

Kulturwirtschaft / Creative Industries im Vergleich mit Industriebranchen

	Umsatz in Mrd. EUR	Wertschöpfung in Mrd. EUR	Beschäftigte in 1000	Unternehmen Anzahl[a]	Beschäftigte je Unternehmen	Umsatz je Beschäftigter
Kreativwirtschaft	556,3	214,9	6 420	1 394 162	4,6	86,7
Andere Branchen zum Vergleich:						
Ernährungsgewerbe	790,9	177,8	4 422	281 824	15,7	178,9
Automobil-/Fahrzeugindustrie	720,6	118,0	2 163	16 834	128,5	333,1
Chemische Industrie	601,0	170,6	1 929	31 421	61,4	311,6
Energieversorgung	534,0	144,4	1 181	14 880	79,4	452,2
Maschinenbauindustrie	502,0	164,7	3 527	162 257	21,7	142,3
Textil- und Bekleidungsindustrie	206,4	59,9	2 531	224 184	11,3	81,5
Möbelindustrie	163,7	51,4	1 776	221 367	8,0	92,2

TAB.27_ KREATIVWIRTSCHAFT IM EUROPÄISCHEN VERGLEICH, 2002.

Hinweis: [a] Angaben zu Unternehmen für 2001. Abgrenzung creative industries im weiteren Sinne umfasst die NACE-Codes: 22.1, 22.3, 72, 74.2+3, 74.4, 74.8 aus SUS übernommen. Zur Abgrenzung der Creative Industries im engeren Sinne wurden die oben genannten NACE-Codes teilweise durch Schätzungen bereinigt: Verlagsgewerbe (22.1), Vervielfältigung (22.3), Software/PC-Games (72.2), Architektur/Industriedesign (74.201-03) ohne Ingenieurbüros, Werbung (74.4), Design-Aktivitäten (74.87) und zusätzlich Kulturbranchen im engeren Sinne (92.1-5).
Quelle: Eurostat, Strukturelle Unternehmenstatistik (SUS) 2002; Creative Industries Research Unit/ ZHdK; eigene Berechnungen und Schätzungen.

Industriebranchen wie die Chemische Industrie oder die Autoindustrie statistische Durchschnittswerte von bis zu 128 Beschäftigten je Betrieb aufweisen.

Während die klassischen Altindustrien zunehmend Schwächen in der Schaffung von Arbeitsplätzen zeigen, kann die Kreativwirtschaft zukünftig bei entsprechender politischer Beachtung zu einem relevanten Motor für die Beschäftigung in Europa werden.

Es erstaunt somit nicht, dass die Kreativwirtschaft längst auf die Agenda der Lissabon-Strategie gesetzt wurde [VGL. KAP. 2.2.2]. Zugleich muss die Forschung weiter intensiviert werden, um die relevanten Treiber der Kreativwirtschaft präziser zu identifizieren. Dazu liefert das folgende Kapitel einen interessanten Ansatz.

5.0

SCHWERPUNKT KREATIVSZENE

Die Kreativszene wird in Wirtschaftspublikationen gewöhnlich wenig beachtet, obwohl ihre Kleinstunternehmen als eigenständiger Unternehmenstyp gelten können und in ihrer Summe ein erhebliches ökonomisches Gewicht in der Kreativwirtschaft darstellen. Dieses Kapitel holt dieses Versäumnis nach und gelangt schliesslich zu der Empfehlung, die Förderung der Kreativwirtschaft auch als Förderung der Kreativszene zu lancieren.

In einem ersten Schritt werden jene Voraussetzungen und Merkmale der Kreativszene erläutert, die durch spezifische Verbindungen von Lebens- und Arbeitsformen charakterisiert sind und als Modelle auch jenseits der Kreativszene zu wirken beginnen [5.1]. Die Differenzen und Bezüge zwischen etablierten Unternehmen der Kreativwirtschaft und den Kleinstunternehmen der Kreativszene werden danach am Beispiel des Designs und seiner Akteure herausgearbeitet [5.2]. Um die Komplexität der Schilderungen zu reduzieren, werden Bedingungen für einen systematischen Zugang formuliert: Im Zentrum steht ein Kapitalbegriff, der den Vergleich zwischen der Kreativszene und der Kreativwirtschaft erlaubt [5.3]. Die Durchführung dieses Vergleichs mündet in die Entwicklung eines Modells, das die Handlungslogiken der Akteure in der Kreativszene untersucht [5.4] und deutlich macht, dass die Wertschöpfung der Kreativszene einen erweiterten Wertschöpfungsbegriff erfordert.

5.1 VORAUSSETZUNGEN UND MERKMALE Im Unterschied zu den Wirtschaftspublikationen ist die Kreativszene in der soziologischen und politischen Fachliteratur und dem Feuilleton sehr präsent.[58] Sie gilt als Teil des Prekariats, als digitale Boheme und Künstlerproletariat. Positiv wahrgenommen wird ihre Verbindung von Arbeits- und Lebensformen, eine Art Komplizenschaft, die von jugendlichen Haltungen geprägt ist. Ihr Erscheinen in Kultur und Gesellschaft gilt als Zeichen für die Ankunft einer neuen flexiblen und individualisierten Arbeitswelt, als Ausdruck der Multitude und des Postfordismus.[59] Ihre Lebens- und Arbeitsmodelle beginnen als Modell für andere Bereiche zu wirken – die Ideale von Kreativität, Individualität und Flexibilität werden im Begriff der Selbstverwirklichung zusammengedacht und gegen die finanziellen Beschränkungen verrechnet; solche Verrechnungen jedoch als Muster für eine neue Arbeitswelt auch jenseits der Kreativszene anzubieten ist äusserst problematisch.[60]

Denn die spezifischen sozialen, kulturellen und beruflichen Profile der Kreativszene sind nicht beliebig übertragbar: Ihre Mitglieder sind überwiegend jung, gut ausgebildet in gestalterischen und künstlerischen Berufen, eher kulturell als politisch und wirtschaftlich interessiert. Meist leben und arbeiten sie in Städten, verdichtet in noch erschwinglichen Quartieren, frequentieren dieselben Restaurants, sehen sich bei Partys, treffen sich

---

[58] Die Aussagen über die Kreativszene zielen in diesem Kapitel auf das Modell, in dem Kreativszene und Kreativwirtschaft unterschieden und die Optionen und Motive der Akteure der Kreativszene umrissen werden. Um ein solches Modell zu ermöglichen, wird auf Fachliteratur, die Diskussion in den Medien, Erfahrungen in der Lehre an der ZHdK und ein ausführliches Gespräch mit Dozierenden von sieben anderen Schweizer Hochschulen zurückgegriffen. Zentral aber sind mehrere Gruppen- und Einzelgespräche mit Vertretern der Kreativszene (nähere Angaben zu Verfahren und Kriterien im Anhang).

[59] Vgl.: VIRNO, PAOLO, Grammatik der Multitude, Berlin, 2005; GDI Impuls 3, (Arbeit), Gottlieb Duttweiler Institut, 2006; SAEHRENDT, CHRISTIAN, Das Ende der Boheme, in: NZZ Literatur und Kunst, 3./4. 2. 2007; ZIEMER, GESA, u. a., Forschungsprojekt zum Thema «Komplizenschaft – Arbeit in Zukunft» am Institut für Theorie (ith) der ZHdK; auch: http://www.zhdk.ch, Rubrik Forschung; MORANDI, PIETRO, Forschungsprojekt «Neue Selbstständige» am Institut für Cultural Studies (ics) der ZHdK; auch http://www.zhdk.ch, Rubrik Forschung.

[60] Vgl.: MENGER, PIERRE-MICHEL, Kunst und Brot – die Metamorphosen des Arbeitnehmers, Konstanz 2006.

bei Messen, Ausstellungen oder Vernissagen und definieren sich über Tätigkeiten und Arbeiten, die als kreativ gelten und es nahelegen, sich in ihnen zu spiegeln.

Auch wenn die Kreativszene so als spezifisch städtisches Phänomen erscheint, ist Urbanität doch auch eine Haltung, die mit dem Leben in der Provinz vereinbar ist. Designer, Filmer, Musiker, Werber, Architekten unterscheiden sich auch darin, wie sehr sie sich nach aussen wenden, soziale Netze pflegen und Trends aufnehmen und verstärken müssen. Wer nicht zwingend den direkten, schnellen und spontanen Austausch braucht und seine Arbeit zurückgezogen tun kann, ist auf das reale städtische Umfeld nicht angewiesen; Mobilität und die elektronischen Kommunikationsformen eröffnen nahezu äquivalente Möglichkeiten.

Zur Etablierung einer Kreativszene aber müssen bestimmte soziale, kulturelle und wirtschaftliche Voraussetzungen erfüllt sein. Die Abbildung 15 macht ihre Vielfalt deutlich.

Eine Kreativszene kann nur entstehen, wenn die meisten der aufgelisteten Voraussetzungen auch gegeben sind. Zugleich deutet dies auf Eigenschaften der Akteure hin. Sie entwickeln zwingend einen Habitus mit Beweglichkeit, Offenheit und Neugierde, um Fragen und Probleme aufzuspüren, zu zeigen oder zu lösen – und dies sowohl in ihrer Arbeit wie auch im Alltag. Die Kreativszene produziert also einen verbindenden und an kreativen Lösungen orientierten Lebens- und Arbeitsstil, der die gesellschaftlichen Veränderungen, die auf Hybridisierung drängen, aufnimmt und gestaltet. Die

DIE KREATIVSZENE	UND IHRE VORAUSSETZUNGEN
Sozial	
Informelle Netzwerke	Vielfältige kommunikative Räume
Nähe von Arbeit und Privatem	Infrastrukturen für Alltag und Arbeit
Kulturell	
Kompetenzen	Aus-/Weiterbildungschancen
Mehrspurigkeiten	Anschlüsse an Projekte und Unternehmen
Anlässe und Orte	Infrastrukturen für Initiativen
Medien	Reichhaltiger Informationsfluss
Wirtschaftlich	
Kleinstfirmen	Nähe zu potenziellen Kunden
Temporäre Konstellationen	Vielfalt der Projektvernetzungen
Ideen, Prototypen, Kleinstserien	Bedarf und Interesse
Kleine Umsätze	Kompensationsmöglichkeiten

ABB.15_ DIE KREATIVSZENE.

beruflichen Kompetenzen werden weniger in tradierten Berufsfeldern als vielmehr in offenen Handlungsfeldern umgesetzt.

Der Habitus der Kreativszene verbindet die wirtschaftlichen, kulturellen und sozialen Dimensionen gleichwertig miteinander und richtet sie durchwegs pragmatisch aus; das vermeidet jede radikale Positionierung. Auch wenn zwischen beruflicher Kompetenz und Einkommen eine gewaltige Diskrepanz herrscht, machen die kommunikativen Schemata der Kreativszene daraus keinen Widerspruch, sondern eine Konstellation, in der manches gegeneinander abgewogen werden kann. Ambivalenzen und Provisorien bestimmen das Bild. So sind die Akteure der Kreativszene mehrspurig unterwegs – arbeiten in Teilzeitstellen, absolvieren ein Zweitstudium, investieren viel Zeit in Projekte; sie erzielen kaum mehr als ein ausreichendes Einkommen, fühlen sich jedoch in ihren Netzen aufgehoben; in Partnerschaften arbeiten beide und kümmern sich gemeinsam um die Kinder.

Das alles wird bewältigt und ist sogar lustvoll, wenn die Differenzen und gegenläufigen Merkmale in derart komplexen Konstellationen offengehalten werden können. Die Teilzeitstelle ist vielleicht lästig und unerlässlich, hilft aber auch, die eigenen Kompetenzen weiterzuentwickeln. Das Studium braucht zu viel Zeit, eröffnet aber neue Aspekte. Die zeitlichen Aufwendungen in der Firma rechnen sich schlecht, gestatten dafür aber Experimente und Spielformen – bei den Produkten so gut wie in den Formen der Zusammenarbeit. Alle Akteure haben ähnliche Fragen und keine wirklichen Alternativen, dafür aber ein kommunikatives Netz und die wechselseitige Wahrnehmung, an eigenen und gemeinsamen Projekten arbeiten zu können. Das urban strukturierte Umfeld verlangt permanente Aufmerksamkeit und Zuwendung und bietet dafür Impulse und Anschlüsse.

Die Kreativszene erscheint so als Medium, das zwischen verschiedenen Feldern vermittelt. Sie erprobt kulturelle, soziale und ökonomische Formate und kommunikative Schemata, in denen die Akteure der Szene sich erkennen, verständigen und interagieren. Ihr wesentliches Merkmal ist ihr Entwurfscharakter. Sie stellt direkte Anschlüsse an aktuelle Entwicklungen her, erzwingt vielfältige Arrangements mit dem Mangel, entwickelt Ideen schnell und als Antwort auf überblickbare und selbst entdeckte Fragen; statt konkreter Planung bevorzugt sie Optionen, entwickelt und hält diese offen – all das als Antwort auf Verhältnisse, in denen wenig aus sich heraus gültig ist und vieles kontingent scheint. Die durchwegs individualistische Wertorientierung mündet in die Fähigkeit, Themen zu setzen, Projekte zu initiieren und kollaborative Produktionsweisen zu ermöglichen.

Möglich, dass die einzelnen Akteure der Kreativszene sich in einem Übergang zu anderen Arbeits- und Lebensformen befinden – dann liegt der Grund hierfür aber nicht in der Annahme, dass die Kreativszene ein Provisorium sei. Sie hat ihre spezifische Autonomie, die auf komplexe und dynamische Weise wirtschaftliche, kulturelle und soziale Aspekte zusammenbringt. Genau mit dieser Mischung kann sie den etablierten Unternehmen der Kreativwirtschaft wichtige Impulse geben. Ihre Ideen, Produkte und Dienstleistungen sind oft experimenteller, die leitenden Fragen unvertrauter, die Projektarbeiten beweglicher organisiert als in der von Routinen bestimmten Kreativwirtschaft. Daraus können die etablierten Unternehmen Anregungen gewinnen. Und wenn sie Akteure der Kreativszene einstellen, werden diese, durchaus pragmatisch orientiert, über Branchenkategorien hinausdenken, tradierte Vorstellungen von Produkten und Tätigkeiten erweitern, neue Arbeitsmodelle und Vermittlungsformen anregen und auf Beweglichkeit und Neugierde gegründete kulturelle und soziale Erfahrungen und Anschlüsse einbringen.

5.2 DESIGN UND DESIGNER ALS PARADIGMA DER KREATIVSZENE Wird die Kreativszene insgesamt in den Blick genommen, können nur allgemeine Merkmale umschrieben werden. Was es dagegen bedeutet, mit einer spezifischen (beruflichen) Kompetenz in der Kreativszene zu arbeiten, wird nur in der Begrenzung auf bestimmte Profile deutlich, die auch in der Kreativszene unerlässlich sind.

Wenn wir uns nun auf den Designbereich beschränken, ist das keine willkürliche Auswahl. Vielmehr gilt Design als Leitdisziplin der Kreativwirtschaft. Designer machen einen grossen Teil der Kreativszene aus. Eine Klärung der Designpraxis in der Kreativszene wird paradigmatische Merkmale der Szene insgesamt herausarbeiten können.[61]

5.2.1 DESIGN Aber was soll unter Design verstanden werden? Um mit der tradierten Vorstellung zu beginnen: Designer gestalten Objekte und Schmuck, Printmedien und Webseiten, Mode und Möbel. Sie bemühen sich um Funktionalität und Stimmigkeit. Sie verstehen ihre Arbeit nicht als Kunst. Sie verbessern bestehende Produkte und entwickeln neue. Sie arbeiten mit der Sinnlichkeit der Materialien, der Bilder, der Atmosphären. Sie sind in dem, womit sie sich befassen, konkret. Sie sind Entwerfer, sie entwickeln Konzepte und setzen diese um. Ihre Kompetenzen schliessen ästhetisches Urteilsvermögen sowie technische und handwerkliche Fähigkeiten ein. Wer einen Gebrauchsgegenstand herstellen und produzieren möchte, braucht Entwurfskompetenzen, ein Verständnis des Zusammenspiels von Ästhetik und Funktionalität, handwerkliche Kompetenzen und Kenntnisse von Produktionsverfahren.

Das aktuelle Verständnis von Design schliesst all das nicht aus, hält es jedoch nicht mehr für zentral. Nun wird die Funktion des Designs selbst befragt und in vielen und unterschiedlichen Aspekten beleuchtet. Pointiert ist zum Beispiel die Behauptung, dass Kreativität mittels Design in Innovation überführt, gängiger dagegen die Darstellung, dass Design Ideen produziert, die neue Produkte ermöglichen. Designer erforschen Kundenwünsche und übersetzen sie in Konzepte, um sie in Produkte und Dienstleistungen zu überführen – mit klaren Herstellungskriterien und in Absetzung von Konkurrenzprodukten. Designer stellen ästhetische und funktionale Kriterien für Produkte und Dienstleistungen auf, setzen Qualitätsstandards und gestalten Kommunikationen, vom komplexen Marketing bis zum Branding. Designer konzeptionalisieren einfache Objekte in komplexen Zusammenhängen, geben den Materialien eine reflektierte Sinnlichkeit, entwickeln und optimieren Interfaces und Symbolsysteme – sie sind ästhetische Arbeiter und Fachleute für Informationsvermittlung und Kommunikationsabläufe. Radikal ist der Begriff des Soziodesigns: Er fragt, wie Leben gestaltet werden kann.

Für die zukünftige Entwicklung ist absehbar, dass die Kompetenzen der Designer der Idee nach das Wissen über, die Reflexionslust auf und die Bereitschaft zur Gestaltung von Welt umfassen sollen. Designer sind in allen sozialen, kulturellen und gesellschaftlichen Bereichen tätig. Design verkörpert die Hoffnung auf die Kompetenz, den Orientierungsproblemen einer postmodernen Gesellschaft zu begegnen, indem es sie gestaltet. Es ist die Kategorie des Dazwischen, die in der Designpraxis das Wichtigste wird. Designkompetenz ist eine Vermittlungs- und Steuerungskompetenz, die Relationen zwischen Objekten, dem Sichtbaren, den sinnlichen Phänomenen und den noch orientierungslosen potenziellen

---

[61] Grundlage waren diverse Gespräch; vgl. die Angaben im Anhang.

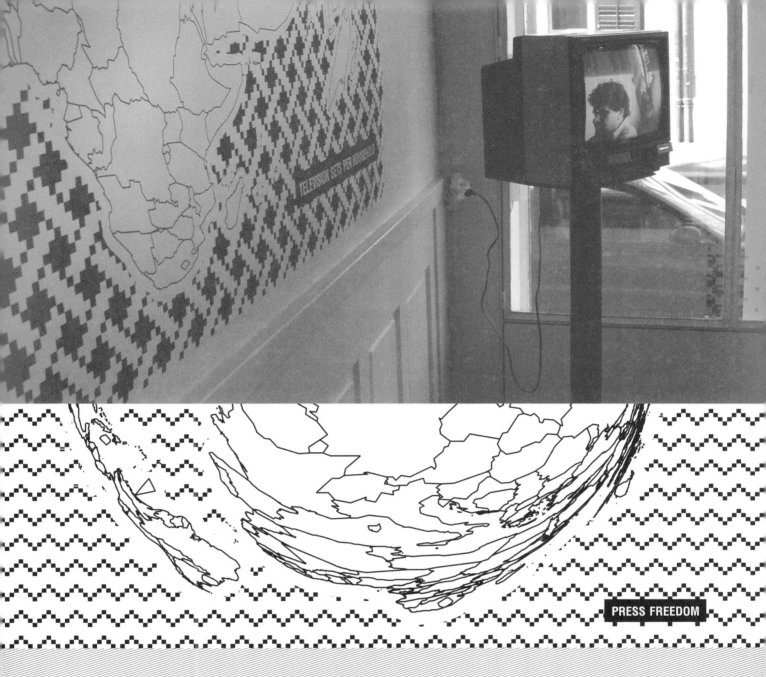

Die Kulturproduktion darf nicht ausschliesslich den Regeln der Marktwirtschaft unterworfen werden.
Carmen Weisskopf, 31, Medienkünstlerin

Carmen Weisskopf arbeitet in der Künstlergruppe «Bitnik». Das spezifische Profil, das sie dem Begriff der Medienkunst mitgibt, wird von politischen und medientheoretischen Positionen bestimmt. «Was wir tun, ist nicht einfach zu verkaufen. Wir setzen uns mit elektronischen und digitalen Medien auseinander, und unsere Arbeiten sind meist eine Kombination aus Soft- und Hardware. Viele unserer Projekte haben partizipativen Charakter und betonen den Prozess, die Auseinandersetzung mit Inhalten oder Zusammenhängen, und zielen weniger auf ein künstlerisches Objekt ab. Der Computer ist eine Kopiermaschine. Es ist nicht mein Interesse, etwas zu verkaufen, das ich ebenso gut und ohne Verlust hundertfach kopieren und weitergeben kann.»

«Kunst ist für mich ein offener Raum.»
Das Interesse am Maschinischen hat für Carmen Weisskopf viel mit Fragen nach Systemen, nach Konstruktionen und theoretischen Konzeptionen von Abläufen zu tun. Vor ihrem Studium der Neuen Medien an der Hochschule für Gestaltung und Kunst Zürich HGKZ hat sie einige Zeit in NGOs gearbeitet und ist heute neben ihrer künstlerischen Arbeit in einem Qualifizierungsprojekt für Stellensuchende tätig. Nach ihrem Abschluss an der HGKZ hat sie zwar einige Zeit auch als Webdesignerin gearbeitet, fand dies aber bereits nach kurzer Zeit unvereinbar mit ihrer künstlerischen Arbeit. Neben organisatorischen Gründen, sie ist freischaffend Designerin und Künstlerin, was beides mit hohem organisatorischem Aufwand verbunden ist, haben auch inhaltliche Aspekte sie zu einer Aufgabe dieser Tätigkeit geführt. Stattdessen unterrichtet sie andere Berufsleute in Webtechnologien und digitaler Bildgestaltung.

«Die Gesellschaft wird von den Medien und ihren impliziten Handlungsanleitungen bestimmt. Als Medienkünstlerin setze ich mich damit auseinander.»
Die künstlerischen Arbeiten greifen in das Mediengeschehen ein; sie bestimmen sich über die Öffnung der Handlungs- und Wahrnehmungsräume. «Kunst ist für mich ein offener Raum, den man mit Aussagen und Anliegen füllen kann, für die es sonst in unserer Gesellschaft wenig andere Orte gibt.»

«Es geht um Gegeninformation.»
Carmen Weisskopf arbeitet in der Künstlergruppe «Bitnik» mit dem Computer und seinen Möglichkeiten, um den Mediengebrauch zu befragen. So zum Beispiel, wenn sie das Internet mit dem Fernsehen verbindet, um eigene Programme herzustellen und zu verbreiten. «Es geht um eine Art Gegeninformation, um eine Gegenöffentlichkeit.»

Wer nutzt dies? Nun, zum Beispiel das Goldsmith College London, das die Künstlergruppe einlädt, um eine radikale Form einer kollaborativen Filmproduktion zu entwickeln. Die Gruppe schreibt eine Webapplikation, die die gemeinschaftliche Produktion von Dokumentarfilmen erlaubt. Auch einzelne User greifen auf die Arbeit von «Bitnik» zurück, indem sie vorgefundene Spielfilme mit einer von «Bitnik» geschriebenen Software in neue Filme verwandeln und sich so aneignen können.

«Manchmal musst Du trotzdem etwas tun.»
Selbst wenn bei Videofestivals Preise gewonnen werden, bei Ausstellungen Geld für zukünftige Arbeiten gesucht wird – es ist die öffentliche Hand, ohne die diese Art Kunst nicht bestehen könnte. Eine Kürzung der Zuwendungen empfindet Carmen Weisskopf als falsch. «Die Kulturproduktion darf nicht ausschliesslich den Regeln der Marktwirtschaft unterworfen werden.» Es braucht von der Gesellschaft geförderte Freiräume. Die Künstlergruppe «Bitnik» schafft sich diese Freiräume zur Not auch selbst, indem sie auch dann Projekte realisiert, wenn keine Fördergelder gefunden werden können.

Konsumenten definiert, indem sie Gebrauchsweisen, Regeln und Schemata der Orientierung entwickelt und etabliert.

Ein solches Designverständnis tendiert dazu, Immaterielles über die Materialisierung zu setzen. Die Lust an der Arbeit im Design erweitert sich – sie wandert in die Idee und das Konzept, in das Gespräch und die Selbstdarstellung, in das Ereignis und die Veröffentlichung.

5.2.2 DESIGNER Entsprechend gewinnt die Arbeit der Designer in der Kreativszene Züge einer permanenten praktischen Erforschung von Bedingungen und Möglichkeiten des Designs. Die Fachkompetenz ist verwoben mit einem Geflecht von Ansprüchen, das an Kompetenz und Zeitgenossenschaft gebunden ist.

Die Felder und Grenzen des Designs und der Designpraxis haben jede Selbstverständlichkeit aufgegeben. Das wird in den Bezugsorten der Kreativszene, etwa den Hochschulen, besonders deutlich. Dort begegnen und mischen sich traditionelle und avancierte, entschiedene und ratlose, kompetente und experimentelle Arbeits- und Lebensmodelle.

STEREOTYP UND PRAXIS: Die Ambivalenzen, mit denen die einzelnen Designer auf die Entwicklungen des Designs und der Handlungsfelder antworten, lassen sich in der Auseinandersetzung mit einem Stereotyp klären: Designer in etablierten Unternehmen, die sich oft lieber Gestalter nennen, variieren dieses vielfach. Der richtige Gestalter ist von Grund auf Gestalter und hat dies früh erkannt, ihm ist alles Gestaltung, er arbeitet an der Verbesserung und Verschönerung der Welt; er ist sachkompetent und selbstständig, verbindet als Autor Dienstleistungen mit Handschriftlichkeit, ist teamorientiert und arbeitet in der Kontinuität ausgewählter Aufträge; er wird von Fachkollegen anerkannt und besteht die Konkurrenzen, seine Produkte haben Geltung, und er verdient genug.

So definieren Gestalter der Kreativwirtschaft sich radikal über ihren Habitus und den überblickbaren Raum ihrer Arbeit: Es geht um die Lust, die gestalterische Begabung erfolgreich und konkret umsetzen zu können. Die Themen und Inhalte werden von aussen, durch den Auftrag, vorgegeben; der Gestalter ist Dienstleister und als Dienstleister auch Autor. Fragen nach Themen und Wirtschaft interessieren ihn kaum. Der Markt, für den er produziert, das Unternehmen, in dem er arbeitet, die Technologie, die seine Arbeit verändert – sie sind weitgehend unbefragte Voraussetzungen.

Die Designer der Kreativszene halten an wichtigen Merkmalen des Stereotyps fest. Ein Gestalter zu sein gilt als eine Form der Begabung, die sich früh ausprägt und unmittelbare Freude über das eigene Tun schenkt. Mangelndes Interesse am Ökonomischen wird mit dem Habitus des Gestalters erklärt. Gestaltung wird kommunikativ und als Teamarbeit bestimmt.

So scheint sich das Selbstbild des Gestalters kaum verändert zu haben. Die Akteure der Kreativszene können sich mit Angehörigen der Kreativwirtschaft leicht über die Grundparameter verständigen. Dabei vergessen beide Seiten, dass die Kreativszene längst eine eigene Lebens- und Arbeitskultur etabliert hat, die sich deutlich vom Stereotyp unterscheidet. Die erheblichen Differenzen werden erst bei genauerer Betrachtung deutlich – die Tabelle 28 zeigt sie.

In der Tabelle sind die soziale, die kulturelle und die wirtschaftliche Dimension unterschieden. In der sozialen Dimension folgt die Differenz aus der unterschiedlichen Verteilung und Gewichtung von Beruf und Privatsphäre. Bei den Vertretern der etablierten Unternehmen sind im Habitus die beruflichen Haltungen und Erfahrungen auch für das Persönliche leitend und prägend. Die Designer der Kreativszene kennen diese Orientierung, integrieren beide Sphären jedoch sehr viel stärker.

In der kulturellen Dimension verstärkt sich die Differenz, die im Sozialen bereits angelegt ist. Zugespitzt formuliert: Während die Vertreter der etablierten Unternehmen sich auf die Berufskompetenzen beziehen und in ihnen auch ihr kulturelles Kapital erkennen, nutzen die Designer der Kreativszene ihre Kompetenzen, um die Kultur zu erschliessen und sich in ihren individualisierenden und innovativen Tendenzen zu verankern.

Der gestalterische Teil der Arbeit steht für beide im Zentrum, für die Vertreter der Kreativwirtschaft durch den Kunden und seinen Auftrag, für die Vertreter der Kreativszene oft in einem viel diffuseren Sinn. Gestaltung verlangt eine vielfältig ausgeprägte und auf Neugierde und Experimentierlust aufbauende Entwurfskompetenz, die Fähigkeit zu ihrer Umsetzung – in Visualität, Materialität, Prozessualität, Räumlichkeit und Klanglichkeit – und zur Entwicklung von Schnittstellen zwischen Mensch und Ding. Die Komplexität von Aufgaben allerdings setzt der Kreativszene Grenzen, wenn etwa eine spezifische Zusatzausbildung verlangt wird – wie die Fähigkeit, Forschungsprojekte über und durch Design zu entwickeln – oder aber eine bestimmte Unterneh-

STEREOTYP	SELBSTBILDER	
	ETABLIERTE KLEINE UND GROSSE UNTERNEHMEN DER KREATIVWIRTSCHAFT	KLEINSTUNTERNEHMEN KREATIVSZENE
Soziales		
Habitus	Leitbild Berufung	Beruf und Vernetzung
Teamfähigkeit	Arbeitsorganisation	Vernetzung von Arbeit und Privatem
Anerkennung	Im Berufs(um)feld	Im Berufsfeld und Bezugsgruppen
Kulturelles		
Kompetenzen	Berufskompetenzen	Berufskompetenzen als kulturelle Verortung
Handschriftlichkeit	Gestaltungs-Handwerk	Individualisierung
Zeitgenossenschaft	Arbeit im Mainstream	Anschlüsse an innovative Tendenzen
Beruf als Kultur:		
Verschönerung	Styling ist wichtig	Eher sekundär
Entwicklung	Kontinuierlich	Eher Neueinsatz
Ideen	In definiertem Rahmen	Kernkompetenz
Wirtschaftliches		
Unternehmen	Etabliert; bevorzugt selbstständig	Kleinstfirma; eigenes neben Anstellung
Kundenorientierung	Primär	Relativiert durch eigene Projekte
Autorenschaft	Relativiert durch Kunden	Wichtig, auch in Dienstleistung
Auskommen	Mindestens ausreichend	Nur dank Mehrspurigkeit

TAB.28_ STEREOTYP UND SELBSTBILDER.

mensgrösse notwendig ist, um ein Auftragsvolumen zu bewältigen, also beispielsweise Designstrategien durchzusetzen, etwa für Erscheinungsbilder.

In der wirtschaftlichen Dimension sind die Differenzen offensichtlich. Die Vertreter der etablierten Unternehmen können zwar sympathisch finden, wie die Kreativszene Lebens- und Arbeitsformen integriert – dennoch hat diese Haltung für sie keine Geltung, weil sie häufig finanziell prekäre Verhältnisse produziert. Die Spannungen, in denen die Designer der Kreativszene ihre Projekte entwickeln, die Beschränkungen, unter denen sie arbeiten, scheinen den Etablierten unnötig oder gar Ausdruck von Unvermögen zu sein. Die Akteure der Kreativszene dagegen hätten zwar nichts dagegen, mehr zu verdienen. Es gibt jedoch einiges, was dem im Wege steht – an erster Stelle merkwürdigerweise eine Auffassung, die sie mit den Vertretern der etablierten Unternehmen teilen: dass die Logik der Gestaltung eine ganz andere ist als die des Geldes. Die Frage ist nur, wie beide Logikarten zusammenkommen können.

GESTALTUNGSLOGIK UND GELDLOGIK: Während die etablierten Unternehmen anerkennen, dass sie sich auf dem Markt behaupten müssen und daher auch den wirtschaftlichen Regeln unterworfen sind, bleiben die Vertreter der Kreativszene in dieser Beziehung reserviert oder gestehen ein, dass es ihnen an Kompetenz fehlt. Ihr Studium hat sie mit den einschlägigen Fragen nicht vertraut gemacht und sich ganz auf die Designkompetenz konzentriert. Wirtschaftliches Denken gilt ihnen als Zwang, den ökonomischen Zielsetzungen alles unterzuordnen, und bleibt darum gestaltungsfremd.

Die Argumentation ist einfach. Zur Logik der Gestaltung gehört der Gestalter, die Logik des Geldes ist anonym. Gestalter binden, was sie gestalten, unausweichlich an sich zurück. In ihrer Arbeit haben sie mit sich in der Weise zu tun, dass sie alles wachhalten wollen, was sie auszeichnet. In die geringste Entscheidung geht ihre ganze Kompetenz ein. Wer dagegen der Logik des Geldes folgt, verschwindet als Individuum in dem Versuch, sie für sich zu nutzen. Die Kompetenz eines solchen Gestalters ist es, sich der Logik des Geldes anzuverwandeln. Sichtbar wird er erst, wenn er Geld umsetzt.

Der Markt bestimmt sich im abstrakten Medium Geld, die Gestaltung in der Subjektivität, die den authentischen Ausdruck sucht. Wer als Gestalter ein Unternehmen aufbaut, wird – so eine Aussage unserer Gesprächspartner – bald nicht mehr als Gestalter tätig sein. Designer der Kreativszene, die beides verbinden und in ihr bleiben, sind die bewunderten Ausnahmen.

Diese Betrachtungsweise durchzieht nahezu alle Aussagen unserer Gesprächspartner aus der Kreativszene. Verwunderlich ist das nicht: Wer die Motivation für seine Art, Arbeit und Alltag zusammenzuhalten, an den eigenen Ausdruck bindet, erkennt im Interesse an Verwertung Distanz. Es geht um Identität und Orientierungen. Der Markt erscheint als Realitätsprinzip, das dem Lustprinzip entgegensteht. Kaum einer versucht, Kredit für seine Firma zu erlangen, Businesspläne aufzustellen, den Stellenmarkt zu erkunden. Im Gegenteil: Viele sehen einen wichtigen Teil ihrer Arbeit in dem, was eine der Gesprächspartnerinnen «Hobby» genannt hat: mit hoher Kompetenz gestalten, sich dem Verwertungsdruck aber entziehen.

Mit solchen Aussagen formulieren die Designer der Kreativszene Positionen, die zuerst an Verweigerungshaltungen erinnern und in einem überwiegend auf Dienstleistungen bezogenen Berufsfeld verwundern müssen. Sie erscheinen als dysfunktional und inkonsequent gegenüber der Bedeutung, die sie dem Auftrag und den

Kunden zugestehen. Tatsächlich aber geht es um etwas anderes: In der Position der jungen Designer steckt ein Vorschlag für eine andere Art von Marktverständnis, Geschäftsgebaren und Kompetenz. Damit innovative Designarbeit im Zentrum stehen kann, sollte der Kunde, im Interesse der Produkte und Verfahren, auf die tradierten Arbeitsteilungen und Trennungen verzichten. Die Logik des Marktes soll sich an der Logik der Gestaltung reiben, da Erstere ja zunehmend alle gesellschaftlichen Belange zu umspannen versucht.

Hier geht es nicht darum, diese Haltung und die entsprechende Praxis zu bewerten. Den Akteuren der Kreativszene ist bewusst, welchen Preis sie für ihren Wunsch nach Stimmigkeit, Identität, Ausdruck und Glaubwürdigkeit zahlen, nämlich mit Ambivalenzen leben zu müssen, die sie nicht zur Ruhe kommen lassen. Sie wissen, wie wenig sie verdienen und dass es mehr sein müsste. Sie wissen nicht, wie genau es weitergeht, wohl aber, dass sie nichts grundsätzlich ändern wollen, sich aber doch manches ändern muss. In die Freude über die konkrete Arbeit mischt sich immer der Ärger, dass sie nicht angemessen bezahlt wird – deutlich unter den Tarifen etablierter Unternehmen. Manchmal sind sie der Tatsache überdrüssig, dass sich Arbeit und Freizeit kaum auseinanderhalten lassen, dann wieder gefällt ihnen gerade das. Sie freuen sich auf die Anlässe und Orte, an denen man sich trifft. Wenn man nur nicht immer auch «kreativ flirten» müsste, damit sich vielleicht etwas ergibt...

Die kursorischen Betrachtungen haben die Kreativszene als Ganzes und ihre Designer im Besonderen charakterisiert und ihren speziellen Ort in der Kreativwirtschaft bezeichnet. Die Kreativszene wurde über einen kreativen Habitus bestimmt, der neue Lebens- und Arbeitsmodelle entwickelt, Stärken und Schwächen in scheinbar unökonomischer Weise gegeneinander verrechnet, daraus aber innovative Projekte und Produktideen erarbeitet; die etablierten Unternehmen dagegen folgen den vertrauten Logiken des Marktes.

Unbefriedigend bleibt, dass zur aktuellen Bestimmung der Kreativszene trotz ihres insgesamt bedeutsamen Umsatzes die wirtschaftliche Schwäche gehört; unbefriedigend ist ferner, dass ihre Impulse nicht angemessen wahrgenommen und umgesetzt werden.

5.3. DAS KAPITAL IN BERUFS- UND HANDLUNGSFELDERN Die bisherigen Überlegungen haben ein komplexes Bild der Kreativszene entworfen, es jedoch weder systematisiert noch spezifisch auf wirtschaftliche Fragen fokussiert. Das soll im Folgenden geschehen, indem ein begriffliches Instrumentarium vorgeschlagen wird, das den Habitus der Kreativszene ökonomisch formuliert, die Berufs- und Handlungsfelder definiert und damit die Transferierbarkeit ihrer Lebens- und Arbeitsmodelle überprüfen kann.

5.3.1 DER KAPITALBEGRIFF Um die Herausforderungen, die die Akteure der Kreativszene bewältigen müssen, in eine systematische Ordnung zu bringen, wird vorgeschlagen, die notwendigen Kompetenzen in der Einheit von symbolischen und finanziellen Aspekten zu bündeln. Sie sind, aus wirtschaftlicher Sicht, Kapitalien, über die die Akteure verfügen und die sie einsetzen können – soziales, kulturelles und finanzielles Kapital. Diese Kapitalsorten[62] sind ineinander verschränkt und können nur analytisch voneinander getrennt werden.

Für die Kreativszene ist dieser Kapitalbegriff hilfreich, um die Form ihres Wirtschaftens zu begreifen. Er ist imstande, ihr Bemühen um den Ausgleich zwischen den verschiedenen Interessen abzubilden – Kompetenz, Innovation, Selbstverwirklichung, Kommuni-

---

[62] Der Begriff der Kapitalsorten lehnt sich an PIERRE BOURDIEU an, ohne die von ihm erarbeiteten Ausdifferenzierungen aufzunehmen. Hier dient er lediglich dazu, den Vergleich zwischen Kreativszene und Kreativwirtschaft zu ermöglichen. Zu BOURDIEUS Kapitalbegriff vgl.: BOURDIEU, PIERRE, Praktische Vernunft, Frankfurt 1998.

kation, Geltung und Einkommen gelten als gleichwertige Ansprüche.

Für etablierte Unternehmen hingegen gibt es eine klare Priorität: Marktorientierung. Zwar nutzt auch eine an Auftragslage, Umsatz und Gewinn orientierte Geschäftspraxis soziale und kulturelle Kompetenzen und stellt sie im Selbstbild prominent heraus – den Unterschied macht, dass sie instrumentalisiert und kalkulierbar sein müssen.

Um die Relationen zwischen Kreativszene und Kreativwirtschaft zu erhellen, ermöglicht der erweiterte Kapitalbegriff den Vergleich zwischen den Kleinstunternehmen der Kreativszene und den etablierten Unternehmen der Kreativwirtschaft.

SOZIALES KAPITAL: Das soziale Kapital wird über die sozialen Beziehungen und die in ihnen angelegten positiven und negativen Sanktionsformen bestimmt. Es zeigt sich und wirkt in den Netzen, in denen der Alltag und die Arbeit samt ihren Bedingungen kommunikativ verhandelt werden. Ein Akteur der Kreativszene, dem die Vernetzung mit anderen nicht gelingt, wird keinen Erfolg haben.

KULTURELLES KAPITAL: Das kulturelle Kapital wird über die Kompetenzen bestimmt, die bei der Generierung, Handhabung und Bewertung kultureller Praktiken und Objekte herangezogen werden. Die Fachkompetenz wird ebenso wichtig sein wie die Art, in der sie sich zur Geltung bringt. Das Produkt muss sichtbar werden und anerkannt sein. Die Kunden allein reichen da kaum aus. Wenn möglich, müssen die Medien aufmerksam werden, muss die Region und die Stadt ihre Qualitäten mit einbringen: Messen, Ausstellungen, Ereignisse.

FINANZIELLES KAPITAL: Das finanzielle Kapital bestimmt die Verfügbarkeit über materielle Ressourcen und Infrastrukturen. Die Akteure der Kreativszene haben wenig davon, sie nehmen wenig ein. Ihre Produkte sind überblickbar; sie benötigen nur wenige Maschinen und keine teuren Ateliers und repräsentative Bauten. Die Aktivitäten, mit denen sie ihre Produkte bekannt machen, kosten wenig: Sie sind darauf angewiesen, dass sie disproportional viel Erfolg haben.

Obwohl die drei Kapitalsorten in ihrer Verbindung als Einheit begriffen werden und als Gesamtkapital zusammengefasst werden, werden sie gegeneinander verrechnet, um jeweilige Mängel auszugleichen. Dies geschieht häufig, indem der typische Akteur der Kreativszene sein gesamtes Kapital einsetzt, um Aufträge, Produktionsbedingungen, Produktion, Anerkennung und Kontinuität der Arbeit sicherzustellen; ihm fehlt es an Geld, und er muss diesen Mangel mit seinem sozialen und kulturellen Kapital ausgleichen. Er führt also seine individuellen Eigenschaften, die Erfolge seiner Biografie und die Wertschätzung durch anerkannte Instanzen ins Feld.

So entsteht folgendes Bild: Ich habe wenig Geld, aber ich bin jemand und kann viel – es lohnt sich, mich für Aufträge zu buchen, mich als Partner zu setzen, mich als Besseren in den Konkurrenzen zu erkennen. Was ich kann, wird dem Kunden dienen; ich zeige, was ich bin, und das liegt auch im Interesse des Kunden.

Der Akteur der Kreativszene weist sich über seine fachlichen und kulturellen Kompetenzen und seine Zugehörigkeit zu interessanten sozialen Netzen aus – mit Abschlüssen, Referenzen, Wohnformen, dem eigenen Atelier, sozialen Kontakten, in Kleidung, Redeweisen und Kenntnissen. Er definiert sich über sein symbolisches Kapital, das sich aus dem sozialen und kulturellen zusammensetzt, und erhält dafür Zu- und Vertrauen, das sich im Auftrag, selten genug im zugesprochenen Kredit, ausweist. Ideen und Identitätsdefinitionen werden zu Geld, das die Arbeit ermöglicht.

Im Produkt wird das Geld dann wieder zurück in symbolisches Kapital verwandelt; das erzeugt die Art von Mehrwert, die kennzeichnend für die Kreativszene ist: die Produktion von Geltungsansprüchen, in der sich Chancen auf Markttauglichkeit über die Herstellung von Sichtbarkeit und öffentlicher Wahrnehmung andeuten.

5.3.2 BERUFS- UND HANDLUNGSFELDER

Die Unterscheidung von Berufs- und Handlungsfeldern verweist auf die Tatsache, dass die Akteure der Kreativszene eine andere Art der Einheit von Beruf und Privatem praktizieren als die Vertreter der etablierten Unternehmen. Beide Felder unterscheiden sich durch die Logiken, mit deren Hilfe die Akteure ihre Praxis auf die spezifischen Ziele abstimmen. Solche Logiken sind nicht unmittelbar sichtbar und müssen auf vielfältige Weise erschlossen werden [VGL. KAP. 3.1.2.].

Das folgende Diagramm unterscheidet zwischen dem Handlungsfeld der Kreativszene, dem Berufsfeld der Kreativwirtschaft und den Kreativberufen ausserhalb der Kreativwirtschaft. Im Zentrum steht der Akteur der Kreativszene, der ein Kleinstunternehmen repräsentiert; er wird über das Zusammenspiel der Kapitalsorten definiert.

KREATIVSZENE: Die Bedingungen der Arbeit in der Kreativszene werden durch die Merkmale definiert, die eine Kreativszene insgesamt konstituieren. Im Wesentlichen heisst das: Akteure der Kreativszene setzen auf Neugierde, verbinden Ansprüche auf Selbstverwirklichung mit Fachkompetenzen, arbeiten selbstständig und projektbezogen in Kleinstunternehmen, die Trends aufnehmen und schnell und flexibel auf Veränderungen am

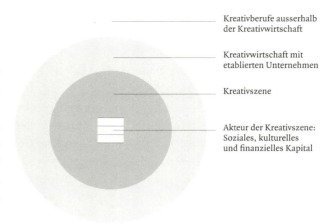

ABB.16_ BERUFS- UND HANDLUNGSFELDER UND KAPITALSORTEN.

Markt reagieren können, sind teamorientiert und mehrspurig organisiert, haben kaum Kompetenzen in wirtschaftlichen Fragen und verdienen wenig, balancieren zwischen Autorenschaft und Dienstleistung und suchen vielfältige, besonders aber Medien-Anschlüsse, um ihre Arbeit und sich anerkannt zu sehen. Ihre Arbeit führt diese Faktoren zusammen – sie ist grundsätzlich hybrid.

Die Logik dieser hybriden Arbeitsweise erstreckt sich auch auf die Zusammenhänge, in denen es nicht um Arbeit zu gehen scheint. Nicht einmal das Private kann konsequent als das Andere erscheinen – die Netzwerke, in denen gearbeitet wird, sind grundsätzlich informell und damit nicht aus sich heraus begrenzt. Die Arbeit hat den harten Kern der beruflichen Kompetenz, die im Berufsfeld genutzt wird; ihr Profil ist damit jedoch nicht umrissen. Sie kann alles assimilieren – eine Voraussetzung für Innovationen.

Aus diesem Grund ist der Begriff des Berufsfeldes ein Hilfsbegriff – die Kreativszene bestimmt sich in einem umfassenderen Sinn über Handlungsfelder. Sie ist keine Durchgangsstation, sondern ein System, das soziale, kulturelle und finanzielle Kapitalien in eine spezifische Einheit integriert.

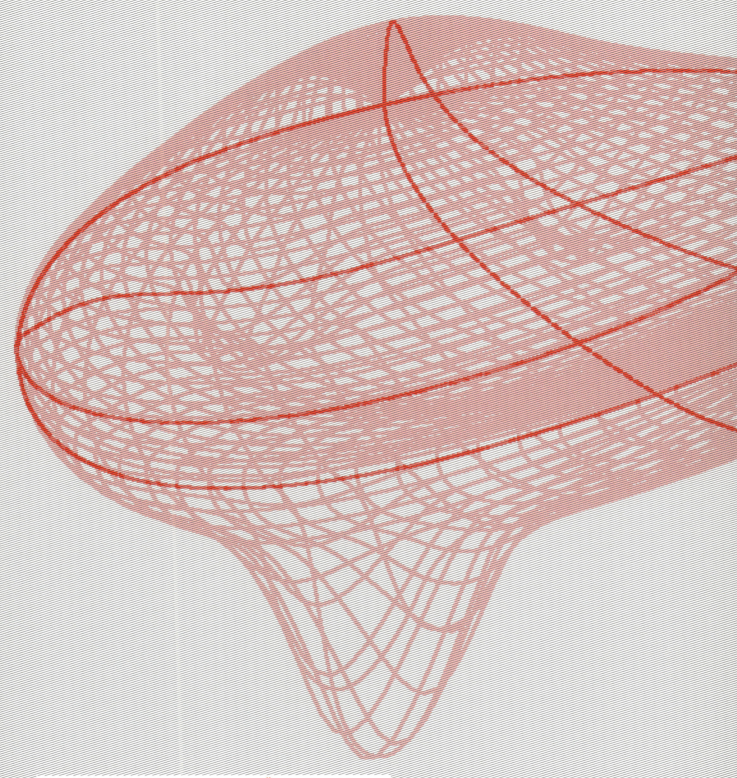

Ideen zur Herstellung bestimmter Ästhetiken können zu Wünschen an Maschinen und Programme führen.
If Ebnöther, 33, Produktdesigner

«Hier kann ich an der Substanz arbeiten.» Nach dem Studium in England arbeitet If Ebnöther erst zweieinhalb Jahre in einer grossen Agentur, dann zwei Jahre in der kleineren Firma eines bekannten Designers. Er schliesst an der ETH ein Nachdiplomstudium an, Schwerpunkt CAAD. Nach einem Zwischenjahr als Assistent ist er nun Leiter des RAPLAB, des Rapid Architectural Prototyping Laboratory an der ETH. «Stellen wie diese gibt es auf der Welt nur wenige. Hier kann ich an der Substanz arbeiten und nicht nur an der Gestaltung der Oberflächen.» Die Entwicklung von Modellen mit computergestützten Technologien, wie Ebnöther sie im LAB vorantreibt, ist eng mit den Wünschen verbunden, die in eine noch ferne Zukunft als Selbstständiger zielen. «Modelle sind eigentlich auch Produkte, und ich möchte ein Netzwerk von Läden aufbauen, in dem Produkte auf ähnliche Weise, computergeneriert, hergestellt werden können, CNC[1]-Läden ohne Lager, in dem die Produkte vor Ort und erst auf Wunsch entstehen.» Ebnöther verfolgt die Idee seit zehn Jahren und kennt einige Leute, die an ähnlichen Vorhaben arbeiten. «In London gibt es solche Läden bereits, allerdings nicht auf Opensource-Basis. An der aber liegt mir.» Es ist eine klare Vision: Statt Waren in der Welt umherzuschicken werden ihre Daten übermittelt und in gemeinsamen offenen Prozessen optimiert.

«Design macht Ideen sichtbar.» «Für mich sind Ideen wichtig. Durch die Arbeit mit den Maschinen ist für mich Design zum Mittel geworden, um Ideen sichtbar zu machen. Das Produkt selbst interessiert mich darum immer weniger.» Neben der Leitung des LAB, einer 80%-Stelle, entwickelt Ebnöther Produkte aus Ideen, die ihn aus jeweils sehr spezifischen Blickwinkeln interessieren. Auf dem Markt müssen sie sich nicht bewähren. Das müssen erst die Produktideen sein, die im Laden umgesetzt werden. «Ich kann ihn eröffnen, wenn ich zehn Produkte anbieten kann, die alle zuverlässig auf Bedürfnisse antworten.»

Jetzt hingegen verfolgt Ebnöther neben der Schwerpunktarbeit im LAB sehr persönliche Ideen. So hat er einen Taschengrill entwickelt und gebaut. «Ich liege am See und brate mir meine eigene Cervelat.» Oder er verfolgt die Idee einer Serie mit Aufsätzen für Stöckelschuh-Absätze: «Damit die Damen mit ihren Schuhen auf den Partys nicht immer in den Rasen einsinken.» Oder er stellt sehr schöne Sandalen mit gelochten Sohlen her: «Sie waren auf der Messe in Mailand und wurden mit Interesse aufgenommen, sind aber nicht sehr praktisch, weil die Kieselsteine sich da festsetzen.» Das aber macht nichts, solange die Ideen stimmen, die Ebnöther im Grenzbereich von Kunsthandwerk, Kunst und Design ansiedelt – Ideen mit Augenzwinkern.

«Im Markt ist die Präsentation das Primäre.» Gestaltung unter den Bedingungen des Marktes tendiert für Ebnöther zur Arbeit an der Oberfläche. Ihn interessiert anderes: «Nur zu oft ist die Idee sekundär und die Präsentation primär. Es gibt natürlich gute Konzepte, aber sie sind selten radikal zu Ende gedacht. Doch dieses entschiedene Zu-Ende-Denken interessiert mich.» Gelingen kann das nur, wo es «keine Deadline» gibt.

Natürlich ist es nicht grundsätzlich fragwürdig, dass Design sich mit Oberflächen befasst. «Gestalter müssen oft Probleme lösen, die sich auf die Erscheinung beziehen, sie machen ästhetische Eingriffe.» Es ist aber nicht ausgeschlossen, dass auch solche Arbeiten zu technologischen Innovationen anregen. «Ideen zur Herstellung bestimmter Ästhetiken können zu Wünschen an Maschinen und Programme führen, für deren Entwicklung dann natürlich Technologie-Spezialisten herangezogen werden müssen.»

Diese Sichtweise hat Ebnöther schon in seinem Studium in England kennengelernt; da hat er erlebt, was es heisst, die Ideen für die eigene Arbeit nicht nur an den gegebenen Bedingungen zu orientieren. «Es war üblich, ein Thema so zu lancieren, dass die technologischen Bedingungen zur Lösung noch gar nicht gegeben waren.» Die Gestaltung von Oberflächen, die Entwicklung von Objekten und Vorschläge zur technologischen Entwicklung wurden miteinander verbunden.

«Es braucht Vernetzungsplattformen.» Ebnöther sieht seine eigene Situation als ideal an. «Ich konnte einen Weg gehen, von dem ich vor Jahren noch nicht wusste, dass es ihn überhaupt gibt.» In leitender Funktion an der ETH angestellt, kann er die komplexe Infra- und Kommunikationsstruktur nutzen und Computertechnologie, Kreation und Umsetzung zusammenführen, die fortgeschrittensten Technologien einsetzen und den eigenen Ideen soweit folgen wie interessant oder notwendig.

Was er so erlebt, könnte modellhaft auf die Kreativszene übertragen werden. Es sollte, so Ebnöther, auch da möglich sein, die eigenen Ideen in kommunikativen und praktischen Zusammenhängen zu erproben, zu entwickeln und markttauglich zu machen. «Tatsächlich aber weiss man oft einfach nicht, wie man an die richtigen Leute herankommt. Darum braucht es Vernetzungsplattformen, wo die verschiedenen Kompetenzen und Ressourcen zusammenkommen.» Verbunden damit wäre es wünschbar, dass es Vermittlungsformen gäbe, die Designideen und -produkte bekanntmachen, zusätzlich zu den Medien: «Agenten z. B., die potenziellen Interessenten vorstellen, was als Idee besteht und was es alles geben könnte, Agenten für Ideen, auf Europatournee, für Messe- und Eventkommunikation...»

[1] Computer Numerical Control

KREATIVWIRTSCHAFT: Die Kreativwirtschaft organisiert sich in etablierten Unternehmen; ihre Tradition sorgt für eine Ordnung, die dem Blick von aussen klare Orientierungen anbietet. Die Branchen definieren sich über ihre Produkte und den Zugang zum Markt; sie führen Berufe und Berufsgruppen zusammen, um die für die Produktion notwendigen Kompetenzen zu bündeln; neben den Kreativberufen gibt es andere – Sekretariat, Buchhaltung, Marketing.

So lange wie nur möglich bleiben die Bedingungen der Arbeit gleich und die Kompetenzprofile unverändert. Entsprechend deutlich kann das Profil der Unternehmen, wie klein oder gross sie auch immer sein mögen, umrissen werden. Die Unternehmen sind im Markt etabliert; die Logik des finanziellen Kapitals ist dominant. Den Wandel des Marktes gestalten sie nur so weit mit, wie er ihren Interessen der Etablierung, der Expansion und Diversifikation entspricht.

Entsprechend ist die Arbeit in den etablierten Unternehmen klar definiert. Sie erbringt unmittelbare und deutliche Erfolgsausweise, die sich in den Traditionen positionieren. Auch wenn sie, wie bei kleinen etablierten Unternehmen üblich, viel Zeit braucht – die Kontur dessen, was Arbeit ist, bleibt klar umrissen.

Die für die Kreativszene konstitutive Hybridisierung beeinflusst die etablierten Unternehmen der Kreativwirtschaft nur am Rande. Was sie aus der Kreativszene übernehmen, verliert im Rahmen ihrer Logik den umfassenden Charakter; es kann nur selektiv aufgenommen und den eigenen Orientierungen angepasst werden. Auch wenn die Hybridisierung Ausdruck eines grundlegenden Wandels der Arbeitswelt ist, gestalten die etablierten Unternehmen der Kreativwirtschaft ihn nicht, er stösst ihnen vielmehr zu, und sie passen sich ihm an.

AUSSERHALB DER KREATIVWIRTSCHAFT: Die vielen Formen und Gegenstände der Arbeit in Kreativberufen ausserhalb der Kreativwirtschaft können nicht auf wenige Kategorien reduziert werden. Sicher ist nur, dass sie instrumentalisiert ist und funktional auf eine Produktion bezogen ist, deren Produkte nicht der Kreativwirtschaft zugerechnet werden.

Damit ist die Arbeit des Kreativakteurs so klar definiert wie in der Kreativwirtschaft auch, jedoch mit einer entscheidenden Verschiebung: Während das kleine etablierte Unternehmen die beruflichen Kompetenzen – das kulturelle Kapital – mit der Orientierung am dominanten finanziellen Kapital zu verbinden sucht, werden die Akteure ausserhalb der Kreativwirtschaft selten selbstständig sein und sich daher als Angestellte auf ihre berufliche Kompetenz begrenzen können. Der Designer in einer Automobilfirma arbeitet mit anderen Designern und der Forschungs- und Entwicklungsabteilung zusammen.

5.4 HANDLUNGSLOGIKEN UND WERTSCHÖPFUNG

Die nun eingeführten Unterscheidungen von sozialem, kulturellem und finanziellem Kapital und von Berufs- und Handlungsfeldern in und ausserhalb der Kreativwirtschaft ermöglichen es, die Handlungslogiken der Akteure in der Kreativszene systematisch zu analysieren. Wenn deutlich wird, wie sie ihre Motive und Optionen aufeinander abstimmen, erklären sich ihre Entscheidungen für bestimmte Produktionsweisen, Produktgestaltungen und Vermittlungsformen.

Anders formuliert: Die Motive, die das Verhalten der Akteure bestimmen, entscheiden auch über die Qualitäten und Dimensionen, in denen ihre Arbeit die Wertschöpfung der Kreativwirtschaft insgesamt prägt. Solange diese Wertschöpfungsprozesse nur der Kreativwirtschaft als Ganzes dienen, die Akteure der

Kreativszene aber zu komplizierten Verrechnungen der Kapitalsorten gegeneinander gezwungen sind, sind Fördermassnahmen sinnvoll. Diese müssen aber, das ist eine wichtige Bedingung, die Motive berücksichtigen und an sie anschliessen.

Um die Handlungslogiken der Akteure in der Kreativszene zu rekonstruieren, soll im Folgenden schrittweise ein Modell ihrer Handlungsmotive und -optionen entwickelt werden.

5.4.1 STATIONEN Die Kompetenzen der Kreativberufe werden in den Berufs- und Handlungsfeldern auf spezifische Weise genutzt. Das zeigt sich genauer, wenn zwischen Produktionsprozess (vom Auftrag bis zur Herstellung des Produkts), Produkt (von der Idee über die Materialisierung bis zur Dienstleistung und Vermittlung) und Vermittlung (von der Wahrnehmung des Produkts bis zu seiner Distribution) unterschieden wird.

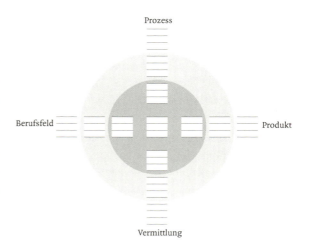

ABB.17_ STATIONEN DER ARBEIT.

PRODUKTIONSPROZESS: Dieser Prozess endet in allen Berufs- und Handlungsfeldern mit der Fertigstellung des Produkts. Sein Anfang aber wird in der Kreativszene anders bestimmt als in den Berufsfeldern in und ausserhalb der Kreativwirtschaft. Der Grund ist in der Arbeitsweise der Kleinstunternehmen zu suchen, sofern diese der Kreativszene angehören und nicht etabliert sind. Sie reihen nicht einfach Auftrag an Auftrag, Projekt an Projekt. In ihrem Arbeitsverständnis mischen sich eigene Impulse, äussere Anregungen, Projektanfragen und Aufträge.

Im Produktionsprozess selbst sind die Differenzen weniger auffällig. Die Arbeitsabläufe sind in der Kreativszene offener und weniger formalisiert als in den beiden anderen Berufsfeldern, weil sie weniger präzis umrissen und weniger scharf kalkuliert sind. Der Prozess kann mit anderen Worten spielerischer, suchender und experimenteller gehalten werden. Die fachliche Qualifikation wird dadurch nicht in Frage gestellt, wird aber gerne an ihre Grenzen geführt.

PRODUKT: Der Begriff Produkt reicht vom einfachen Objekt bis zur Kommunikations- und Interaktionsgestaltung, von Ideen über Sichtbarkeiten bis zur Konzeptionalisierung, von Autoren-Arbeiten bis zur reinen Dienstleistung.

In diesem weiten Feld können Akteure aller Berufsfelder tätig sein. Die kennzeichnenden Merkmale der Kreativszene entspringen aus der besonderen Spannung, in der ihre Produkte entstehen. Die geringen Mittel, über die sie verfügt, erzeugen immer neue Reibungen im Verhältnis von Idee und Umsetzung. Der Überschuss der Idee gegenüber dem Machbaren schlägt sich in dem Anspruch der Produkte nieder, in sich stimmig zu sein wie jedes gelungene Produkt und zugleich auf mehr zu verweisen – auf Exemplarisches, auf Neues und auf das, was anders ist.

Sind bereits die Arbeitsprozesse in der Kreativszene offener als in den beiden anderen Berufsfeldern, so verkörpern ihre Produkte im Idealfall die modellhafte Integration von neuer Idee und erster provisorischer Umsetzung. Auch im Produktbegriff der Kreativszene zeigt sich, wie sie auf Erneuerungen angewiesen ist und damit im Widerspruch zu etablierten Unternehmen steht, die das Neue als Variation der bewährten Branchenarbeiten begreifen.

VERMITTLUNG: Vermittelt werden müssen die Bedeutung und Geltung des Produkts und des Produzenten. Es unterscheidet die Berufsfelder auf signifikante Weise, an wen sie sich richten und wie sie ihre Vermittlungsaufgabe interpretieren.

Weil die Kreativszene nur in seltenen Fällen Produkte herstellt, die direkt an grosse Zahlen von Konsumenten gehen, werden Verteilungsfragen ausgeklammert. Hingegen ist sie durchaus darum besorgt, dass sie und ihre Arbeiten wahrgenommen werden. Aufmerksamkeit ist das kulturelle und soziale Kapital, das andere Mängel kompensieren kann.

Den Akteuren der Kreativszene kommen verschiedene Merkmale ihrer Produktion entgegen. Einmal ist sie im konkreten Raum nicht abgeschottet von anderen Akteuren. Viele Ateliers werden gemeinsam gemietet, um bezahlbar zu sein. Dann sind die Produkte überblickbar, weil für komplexe Vorhaben das Geld fehlt. Sie können also oft die Ausstrahlung des Gegenstands, die Anschaulichkeit des Bildes, die Präsenz im Raum nutzen und sich bei Anlässen zeigen, die auf Wahrnehmungen zielen. Endlich sind sie oft selbst kommunikative Medien, die für etwas werben, auf etwas aufmerksam machen, Events und Ausstellungen begleiten, Atmosphären produzieren, brauchbare Objekte in den öffentlichen Raum schleusen. Indem sie bestimmten Anlässen dienen, machen sie auch auf sich aufmerksam – und in diesen Belangen indirekt auch die Medien, die so jeweils mit bedient werden.

Die Aufmerksamkeit, die der Kreativszene, ihren Akteuren und Arbeiten so zuteil wird, ist auf Überraschung, zumindest auf Neuheit ausgerichtet. Ist der Gegenstand der Aufmerksamkeit konkret und sichtbar, ist das Neue offenbar. Ist es eine Idee, zeigt sich hinter ihr eine bestimmte Person oder eine Gruppe. Das erzeugt Formen gleichsam familiärer Zuwendung und informelle Netzwerke.

Demgegenüber sind die etablierten Branchenunternehmen der Kreativwirtschaft an ihre Kunden gebunden. Neben der Fülle gelungener und routinierter Produkte haben es andere, neue Ansätze schwer – wenn es sie denn gibt, was tatsächlich nur selten der Fall ist. Denn das, was sich im etablierten Betrieb einspielt, muss funktionieren, die Störung, die Irritation, das Experiment haben nur einen kleinen Ort. Es ist schwer, Routinen zu verlassen.

5.4.2 MOTIVE UND OPTIONEN: DAS SPIRALMODELL

Das Modell wird nun entscheidend erweitert. Bislang wurden die Differenzen der Berufs- und Handlungsfelder beschrieben, jetzt geht es um die Akteure, die sich in ihnen orientieren und positionieren müssen.

Die Pfeile in Abbildung 18 verweisen auf ihre Optionen. Dagegen betont der Kreis, der durch die Kreativszene verläuft, die Möglichkeit, in ihr zu bleiben.

Für die Praxis der Akteure in der Kreativszene ist es natürlich wichtig, ob es ihnen wirklich freisteht, zwischen verschiedenen Optionen der Arbeit zu wählen. Argumentativ hingegen spielt das kaum eine Rolle: Die Akteure klären ihre Motive und Optionen in einer

Mischung aus Einschätzungen und Erfahrungen, aus Projektionen, Gesprächen und Wünschen. Die Orientierung, die sich daraus ergibt, ist vorläufig und wird immer neu befragt.

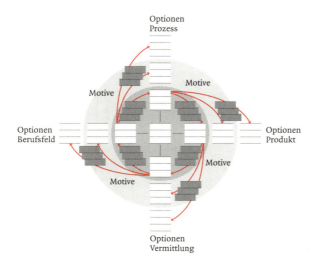

ABB.18_ MOTIVE UND OPTIONEN.

Die Handlungsfelder der Kreativszene sind den Akteuren vertraut. Was hingegen die Berufsfelder der Kreativwirtschaft oder die Kreativberufe in der Wirtschaft überhaupt angeht, ist die Erfahrungsbasis eher klein. Dennoch kann ein gewisser Kenntnisstand vorausgesetzt werden – bei den Jüngeren etwa dank Praktika und Gesprächen, bei den Älteren zudem durch Anstellungen, die wieder aufgegeben wurden. Als Option gelten diese Berufsfelder, wenn die Erfahrungen und die Aussichten in der Kreativszene zu viele Fragen aufwerfen. Für die Akteure der Kreativszene trifft das am ehesten dann zu, wenn sie Geld benötigen, weil sie zum Beispiel Familien gründen wollen.

Es ist jedoch keine Motivlage absehbar, die ganze Bereiche der Kreativszene umfasst oder sie als Ganzes in Frage stellt. Wichtiger als die individuellen Motive, die Zugehörigkeit zur Kreativszene aufzugeben und in etablierten Unternehmen zu arbeiten, ist insbesondere die allmähliche Veränderung, wenn die Kleinstunternehmen der Kreativszene sich etablieren und nahezu unmerklich das Feld wechseln.

Die Orientierungen der Akteure sind ausdifferenziert und ambivalent. Wer sich in der Kreativszene aufgehoben fühlt, kommt gut damit zurecht, dass nichts selbstverständlich und von Dauer ist. Die Akteure bringen private und berufliche Dinge zusammen, setzen ihre Kompetenzen möglichst umfassend um und verrechnen den geringen Verdienst symbolisch damit, dass ihre Projekte ihnen am Herz liegen und sie sich und ihre Kompetenzen in ihrer Arbeit wiederfinden. Zudem gehen sie häufig mehreren Beschäftigungen nach, um finanziell über die Runden zu kommen. Das Schlagwort vom Prekariat, das auf die schwierigen finanziellen Bedingungen verweist, kann verdecken, dass es gute Gründe gibt, dort auszuharren.

Prüfen die Akteure der Kreativszene die Optionen in und ausserhalb der Kreativwirtschaft, dann geschieht dies nicht in starren Dichotomien [VGL. ABB. 19]. Die Unterschiede sind, aus ihrer Sicht, so drastisch nicht. Die berufliche Qualifikation bleibt im Zentrum, wird nur anders kontextualisiert; der Wunsch, die eigenen Kompetenzen möglichst umfassend einzusetzen, kann auf viele Arten verfolgt werden; die Kapitalsorten dürfen durchaus auch mal zu Gunsten des besseren Einkommens verrechnet werden; die Ambivalenzen der Selbstständigkeit stehen gegen die Sicherheit der Anstellung; die eigenen Projekte können in zurückgenommener Form auch dann verfolgt werden, wenn die Dienstleistungen zunehmen.

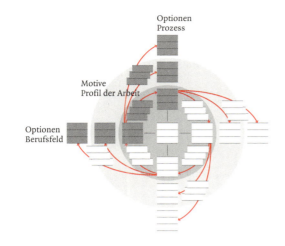

ABB.19_ PROFIL DER ARBEIT ALS MOTIV.

Aus der Aussensicht dagegen sind die Unterscheidungen zwischen Berufs- und Handlungsfeldern deutlich. Während die Akteure ihre Vergleiche nicht systematisch vornehmen und ihre Überlegungen in einem Feld von Interdependenzen ansiedeln, in dem Gedankenspiele, Intuitionen, Sympathien, aber erst in ernsten Situationen auch Abwägungen vorkommen, ist die unterschiedliche Logik der Berufsfelder durch die Differenz ihrer Prioritäten zu bezeichnen. Die Kreativwirtschaft zielt primär auf den Erfolg im Markt, die Kreativszene auf Selbstnobilitierung, Ideen und flexible Projekte. Kreative Arbeit im Handlungsfeld der Kreativszene ist darum etwas anderes als kreative Arbeit in den anderen Berufsfeldern; die gleichen beruflichen Kompetenzen werden anders bestimmt, vor allem der Wunsch, sich in der eigenen Arbeit zu verwirklichen.

Die Entwicklung eigener Projekte steht dafür als Beispiel. Da sie wenig einbringen, muss mit Kompensationen gearbeitet werden. Es ist eine nicht einfache Konstellation, die aber auch die Möglichkeit bietet, den Erfahrungshorizont zu erweitern und dazuzulernen. Das alles ist herausfordernd, wenig einträglich, befreiend und zugleich einschränkend. Die Motive, um in der Kreativszene zu bleiben, sind ambivalent.

Demgegenüber sind in und ausserhalb der Kreativwirtschaft einfachere Konstellationen vorzufinden – die Kontakte werden entspannend, weil sie Berufliches von Privatem trennen können, die Arbeiten sind in klaren Rahmen definiert und beanspruchen doch die berufliche Kompetenz, und es gibt zudem den deutlich besseren Verdienst.

Der Einschnitt, der den Beginn einer Arbeit markiert, kann in der Kreativszene höchstens bei der Auftragserteilung beobachtet werden – selbst da aber ist es eher eine Zone, in der mit der Arbeit begonnen wird. Abwägungen und Beratungen prägen bereits die Anfangsphase. Interessante Projekte werden mit allen besprochen, von denen etwas erhofft werden kann.

Die Sachkompetenz wird durch Synergien vertieft und erweitert, wie sie durch das Zusammenwirken unterschiedlicher Kompetenzen im Projekt zustande kommen. Von Beginn an steckt Innovationspotenzial in der Arbeit: Weil auf Routinen verzichtet wird und neue Konstellationen gesucht werden, kann, wenn auch im Kleinen, immer etwas Neues entstehen, vielleicht auch nur gedacht werden.

Die Grenzen der Gespräche und Konzeptionalisierungen werden automatisch dort gezogen, wo es um den Einsatz von Ressourcen und finanziellem Kapital geht. Es wirkt wie Selbstzensur: Was gross ist, wird nicht gedacht.

Gegenüber dieser offenen Konstellation und Entwicklung sind die etablierten Orte entlastet: Sie kennen in allen Belangen die Routinen der Arbeitsorganisation.

Umgekehrt kann der Mangel an Routinen eine Qualität der Kreativszene befördern: Sie wird durch keine formalen und arbeitsteiligen Verfahren behindert und bietet die Möglichkeit, das Produkt als eigenes auszuzeichnen, die eigene Handschrift in ihm zu erproben, flexible Formen der Projektzusammenarbeit zu nutzen [VGL. ABB. 20]. Die Begrenzungen durch Ressourcen und Infrastrukturen bestimmen den Prozess. Es genügt, wenn das Ganze in sich stimmig bleibt – nur mit Verlust arbeiten sollte man nicht. Nicht selten allerdings kommt auch das vor: Wenn zum Beispiel ein Kulturinstitut einen Auftrag spricht, der Ehre verheisst, dann wird jede Relation von Aufwand und finanziellem Ertrag vergessen.

Doch wenn der umgerechnete Verdienst unter den Lohn einer Hilfskraft sinkt und die aufgewendete Zeit die Differenzen von Arbeitstagen und Wochenenden, von Tag und Nacht aufhebt, wirken andere Optionen schon sehr verheissungsvoll: Da gibt es klare Zeiteinteilungen, funktionierende Arbeitszuschreibungen, grössere Ressourcen und den Ausblick auf ein Produkt, das selbstverständliche Geltung beanspruchen kann.

Auf eine solche Selbstverständlichkeit kann das Produkt der Kreativszene nicht bauen. Den Qualitätsanspruch des etablierten Unternehmens löst es auch ein – zugleich aber ist es mehr als nur die Umsetzung eines Auftrags oder eines selbst entwickelten Projekts. Es repräsentiert auch die Zugehörigkeit zur Kreativszene, indem es Eigenschaften wie Originalität und Neuheit, Individualisierung und Handschriftlichkeit verbindet und damit ein Profil sichtbar macht, das seinem Produzenten Befriedigung sichert.

Beendet das Produkt einen Auftrag und wird die Rechnung erstellt, ist sie häufig günstiger als bei etablierten Unternehmen der Branche, oder es steckt ein

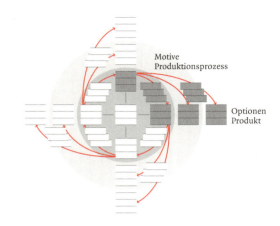

ABB.20_ PRODUKTIONSPROZESS ALS MOTIV.

unsichtbar gehaltener Arbeitsaufwand hinter den Zahlen, der akzeptabel scheint, weil die verschiedenen Kapitalsorten untereinander verrechnet werden.

Eine solche Verrechnung ist von fundamentaler Bedeutung, wenn die Arbeit in der Kreativszene begriffen werden soll. Sie stellt hohe Ansprüche an die Sachkompetenz und Geltung der kreativen Felder, in denen die Akteure ihre Arbeit tun. So ist es eine besondere Bestätigung, wenn das Produkt die Kreativszene repräsentieren kann [VGL. ABB. 21], verbunden mit der Möglichkeit, das Profil über weitere Projekte zu schärfen.

Die Bestätigung findet allerdings ihre Begrenzung in der Überblickbarkeit des Kreises, der von einem Produkt weiss und sich angesprochen fühlt. Die Arbeit der Kreativszene braucht die mediale Unterstützung, um wachsen zu können – und kann doch nur selten die Anlässe schaffen, die dem einzelnen Produkt Aufmerksamkeit sichern. Die Befriedigung, die das Produkt gibt, sollte sich nun in der Wahrnehmung durch andere fortsetzen, durch andere Akteure in der Kreativszene, aber auch durch einschlägige Medien und geeignete Anlässe.

Je lebendiger der private Raum ist, desto reicher wird die Gestaltung.
Robin Haller, 32, Grafiker

«Grafik ist ein schöner Begriff»
Robin Haller hat seine Ausbildung an der Schule für Gestaltung in St. Gallen absolviert und seitdem in verschiedenen kleinen Ateliers gearbeitet. «Ich bezeichne mich gern als Grafiker, da wissen alle, was ich tue. Würde ich mich visueller Gestalter nennen, bin ich da nicht so sicher.»
Gegenwärtig studiert er an der ZHdK – mit dem Schwerpunkt Gestaltungstheorie. Damit hat er begonnen, nachdem er einen gewissen Überdruss an der Arbeit verspürt hat. «In dem Ein-Mann-Atelier, in dem ich war, war ich der zweite.» Die Entscheidung für das Theorie-Studium ist Ausdruck seiner Lust auf Neues, und: «Theorie hat mich schon immer interessiert.» Es ist offen, was er mit dem Studium anfangen möchte. Unterdessen haben er und seine Freundin ein Kind. Die drei leben in einer Vier-Zimmer-Wohnung im städtischen Kreis 4, in dem viele Junge und Kreative wohnen und arbeiten. Auch die Freundin ist Gestalterin. Haller muss nun eine doppelte Belastung tragen: Das Studium verlangt viel, er sollte es allmählich mit einer ambitionierten Diplomarbeit abschliessen und muss doch auch eine 40%-Stelle als Grafiker ausfüllen, um seinen Beitrag zu den finanziellen Verpflichtungen zu leisten. «Glücklicherweise ist es eine Stelle, die mir gefällt und in der ich viel lerne.» Das Atelier wird von drei Frauen um die vierzig geleitet, die Aufträge sind vielfältig, und er hat die Möglichkeit, selbstständig zu arbeiten.

«Einzelkämpfer»
Noch immer, wenn auch seltener, verfolgt Haller eigene kleine gestalterische Projekte, etwa für Freunde, die grafische Produkte brauchen. Diese Projekte macht er allein: «Ich bin schon eher Einzelkämpfer.» Obwohl er viele Gestalterinnen und Gestalter kennt, und zwar aus allen möglichen Bereichen, legt er es nicht auf vernetzte Projekte an. Die Kontakte bleiben eher privat und freundschaftlich.
In dieser Art, allein zu arbeiten, zeigt sich etwas von der ursprünglichen Motivation zum Gestalten. Die Lust am Gestalten ist die Freude, schöpferisch tätig zu sein. «Dass Gestaltung auch Kommunikation ist und einen kulturellen Beitrag darstellt, habe ich erst während der Ausbildung verstanden. Vorher war es für mich immer eine Art Selbstverwirklichung.»
Im Gestalten hat Haller das gefunden, was seinen Fähigkeiten entspricht. Obwohl er von Haus aus – sein Vater war Handwerker – in keiner Weise auf einen gestalterischen Beruf vorbereitet wurde, war ihm dieser Wunsch immer gegenwärtig.
Seine Grafik-Ausbildung in St. Gallen war dann ganz an den Werten der Ulmer Schule orientiert – er hat die Orientierung an einer funktionalen und sachlichen Gestaltung übernommen. Zugleich auch die Vorstellung, dass der Grafiker gegenüber allen Zeiteinflüssen offenbleiben muss: «Es reicht nicht, sich nur im Garten der Grafik-Gestalter zu bewegen.» Er ist überzeugt: «Je lebendiger der private Raum ist, desto reicher wird die Gestaltung.»

«Das Schlimme an der Gestaltung ist ja, dass sie nicht einfach so passiert, sondern dass man ständig daran arbeiten muss, damit etwas Schlaues herauskommt.»
Robin Haller kennt einige der Designer, die keinen Tag ohne Auseinandersetzung mit Designfragen verbringen können. «Nach der Ausbildung war das auch bei mir so. Da war alles, was mir begegnete, für mich als Grafiker wichtig.» Mit der Zeit hat sich diese Neugier abgeschwächt. «Es gibt so viel, was ich tun kann. Meine Ziele wechseln häufig, meine Ambitionen sind unbestimmt.» Auf jeden Fall aber will er sich als guter Gestalter behaupten; das Tätigkeitsfeld wird er nicht verlassen. Auch wenn der Anteil der kreativen Arbeit im gesamten Prozess streng genommen eher klein ist. «Meistens liegt das kreative Moment vorwiegend in der Entwurfsphase, die späteren Phasen können dann kontrolliert und mit Routine bewältigt werden.» Es ist der ganze Arbeitsablauf, der Freude macht.

«Ich wäre gar nicht auf die Idee gekommen, zu einer Bank zu gehen, ich weiss auch gar nicht, was ich davon halten soll.»
Vielleicht will sich Haller doch noch selbstständig machen. «Einmal schon wollte ich das, zusammen mit einem Freund. Wir hatten aber zu wenig Geld, um überhaupt anfangen zu können, und dann kam auch schon anderes.» Und warum haben sie nicht versucht, einen Kredit aufzunehmen? «Das ist uns gar nicht in den Sinn gekommen.» Und die aktuelle Belastung mit Studium und Kind? Ist das eine ganz private Angelegenheit, oder sollte es da Unterstützungen geben? Er sieht keinen Bedarf. Nur wenn er zurückdenkt an die Zeit nach der Ausbildung, zeigt sich ihm ein Versäumnis: «Es wäre gut, wenn auf den Übergang von der Schule in den Beruf anders vorbereitet würde.» Es müsste Instanzen geben, die zwischen Schule und Wirtschaft vermitteln. Vielleicht hätte er dann heute auch ein eigenes Atelier. Nötig scheint ihm das aber nicht: «Ich lerne noch immer bei dem, was ich jetzt tue.»

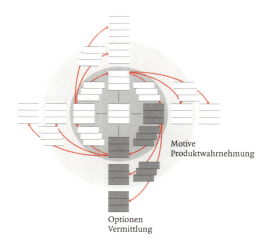

ABB. 21_ PRODUKTWAHRNEHMUNG ALS MOTIV.

Diese Hoffnung der Akteure in der Kreativszene kontrastiert mit den Sicherheiten der etablierten Unternehmen. Sie brauchen die Medien nur, wenn das Produkt es verlangt, dann aber ist ihnen die Aufmerksamkeit sicher; sie liefern die erwartete Qualität und setzen ihre Kalkulation so um, dass der Verdienst stimmt. Diese Sicherheit wird sich auch in der Art zeigen, wie das Produkt und seine Bedeutung dargestellt werden.

Dagegen ist die Wirksamkeit der Vermittlung eines Produkts in der Kreativszene und im Markt grundsätzlich ungewiss. Zu viele verschiedene Faktoren spielen da hinein. Die sozialen und kulturellen Konstellationen sind so, dass die Produzenten der Kreativszene ihre eigene Position und die ihrer Produkte markieren müssen. Sie blicken auf etwas zurück, das sie hergestellt haben und nun zur Geltung bringen wollen, und sie blicken voraus auf mögliche Anschlüsse – Projekte und Aufträge. Wie wahrgenommen wird, was sie getan haben, und ob es so wirkt, wie erhofft, muss sich erst zeigen.

Die Option in der Kreativszene heisst also: Beweglich sein, sich vernetzen, sich und die eigene Arbeit zur Geltung bringen, Anschlüsse schaffen, und dies immer im Hinblick auf weitere Projekte, die dem eigenen Stil, der eigenen Handschrift entgegenkommen. Die Option der etablierten Unternehmen unterscheidet sich nicht so sehr in den allgemeinen Kennzeichnungen, denn auch sie sind natürlich an Geltung und Anschlüssen interessiert. Der Rahmen und die Interessen aber sind definierter und routinierter. Es geht um Kundenbindung, verkaufsfördernde Anlässe, um die Orientierung im Markt.

So wäre also eine idealtypische Abfolge skizziert – von der Produktion über das Produkt zur Vermittlung. Und die Akteure können nun überlegen, was sie erfahren haben und wie es weitergehen soll. Ist es richtig, die eigenen Ideen und Projekte, die kleinen und feinen Aufträge, die Offenheit des Austauschs und die Anregungen durch aktuelle Entwicklungen den Sicherheiten und Beruhigungen vorzuziehen, die bei durchaus gleicher Anforderung an Kompetenzen in etablierten Unternehmen geboten werden?

Diese Alternative kann anders formuliert werden, wenn sie auf das Selbstbild der Akteure abgestimmt wird. Dann geht es um grundlegende Entscheidungen, die nicht in zweckrationalen Überlegungen aufgehen können. Selbstbilder sind keine Bilanz, obwohl sie die Erfahrungen eines Akteurs integrieren; Selbstbilder sind Entwürfe [VGL. ABB. 22]. Sie bestimmen die Haltung und Orientierung, die in die weitere Arbeit einfliessen.

Das muss für den Akteur der Kreativszene heissen, dass er sich als Person, in seinen Eigenheiten und Qualitäten wahrgenommen und anerkannt fühlt und dass er umgekehrt die anderen Akteure, mit denen er zu tun hat, in ihrer Geltung bestätigt. Kann ein Akteur der Kreativszene bei aller finanzieller Ambivalenz wirklich glauben, er sei auf dem richtigen Weg, wenn vieles so prekär ist?

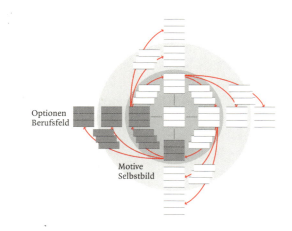

ABB.22_ SELBSTBILD ALS MOTIV.

Wer seine Kompetenzen jenseits der Kreativszene umsetzt, kann ja durchaus mit Achtung auf die Kreativszene blicken, obwohl sich die prekären Verhältnisse zeigen. Es ist aber kaum möglich, den eigenen Erfolg in Frage zu stellen, der in Übereinstimmung mit verbreiteten Werten steht – es geschafft zu haben, eingerichtet zu sein, die Zukunft planen zu können.

Es ist evident: Das sind Klischees. Aber sie sind wirksam. Sie folgen einer individualistischen Logik, die der eigenen Arbeits- und Lebensform in nur vagen Verbindungen mit gesellschaftlichen und ökonomischen Veränderungen Räume öffnen möchte. Es sind Modelle der Selbstbestimmung, die den Akteuren der Kreativszene die Ambivalenzen von Zuversicht, Lust und Sorge, den anderen die von Erfolg, Anpassung und Selbstaufgabe bescheren.

DAS SPIRALMODELL: Das nun entwickelte Spiralmodell [VGL. ABB. 23] nimmt die oben erläuterten Motive und Optionen auf und systematisiert sie. Dadurch kann aufgezeigt werden, wie die Akteure der Kreativszene ihre unausweichlichen Ambivalenzen in der Abwägung von Motiven und Optionen zu klären versuchen, ohne deshalb lineare Handlungslogiken zu verfolgen. Die Form der Handlungslogiken kann sich in der detaillierten und vergleichenden Lektüre erschliessen. Sie macht die Differenziertheit der Verrechnungen und Abwägungen zum Kennzeichen der Kreativszene. Es ist nicht möglich, sie in einfache Begriffe zu sperren.

Die Differenziertheit der Handlungslogiken erlaubt es den Akteuren der Kreativszene, die Ambivalenzen ihrer Gesamtsituation auszubalancieren. Zugleich ist sie die Voraussetzung für eine spezifische Form der Wertschöpfung, die über traditionelle Wertschöpfungsbegriffe hinausgeht. Die Steigerung dieser Wertschöpfung ist das Ziel von Fördermassnahmen, die Aufhebung von kompensatorischen Verrechnungen zugunsten der Addition der Kapitalsorten nur ein wünschbarer Nebeneffekt.

Als Abschluss des Kapitels folgt nun die Darstellung der Wertschöpfung, wie sie dank der Unterscheidung der Kapitalsorten und der Auseinandersetzung mit Motiven und Optionen der Akteure in der Kreativszene begriffen werden kann.

5.4.3 DIE WERTSCHÖPFUNG DER KREATIVSZENE Die bisherigen Überlegungen zeigen, dass die Akteure der Kreativszene in der spezifischen Integration von sozialem, kulturellem und finanziellem Kapital unverwechselbare Produktions-, Produkt- und Vermittlungsprofile entwickeln und anregen. Diese Profile umreissen einen erweiterten Wertschöpfungsbegriff; es ist das Interesse von Fördermassnahmen, sie zu stärken und zu nutzen. Im Anschluss an das Spiralmodell lassen sich die zentralen Merkmale leicht zusammenfassen.

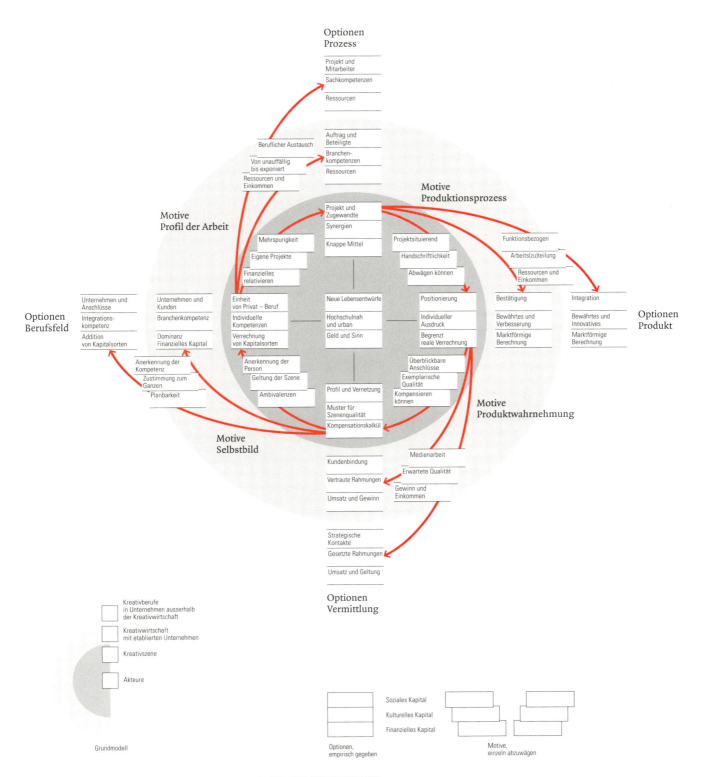

ABB.23_ SPIRALMODELL – OPTIONEN UND MOTIVE DER KREATIVSZENE.

OFFENHEIT UND ANREGUNG Die Kreativszene erprobt neue Lebens- und Arbeitsformen, die spezifische Bedingungen bereitstellen: Mehrspurigkeit, Hybridisierung, anstelle von klaren Berufsfeldern eher Handlungsfelder, die Nähe von Arbeit und Privatsphäre. Ihre Arbeiten zeichnen sich entsprechend durch Entgrenzungen aus, durch eine grössere Offenheit der Aufgabenentwicklung und Problemstellungen und ein weiteres soziales und kulturelles Feld, das Anregungen bereitstellt.

ENTWURFSPRAXIS UND WERTORIENTIERUNG Die Kreativszene nutzt Produktionsprozesse, die langsamer und wenig aufwendig, improvisatorisch und konzeptionell, in Simulationen und kommunikativ komplexer vernetzt ablaufen; daraus entstehen die Chancen einer vertieften Gründlichkeit und Nachhaltigkeit, einer anderen Entwurfspraxis und einer komplexen sozialen und kulturellen Wertorientierung.

PROTOTYPEN UND IMPULSE Die Kreativszene entwickelt Produktkategorien, die als Varianten von bekannten Kategorien oder auch als neue Kategorien erscheinen – als Ausdruck einer Haltung, die auf Spiel, Neugierde, ästhetische und andere Experimente setzt; sie kann den etablierten Produkten neue Impulse und Prototypen für Anschlüsse und Verwertungen im etablierten Feld schaffen.

STANDORTATTRAKTIVITÄT UND NISCHENMARKT Die Kreativszene nutzt Vermittlungs- und Distributionsformen, die aus den Paradigmen von Überschaubarkeit, direkter Verantwortung und überprüfbaren Kompetenzen besondere Qualitäten schafft; sie produziert und bildet Nischenmärkte, Kleinstserien und Einzelanfertigungen, und ihre lokale Verwurzelung macht einen Standort attraktiv.

EXPERIMENT UND INNOVATION Die Kreativszene hat im Hinblick auf das System der Kreativwirtschaft im Ganzen eine wichtige Funktion. In ihren flexiblen Projektkontexten und ihren bewusst gesetzten «unternehmerischen» Freiheiten entstehen Haltungen, Verfahren und Produkte, welche in verschiedener Hinsicht positiv auf die etablierten Unternehmen zurückwirken. Kreativität und Innovation liegen hier nahe beieinander, Arbeitsmethoden orientieren sich an den Prinzipien der experimentellen Forschung oder definieren diese gar neu. Weil der «Markt» nicht immer in seiner maximalen Tiefe studiert werden muss, werden Dinge umgesetzt, welche andernorts kaum den Skizzenblock verlassen dürften – immer wieder mit überraschenden Effekten.

Das Fazit dieser Aufzählung ist einfach: Die Komplexität, die den Wertschöpfungsprozess der Kreativszene kennzeichnet, macht ihn nahezu unsichtbar für einen Blick, der sich auf Daten und Zahlen begrenzen muss. Statistisch ist die Kreativszene kaum fassbar. Erweitert sich die Perspektive, zeigt sich, dass sie alles andere als peripher ist. Sie nimmt die Anregungen eines sich verändernden Marktes auf und übersetzt sie in eigene Formen und weiterführende Impulse. Diese Qualitäten prädestinieren sie für nachhaltige Fördermassnahmen.

6.0

KREATIVWIRTSCHAFT: POLITIKFELDER, FÖRDERINSTANZEN UND FÖRDERZIELE

Mit dem Kapitel 6 beginnt der massnahmenorientierte Teil dieser Publikation.

Das Kapitel beschreibt die Politikfelder [6.1], welche sich in der aktuellen Diskussion (international und national) aus den verschiedensten Gründen mit dem Thema Kreativwirtschaft befassen und geht anschliessend auf potenzielle nationale Instanzen ein, welche die verschiedenen Potenziale der Kreativwirtschaft fördern könnten [6.2]. Im Anschluss wird umschrieben, warum diese Publikation vorschlägt, die Kreativszene spezifisch zu fördern, und wie entsprechend zwischen der Aussensicht, die die Kreativszene als Förderobjekt definiert, und der Innensicht, die ihre Ambivalenzen im Hinblick auf Förderung begründet, unterschieden werden sollte [6.3].

6.1 POLITIKFELDER Die Diskussion spezifischer Förderungsprogramme hinkt in der Regel der attraktiveren Debatte um die Dynamik der Kreativwirtschaft weit hinterher. Im Anschluss an die mittlerweile breit gestreuten Kultur- und Kreativwirtschaftsberichte, welche oft einen Branchenkomplex im Auftrag eines Ministeriums beschreiben, wird die Frage «Und was nun?» von Seiten der Politiker und Wirtschaftsförderer immer eindringlicher gestellt.

Auf der einen Seite empfiehlt sich die Kreativwirtschaft mit ihrer überdurchschnittlichen Dynamik und ihren immateriellen, zukunftsorientierten Komponenten als höchst interessanter Partner bei der Suche einer Antwort auf die zentrale Frage: «Wo entsteht in Zukunft Wachstum und Beschäftigung?»

Auf der anderen Seite entzieht sich der Branchenkomplex auf immer andere Art den etablierten Zugängen. Zu klein sind die Unternehmen, zu atypisch sind die Unternehmenskonstellationen, als dass sich eine Wirtschaftsförderung damit beschäftigen dürfte. Zu vielschichtig sind die Wertschöpfungsprozesse, als dass ein Wirtschaftspolitiker dafür leicht Argumente finden könnte, zu viele Schnittstellen verunmöglichen klare Zuständigkeiten eines Ministeriums.

Die nachfolgende Auflistung kann nur ein Abriss der Politikfelder sein, welche sich in zunehmendem Masse mit der Kreativwirtschaft beschäftigen und dabei immer wieder Schwierigkeiten signalisieren, sich des Themas strategisch und operativ anzunehmen.

WIRTSCHAFTSPOLITIK (BESCHÄFTIGUNGSPOTENZIAL) Bis vor wenigen Jahren wurde in erster Linie den Hightech-Branchen eine hohe Wachstumsdynamik zugesprochen. Mit technologischen Einflüssen wirkten diese positiv auf andere Wirtschaftszweige («spill-overs»), die aufgrund ihrer traditionelleren Ausrichtung eher stagnierten. Seit den neunziger Jahren wird diese Funktion auch der Kreativwirtschaft zugesprochen. Mit geeigneten

Massnahmen wird versucht, die wirtschaftliche Dynamik und das damit verbundene Beschäftigungspotenzial zu fördern.

INNOVATIONSPOLITIK (WISSENSBASIERTE ÖKONOMIE) Die Frage nach der Wettbewerbsfähigkeit von Unternehmen oder ganzen Branchen ist direkt mit der Frage nach ihrer Innovationsfähigkeit verbunden. Von Innovation hängt zunehmend das Entstehen von Wertschöpfung und von neuen Beschäftigungsformen ab.

Zentral für den wirtschaftlichen Erfolg sind Kenntnisse über Innovationstreiber oder Antworten auf die Frage, welche Konstellationen Innovationen befördern. Die Kreativwirtschaft wird aufgrund ihrer namhaften immateriellen Komponenten nahe an dieser sogenannten wissensbasierten Ökonomie gesehen. Entsprechend wird versucht, diese Aspekte positiv zu beeinflussen.

REGIONALPOLITIK (STADT-, REGIONALENTWICKLUNG, STRUKTURWANDEL) Aus Sicht der Regionalökonomie fällt der Kreativwirtschaft im Strukturwandel von urbanen Wirtschaftsräumen eine wichtige Funktion zu. Eine andere, neue Art des Unternehmertums eröffnet Politik und Wirtschaft überzeugende Möglichkeiten zur Positionierung von Städten oder Regionen im internationalen Standortwettbewerb.

Durch Kenntnisse der sogenannten territorialen Spezifität – der regionalen Eigenart, welche eng mit den lokalen Verhältnissen verknüpft ist und somit kaum kopiert werden kann – können solche Prozesse besser verstanden und gesteuert werden.

BILDUNGSPOLITIK (SCHNITTSTELLE AUSBILDUNG – ARBEITSMARKT) Kreativwirtschaft wird im Kontext von Kunsthochschulen zunehmend unter arbeitsmarktspezifischen Aspekten diskutiert. Die Bezüge zwischen der Ausbildung von zukünftigen Akteuren der Kreativwirtschaft und deren Arbeitsmärkten sind nicht erst durch die Vorgaben der Deklaration von Bologna zu einem bildungspolitischen Thema geworden.

Die Annäherung von Bildungs-, Wirtschafts- und Innovationspolitik wirkt sich teilweise auf die Curricula der Hochschulen aus; Bildungspolitiker stellen sich die Frage, ob es die Rolle der Ausbildungsinstitutionen in diesem Gesamtgefüge neu zu definieren gilt. Die Kunsthochschulen ihrerseits denken über die aktivere Gestaltung der Schnittstellen zum Arbeitsmarkt nach.

KULTURPOLITIK (DREI-SEKTOREN-MODELL[63]) Wird Kreativwirtschaft als Teil des gesamten kulturellen Sektors betrachtet, so ergeben sich verschiedene Schnittstellen zwischen den drei Sektoren «Staat», «Zivilgesellschaft» und «Wirtschaft».

Akteure der Kreativwirtschaft arbeiten zunehmend in mehrspurigen Beschäftigungssituationen und wechseln permanent zwischen den drei Sektoren. Wirtschaftspolitik und eine modern definierte Kulturpolitik nähern sich in gewissen Bereichen an; es gelingt jedoch selten, hinsichtlich ihrer Handlungsfelder gemeinsame Schnittpunkte zu definieren.

SOZIALPOLITIK (PREKÄRE ARBEITSVERHÄLTNISSE) Eine Vielzahl von Studien[64] kommt zu dem Schluss, dass Akteure der Kreativwirtschaft zwar überdurchschnittlich qualifiziert sind, durch ihre projektbezogene, unstete Arbeitsweise jedoch vergleichsweise geringe Einkommen erwirtschaften. In vielen Ländern sind zudem die sozialen Sicherungsstrukturen für die Akteure im kulturellen Sektor nicht oder kaum existent.

---

[63] Vgl. Kapitel 3.1.

[64] Vgl. dazu aktuell: BETZELT, SIGRID, Flexible Wissensarbeit, AlleindienstleisterInnen zwischen Privileg und Prekarität, ZeS-Arbeitspapier 3-2006, Zentrum für Sozialpolitik, Universität Bremen, 2006.

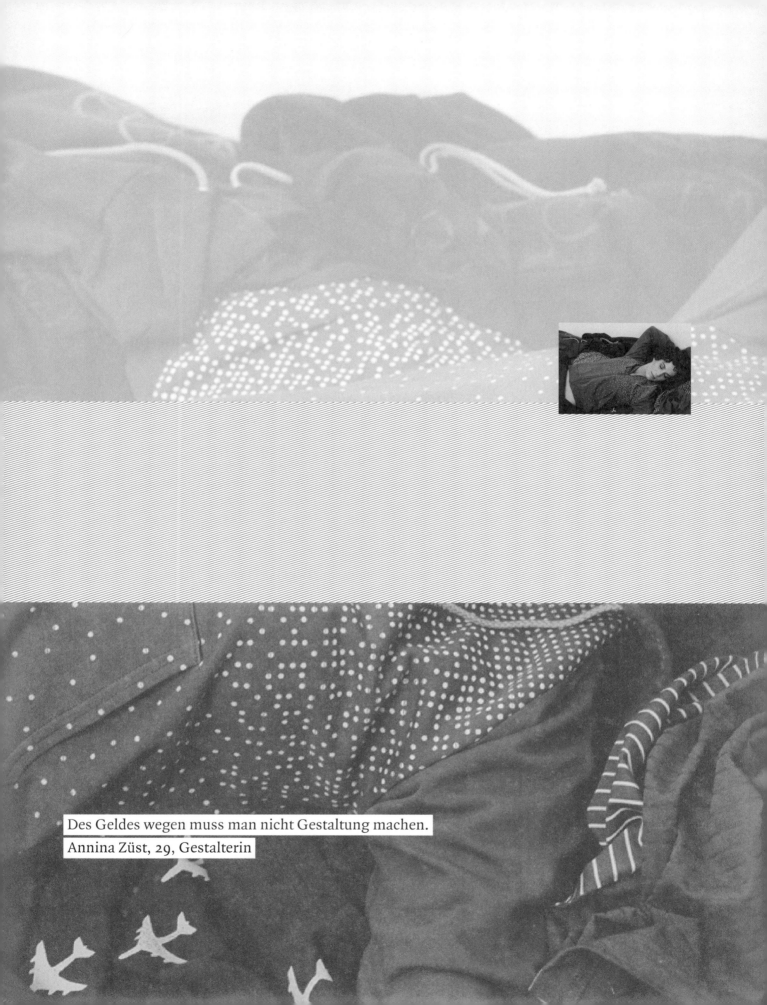

Des Geldes wegen muss man nicht Gestaltung machen.
Annina Züst, 29, Gestalterin

«Es ist nicht Kunst, was ich mache.» Annina Züst hat Schneiderin gelernt und anschliessend ein Studium als Textildesignerin abgeschlossen. Heute bezeichnet sie sich als Gestalterin. Obwohl sie den Begriff der Textildesignerin akzeptiert, sieht sie ihre Arbeit mit ihm doch nicht wirklich bezeichnet. «Ich arbeite an verschiedenen Schnittstellen.» So entwirft sie Bettwäsche in einem der führenden Textilunternehmen der Schweiz, gestaltet mit grafischen Mustern die Textilien für ihr eigenes Label «Making Things», das sie zusammen mit zwei Kolleginnen herausbringt. Mit ihnen führt sie auch einen Laden für ihr eigenes und für andere, zum Teil internationale Label und betreut eine dem Laden angeschlossene Galerie an der Grenze von Design und Kunst.

«Vor Künstlern habe ich Respekt, irgendwie ist da ein anderer Anspruch, ein anderer Lebensentwurf.» Auch wenn sie die Grenze zur künstlerischen Arbeit nicht genau ziehen will, findet sie es doch wichtig, eine solche Grenze zu denken: «Weil es besonders spannend ist, entlang dieser Grenze zu arbeiten.» Annina Züst will zwar (nur) brauchbare Produkte gestalten, tragbare Streetware, die Arbeiten aber, wie sie in der Galerie ausgestellt werden, helfen ihr, sich immer neu zu orientieren.

«Erst mit zwei Jahren Berufserfahrung»
Nach Abschluss des Studiums im Jahr 2004 wollte Annina Züst eigentlich gerne in einem der grossen kommerziellen Unternehmen arbeiten. Ihr war klar, dass sie sich später selbstständig machen, zuerst aber Erfahrungen sammeln wollte. Ihre Zielfirmen: Diesel oder in London Top Shop. In London versuchte sie, Kontakte zu knüpfen. «Da gibt es Job-Vermittlungs-Büros für Designer, die sich das Portfolio ansehen und gezielt vermitteln wollen. Aber immer hiess es: erst mit zwei Jahren Berufserfahrung.» Eine solche Einrichtung fehlt ihr in der Schweiz sowohl für Anfänger wie auch für erfahrene Designerinnen und Designer. Heute allerdings ist sie froh, dass es nicht geklappt hat. Die Mischung zwischen den verschiedenen Tätigkeiten füllt sie aus und gibt ihr die nötigen Freiräume für ihre eigenen Gestaltungsideen; gleichzeitig macht sie die erhofften Erfahrungen in einer renommierten Firma.

«Die Medien sind für uns sehr wichtig.»
Zu gestalten hat ihr schon immer viel bedeutet. «So viele Dinge umgeben uns, da ist es doch wichtig, wie sie aussehen.» Als Fünfjährige wünschte sie sich einen himmelblauen Gürtel, weil Himmelblau zu allem passt – nach ihrer Erinnerung war dies der erste hartnäckig vertretene gestalterische Wunsch. Ihre Eltern und ihre Grossmutter haben sie darin immer bestärkt. Zudem besuchte sie die Steiner-Schule: «Ich weiss nicht, ob es daher kommt, aber ich habe noch immer ein Faible für Farb- und Form-Übergänge.» Treue zu gestalterischen Traditionen ist ihr weniger wichtig, diese sollen sie vor allem zu neuen Kreationen inspirieren.
Sie verzeichnet Erfolge. Eine bekannte Zeitschrift für Frauen hat ihr Label schon vorgestellt, eine andere für Design und Architektur interessierte sich dafür. Sie erhielt auch schon einen Auftrag von einem führenden Mode- und Warenhaus: «Das alles ist schön und hilft, gleichzeitig machen es mir die verschiedenen Tätigkeiten aber auch schwer, mich auf etwas Bestimmtes zu konzentrieren und es weiter zu entwickeln.»
Finanziell bietet ihr ihre Situation wenig Sicherheit. «Des Geldes wegen muss man nicht Gestaltung machen.» Mit der 50%-Stelle in dem Textilunternehmen verdient sie mehr als 2000 Franken, das gilt als guter Verdienst. Das eigene Label, der Laden und die Galerie sind noch nicht wirklich etabliert; an der professionelleren Vermarktung wird gearbeitet – immer in Zusammenarbeit mit den Kolleginnen von «Making Things» und im Austausch mit den vielen Mitgliedern der Kreativszene, die sie kennt und deren berufliche und gestalterische Entwicklungen sie verfolgt. «Bei all dem kann ich keine klare Wochenstruktur verfolgen. Wenigstens halte ich mir meistens die Abende frei und wohl auch einen Tag pro Woche.»

«Es geht nicht ums Geld.»
Was tun, damit die Situation, die jetzt noch Freude macht, nicht allmählich zur Belastung wird? Textildesign ist eine besonders schwierige Ausrichtung: «Obwohl die Nachfrage nach Kleidung gross ist, reicht sie für einen nennenswerten Arbeitsmarkt nicht aus. Wir haben kaum Chancen gegenüber den etablierten internationalen Marken.» Annina Züst möchte ihre Arbeit nicht aufgeben, wie so viele andere gelernte Textildesignerinnen, die längst ganz andere Sachen machen. «Es geht nicht ums Geld. Ich glaube, dass Kreativität durch Geldüberfluss erstickt werden kann. Aber es sollte möglich sein, dass Produktideen gefördert werden.» Das geschieht offenbar nur zaghaft, und Banken werden von Annina Züst gar nicht erst angefragt, eher Stiftungen. Eine sinnvolle Art, die Arbeit von jungen Gestaltern zu unterstützen, sieht Annina Züst im Gewähren von zinslosen Darlehen: «Das bringt Motivation, um die Arbeit auch durchzustehen.»
Zusammenbringen, was in der Tradition getrennt wird, ist ihr besonders wichtig: «In der Schule wurde es uns sehr schwer gemacht, über die Grenzen der Disziplinen hinauszuarbeiten. Meine Diplomarbeit habe ich zusammen mit einer Modedesignerin gemacht. Erst als die Arbeit gelungen war, erhielten wir eine positive Kritik.»

Eine sozialpolitisch motivierte Auseinandersetzung mit der Kreativwirtschaft diskutiert u. a. Massnahmen der Nachfragestabilisierung oder spezifische Modelle der sozialen Sicherung.

Die Liste liesse sich fortsetzen; gemein ist allen Politikfeldern der Bedarf an theoretischer Fundierung und der Mangel an spezifisch entwickelten Zugängen.

6.2 FÖRDERINSTANZEN Die Kreativwirtschaft kann in den unterschiedlichsten Politikfeldern jedoch nur dann eine dynamische Rolle spielen, wenn sie ihre Substanz entsprechend entwickeln kann. Das komplexe oder gar mangelnde Selbstverständnis der Kreativwirtschaft führt jedoch dazu, dass ihre Bedürfnisse in den Förderprogrammen noch kaum eine Entsprechung finden (können).

Erst wenn es gelingt, die Innensicht der Kreativwirtschaft (welcher Bedarf wird erkannt und anschliessend signalisiert?) mit der Aussensicht der Förderinstanzen (welche Förderprogramme sind unter den jeweiligen Rahmenbedingungen realistisch?) konstruktiv aufeinander zu beziehen, ist ein erster Schritt hin zu zukunftsweisenden Förderprogrammen getan.

Förderinstanzen sind in der Schweiz im öffentlichen, privaten oder im zivilgesellschaftlichen – im sogenannten intermediären – Sektor verortet. Diese unterschiedlichen Kontexte wirken sich prägend auf die jeweiligen Förderstrategien aus. Verfügbare Ressourcen, institutionelle Einbettungen und strategische Vorgaben engen den Handlungsspielraum in einer bestimmten Situation ein oder weiten Möglichkeiten aus. In der Folge werden exemplarisch potenzielle Förderinstanzen entsprechend charakterisiert. Im Vordergrund steht die gesamtschweizerische Ebene:

Die Akteure des öffentlichen Sektors sind in der Politik und in entsprechenden Bundesämtern zu vermuten. Dazu gehören etwa:

__ *Das Bundesamt für Kultur (BAK)*: *Das BAK gestaltet kulturpolitische Rahmensetzungen, fördert ausgewählte Kunstsparten und betreut verschiedenste Förderkommissionen. Es prägt massgeblich das Verständnis von Kultur und öffentlicher Kulturförderung. Seine Förderpraxis kann die Kreativszene bewusst einschliessen oder sich fern von Schnittstellen mit der Kreativszene positionieren.*

__ *Das Bundesamt für Berufsbildung und Technologie (BBT)*: *Das BBT versteht sich als das Kompetenzzentrum des Bundes für die Berufsbildung, Fachhochschulen (u. a. Kunst- und Designhochschulen) und Innovationspolitik. Es prägt mit seinen Anerkennungsverfahren massgeblich die Ausbildungslandschaft für den Bereich der Kreativwirtschaft.*

__ *Das Staatssekretariat für Wirtschaft (SECO)*: *Das SECO versteht sich als Kompetenzzentrum des Bundes für Wirtschaftspolitik. Es gestaltet wirtschaftspolitische Rahmensetzungen mit dem Ziel eines nachhaltigen Wirtschaftswachstums.*
Es prägt massgeblich das Verständnis von Wirtschaft in der Schweiz und beeinflusst somit die Diskussion, ob die Kreativwirtschaft als Ganzes oder die Kreativszene als ein Teil von ihr als Fördersubjekt aus wirtschaftlicher Sicht verstanden werden kann.

__ *Die Kunst- und Designhochschulen*: *Sie sind prominente Ausbildungsstätten für viele Teilmärkte der Kreativwirtschaft; der Bezug zu den Akteuren der Kreativszene ist dabei naturgemäss besonders eng.*
Sie prägen mit ihren Curricula massgeblich den Stellenwert, welcher der Kreativwirtschaft als Arbeitsmarkt für die Absolventen beigemessen wird.

Im intermediären oder zivilgesellschaftlichen Sektor gilt es, Akteure innerhalb und ausserhalb der Kreativwirtschaft zu unterscheiden:

__ Als Zweckvereinigung versuchen die Verbände der Kreativbranchen berufsspezifische oder übergeordnete politische Interessen zu formulieren und nach aussen zu vertreten. Daneben unterstützen sie ihre Mitglieder in der Regel durch Beratungen, Informationen oder Weiterbildungen.
Sie bestimmen durch ihr Agenda-Setting massgeblich das Selbstverständnis ihrer Mitglieder, sich als Teilmarkt der Kreativwirtschaft zu verstehen oder nicht.
__ Die Schweiz kennt im Vergleich zum Ausland einen breit ausgebauten und professionell organisierten dritten Sektor. Dem Stiftungswesen wird im Ausland Modellcharakter zugesprochen; der Anteil von Sponsoringgeldern für kulturnahe Projekte liegt in der Schweiz bedeutend höher als im europäischen Umfeld.
Durch seine Förder- und Vergabepraktiken schliesst der dritte Sektor die Kreativszene ein oder aus und beeinflusst auf diese Weise direkt die Entwicklungsmöglichkeiten von deren Akteuren.

Auch der private Sektor kann in Institutionen der Kreativwirtschaft und in solche, welche ihr nicht zugerechnet werden können, unterteilt werden:

__ Etablierte Unternehmen in der Kreativwirtschaft prägen das Bild dieses Branchenkomplexes bei politischen Akteuren und weiteren Entscheidungsträgern.
Ob sich diese als Teil der Kreativwirtschaft verstehen, als Teil eines Systems, welches von den Impulsen der Kreativszene profitiert, oder ob sie sich als Vertreter einer Einzelbranche positionieren, wirkt sich direkt auf den Stellenwert der Kreativszene in der öffentlichen Diskussion aus.
__ Kreditinstitute können bei ihrer Kreditvergabepraxis die Besonderheiten der Kreativwirtschaft (primär immaterielle Produkte und Dienstleistungen, kaum Sicherheiten im traditionellen Sinn) höher oder weniger hoch einstufen.
Wird der Kreativwirtschaft unter bestimmten Bedingungen der Status einer Risikobranche mit interessanten Erfolgsaussichten zuerkannt, prägt dies den Stellenwert der Kreativszene in grossem Masse.

Es versteht sich von selbst, dass in jedem der drei Sektoren Förderstrategien für die Kreativszene unterschiedlich zu begründen wären. Im Vordergrund können messbare Erfolge oder auch kaum quantifizierbare Ergebnisse stehen. Die zeitliche Dimension kann dabei kurzfristig oder eher mittel- und langfristig ausgelegt sein:

	KURZFRISTIGERE ERFOLGSPERSPEKTIVE	LÄNGERFRISTIGE ERFOLGSPERSPEKTIVE
messbare Effekte	z. B.: Umsätze	z. B.: Wertschöpfung (insb. materiell)
nicht/ schwer messbare Effekte	z. B.: Innovationspotenzial	z. B. Wertschöpfung (insb. immateriell)

TAB.29_ MATRIX MIT KOMPONENTEN UNTERSCHIEDLICHER FÖRDERZIELE ALS GRUNDLAGE FÜR DIE AUSWAHL VON FÖRDERINSTANZEN.

6.3 FÖRDERUNG DER KREATIVSZENE? Wenn im folgenden Kapitel 7 ein spezifisches Fördermodell nicht für die Kreativwirtschaft in ihrer Gesamtheit, sondern für ein spezifisches Teilsegment entwickelt wird, so steht dies für die hier entwickelten, differenzierten Zugangsweisen. Wenn nun jedoch vorgeschlagen wird, nebst den etablierten Unternehmen der Kreativwirtschaft auch die Kreativszene aus der Perspektive der Wirtschaftsförderung zu betrachten, so mag dieser Fokus auf den ersten Blick erstaunen.

Einerseits haben wir jedoch festgestellt, dass sich etablierte Unternehmen der Kreativwirtschaft hinsichtlich ihrer Finanzierungs- und Produktionsmechanismen zunehmend weniger von den Unternehmen anderer Branchen unterscheiden [VGL. KAP. 3.1.2].

Die Förderung von etablierten Unternehmen der Kreativwirtschaft erfordert folglich weniger die Entwicklung von spezifischen Massnahmen als vielmehr eine adäquate Positionierung in einer bestehenden Förderlandschaft. Dies ist eine Aufgabe, welche von den Verbänden über ein entsprechendes Community-Building und anschliessend über ein professionelles Lobbying erreicht werden muss. Fördermodelle für etablierte Unternehmen der Kreativwirtschaft – vornehmlich durch die bereits existierenden Wirtschaftsförderinstanzen – sind also bereits vorhanden.

Dies trifft hingegen nicht für die Kreativszene zu. Hier bestehen aufgrund der in Kapitel 5 beschriebenen Besonderheiten vielschichtige Differenzen zu den Ansätzen der «klassischen» Wirtschaftsförderung, und der Bedarf an spezifischen Förderstrategien ist besonders ausgewiesen.

Ein solcher Schritt würde sich lohnen, da aus dem Zusammenspiel von empirisch-quantitativen und theoretisch-qualitativen Zugangsweisen hervorgeht, dass die Kreativszene Wertschöpfungsmodelle und -prozesse entwickelt, die ihre eigene Qualität haben und wichtige Funktionen für das System der Kreativwirtschaft wahrnehmen können:

So konnte gezeigt werden, dass die Kreativszene neue Produktionsprozesse erprobt und mit den spezifischen Bedingungen der neuen Arbeitswelt wie etwa der Auflösung klarer Berufsfelder konstruktiv umzugehen weiss. Ebenfalls wurde sichtbar, dass die Kreativszene Produktkategorien entwickelt, die oft auf Spiel, Neugierde, ästhetische und andere Experimente setzen und so den etablierten Produkten neue Impulse und Prototypen für Anschlüsse und Verwertungen im etablierten Feld schaffen. Die Vermittlungs- und Distributionsformen dieser Kleinstserien und Einzelanfertigungen schaffen und bedienen Nischenmärkte, ihre lokale Verwurzelung macht einen Standort attraktiv.

Es wird deutlich, dass der Kreativszene im Hinblick auf die Dynamik und die Innovationsfähigkeit der Kreativwirtschaft im Ganzen eine wichtige Funktion zukommt. Ihre flexiblen Kontexte ermöglichen Haltungen, Verfahren und Produkte, welche auf den unterschiedlichsten Ebenen positiv auf die etablierten Unternehmen zurückwirken.

Diese Argumente werden umso gewichtiger, wenn berücksichtigt wird, dass die Kreativszene je nach Teilmarkt zwischen 20 und 50 Prozent der Unternehmen ausmacht, die in der Regel jedoch statistisch nicht erfasst sind, aber dennoch erfolgreich am Markt agieren [VGL. KAP. 3.2.2].

Für ein spezifisches Fördermodell stellt sich also die Frage, wie die positiven Effekte, welche die Kreativszene zu ihrer eigenen Entwicklung und Stabilisierung und für den Bereich der etablierten Unternehmen zu generieren vermag, verstärkt werden können, wie die im Spiralmodell [VGL. KAP. 5] formulierten Dynamiken und Ambivalenzen eine maximale positive Wirkung entfalten können. Dabei gilt es zu berücksichtigen, dass sowohl die Arbeitsweisen als auch die Geschäftsmodelle der Kreativszene bewusste Setzungen sind. Wenn es für Akteure dieser Szene über eine mehr oder weniger lange Zeitperiode gar nicht erstrebenswert ist, sich in Richtung etablierter und strukturierter Geschäftsmodelle zu entwickeln, so wird dies für Förderprogramme Konsequenzen haben müssen.

7.0

HANDLUNGSEMPFEHLUNGEN FÜR EINE FÖRDERUNG DER KREATIVSZENE

Das letzte Kapitel beschäftigt sich mit konkreten Fördermodellen für die Kreativszene. Vorweg wird ein entsprechender Entscheidungspfad für Förderinstanzen skizziert [7.1]. Um mögliche Förderungsmassnahmen zu überblicken, wird in der Folge das Spiralmodell, welches die Handlungslogiken der Kreativszene detailliert erläutert und die vielfältigen Wechselmotive hin zum etablierten Bereich der Kreativwirtschaft darstellt, im Hinblick auf ein Fördermodell operationalisiert [7.2]. Danach wird ein spezifisches Fördermodell für die Kreativszene entwickelt [7.3] und in seinen verschiedenen Dimensionen erläutert [7.3.1–7.3.5]. Ein konkretes Beispiel für den vorgeschlagenen Förderweg schliesst das Kapitel ab [7.4].

7.1 ENTSCHEIDUNGSBEDARF SEITENS DER FÖRDERINSTANZEN

Was in diesem Kapitel ins Zentrum gestellt wird, nämlich die Entwicklung eines spezifischen (Wirtschafts-)Fördermodells für die Kreativszene, setzt eine Reihe von strategischen Entscheidungen seitens der Förderinstanzen voraus. So muss von ihnen in einem ersten Schritt überprüft werden, ob die Kreativszene als Förderobjekt definiert werden kann und soll und folglich als förderbar eingestuft wird. Spezifische Förderprogramme für die Kreativszene zu entwickeln hiesse dann, das Faktum zu akzeptieren, dass sie teilweise einer anderen Logik gehorcht als etablierte Unternehmen. Sie in ihren spezifischen Geschäftsmodellen zu stützen wird daher ebenso bedeutsam sein, wie einzelnen Kleinstunternehmen die Entwicklung zum etablierten Unternehmen zu ermöglichen.

Fällt die Einschätzung zur Kreativszene positiv aus, sind spezifischere Folgefragen – noch immer auf strategischer Ebene – zu beantworten: Soll die Kreativszene durch entsprechende Massnahmen stabilisiert oder eher vergrössert werden? Sollten sich entsprechende Programme primär auf Akteure, welche in der Kreativszene verbleiben, oder auf solche, welche die Kreativszene in Richtung etablierte Unternehmen verlassen wollen, ausrichten?

Erst wenn diese grundsätzlichen Punkte geklärt sind, kann die Verknüpfung von Innensicht, die den Förderbedarf, und Aussensicht, die die Fördermotivation bestimmt, gelingen und können konkrete Förderprogramme und Massnahmen diskutiert werden.

7.2 OPERATIONALISIERUNG DES SPIRALMODELLS

Das Spiralmodell [VGL. KAPITEL 5.4.3] stellt den Motiven, die den Wechsel in die etablierten Unternehmen der Kreativwirtschaft nahelegen, die Motive gegenüber, die für das Verbleiben in der Kreativszene sprechen.

Ein spezifisches Fördermodell für die Kreativszene muss die Motive für den Verbleib in der Kreativszene stärken, indem ihre Optionen deutlicher und attraktiver werden. Das Ziel muss sein, die positiven Merkmale der

Kreativszene zu fördern, ohne sie zwingend in die Logik der etablierten Unternehmen zu führen. Dazu müssen die Ambivalenzen aufgelöst werden, welche die Akteure der Kreativszene bestimmen, weil ihre Lebens- und Arbeitsmodelle von kompensatorischen Verrechnungen bestimmt sind. Denn auch wenn sie gelingen – sie können die Defizite nicht verdecken, auf die sie antworten.

In dem Fördermodell, das im Folgenden entwickelt wird [VGL. ZUR VORSTUFE KAP. 3.1.3], greifen wir auf die Unterscheidung der drei Kapitalsorten – soziales, kulturelles und finanzielles Kapital [VGL. KAP. 5.3] – zurück und übersetzen sie in Begriffe, die Anknüpfungspunkte für Fördermassnahmen bezeichnen.

Das Modell [VGL. ABB. 24] unterscheidet die drei bereits bekannten Felder, die gewöhnlich zusammengezogen werden. Werden sie aber analytisch getrennt, können gerade für die Kreativszene spezifische Fördermassnahmen diskutiert werden. Die Erläuterung der drei Felder soll das deutlich machen:

KREATIVBERUFE Die Akteure, die der Kreativwirtschaft den Namen geben, weisen sich über Kompetenzen in einem kreativen Beruf aus. Sie sind Musiker, Regisseur, Designer. Diese Kompetenzen sind auf die Qualifikation fokussiert, die zur Produktion von einschlägigen Produkten und Dienstleistungen taugt. Die Kreativszene

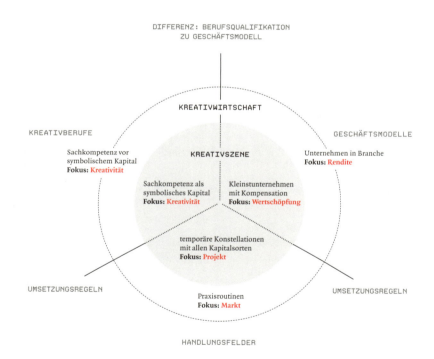

ABB.24_ KAPITALSORTEN UND PRAXISBEDINGUNGEN.

soDA #29 «Hotspot Helvetia»

«A house of creative thought, not a school or a forum, wherein the many who came there, exchanged notes on design, poems, art forms, and life.» Bern Porter

Man muss nicht nur suchen, man wird auch gefunden.
Martin Lötscher, 31, Verleger

«Neugierde auf Unbekanntes»

Martin Lötscher verlegt seit zehn Jahren das Magazin soDA. Begonnen hat er damit schon in seiner Ausbildung zum Grafiker. «Verleger werden kann man nicht lernen.» Das Magazin entsteht seit je in Zusammenarbeit mit anderen, und schon immer wollte es sein Publikum auch zu einer offenen Haltung anregen: «Noch in 20 Jahren wünsche ich mir, dass meine Arbeit Neugierde auf Unbekanntes weckt.» Die Leserinnen und Leser, so Martin Lötscher, zeichnen sich durch Beweglichkeit, durch Interesse am anderen und Lust und Fähigkeit zur eigenen Produktivität aus.

soDA entsteht nach einem «Wundertütenprinzip». Wer mitarbeitet, muss bereit sein, sich immer neu zu orientieren. «Ich erfinde mich gern immer wieder neu, das ist für Mitarbeiter oft strapaziös.» Martin Lötscher und seine Frau haben den Verlag zurückgekauft – nach einigen Versuchen, mit angestellten Mitarbeitern oder selbstständigen Partnern andere Prinzipien des Besitzes und der Herausgabe zu erproben. «Ich hatte plötzlich nur noch ein Fünftel zu sagen.» Der Rückkauf des Verlags war kostspielig: Lötscher und seine Frau mussten Schulden machen und leben kurzfristig von je 1000 Franken monatlich. «Wir sparen uns gesund.»

«Was wir machen, soll relevant sein.»

Unterdessen beträgt die Auflage des Magazins 11 000 Exemplare, etwa 6000 werden verkauft, und jeden Monat kommen noch 500–600 Bestellungen für ältere Hefte herein. Nicht immer können die regelmässigen Erscheinungsdaten eingehalten werden – aktuell sind drei Hefte fast fertig, aber die Qualität muss stimmen, bevor sie herauskommen dürfen. Das hat Folgen für die Stellung im Markt. Lötscher nimmt das in Kauf: «Was wir machen, soll relevant sein.» Ein konkretes Beispiel ist das soDA, Nr. 29: Es geht um eine Idee, wie ein zentral gelegener Gebäudeblock in Zürich – das bisherige Sozialamt der Stadt – einer neuen Nutzung zugeführt werden kann, für die es kein Vorbild gibt. Es soll sichtbar ein Haus werden für Kreative, Gestalter, Künstler, Autoren, die dort tätig sein oder sich Unterstützung und Beratung für ihre Arbeit holen können. «Ein unabhängiges Verlagshaus. Wir machen ein Manifest für alle, die daran arbeiten wollen, und es interessieren sich sehr viele dafür, auch die Stadt oder Parteien.» Schon die Arbeit am Magazin, aber noch viel mehr solche Projekte machen deutlich, dass eine Trennung von Arbeit und Freizeit kaum möglich ist. Lötscher strebt sie aber dennoch an: «Das ist nicht nur ein guter Zustand, wenn die Grenzen von Arbeit und Privatem verschwimmen.» Wie sie allerdings bestimmt werden sollen, bleibt offen. Immerhin bezeichnet Lötscher soDA als ein Freizeit-, ein «Hobbyprodukt, das wir zu professionalisieren suchen». Und hätte das Verleger-Paar etwa Kinder, die nach einer anderen Art der Zeiteinteilung verlangten, dann würden sich daraus wieder Anregungen für neue Themen ergeben, «nicht unbedingt zum Thema Kind, sicher aber zu Bildung und Erziehung».

«Was wir vorhaben, soll den Marktmechanismen und der realen Welt mehr entsprechen.»

Das kleine Labor, das «Soda» heisst, soll durch ein in Planung begriffenes Projekt erweitert werden. Die «Guerrilla-Taktik», Themen aufzunehmen und in viele Richtungen weiterzutreiben, wird weiter verfolgt, jedoch stärker fokussiert. soDA soll bleiben, aber voraussichtlich 2008 kommt etwas Neues hinzu. Mit Banken wird allerdings nicht geplant. «Wir haben mit Banken gearbeitet, aber es fehlt da häufig an Sachkompetenz, und Verlage gelten als unsichere Sache.» Der Verlag ist eine AG, nötiges Geld wird im Kreis der Aktionäre und Sympathisanten gesucht.

Wieder wird es eine Idee sein, die das Neue ausmacht. Lötscher beklagt den Mangel an Innovationen ausgerechnet in der Kreativszene. «Es fehlt an Produkt- und Dienstleistungsideen, es fehlt an neuen Geschäftsmodellen.» An soDA war nicht die Magazinidee neu, sondern die gestalterisch auffällige Weise, die eine Werbeplattform schafft für Projekte und Ideen. Diese Anlage hat dem Magazin von Anfang an grosse Aufmerksamkeit gesichert. «Kaum war das Heft auf dem Markt, kam auch schon das Schweizer Fernsehen.» Sehr schnell wurde die Welt klein: soDA wurde in New York und London wahrgenommen, und die wichtigsten Mitglieder der einschlägigen Medien- und Modeszene gehören heute zu Martin Lötschers Freunden. «Man muss nicht nur suchen, man wird auch gefunden.»

«Es gibt so viele Leute mit guten Ideen, aber…»

Eine Erfolgsgeschichte? Lötscher glaubt an den Markt. Dennoch wären manche Schwierigkeiten vermeidbar gewesen. «Es fehlt in der Ausbildung an guten Vorbereitungen auf den Markt. Andererseits: Vielleicht erschienen die Hürden dann zu gross. Der Markt kann auch Angst machen. Die Kreativen sind selten gute Geschäftsleute.»

Daher wäre es schon ein wesentlicher Fortschritt, wenn es mehr und kompetentere Kommunikatoren gäbe, gerade zwischen kreativen Menschen im Finanzsektor und den kreativen Menschen in der Kreativszene. Es müsste mehr Übersetzungsleistungen geben, damit man nicht aneinander vorbeiredet. «Es gibt so viele Leute mit wirklich guten Ideen, aber sie haben keinen Ort, wo sie gehört und unterstützt werden.»

wird, da sie ihren Akteuren nur begrenzte Ressourcen zur Verfügung stellt und zugleich andere Lebens- und Arbeitsformen bietet, zu diesen Qualifikationen auch soziale und kulturelle Kompetenzen rechnen.

Förderungen in diesem Feld zielen auf die Steigerung von beruflichen Kompetenzen, soweit sie eine Kompetenzerweiterung in der Praxis bedeuten.

GESCHÄFTSMODELLE Die Kompetenzen des Berufs haben mit denen, die zum Aufbau und zur Leitung eines Unternehmens nötig sind, nichts zu tun. In der Arbeit jedes Unternehmens stecken Routinen, in der kreativen Arbeit so gut wie in Buchhaltung und Kundenkontakten. Kreativakteure nehmen in den Unternehmen nur eine Teilfunktion wahr. In allen anderen Bereichen ist die Kreativwirtschaft nicht von anderen Teilwirtschaften verschieden.

Förderungen in diesem Feld zielen auf die Ausbildung unternehmerischer Kompetenzen, sei es integrativ in einer Person, sei es als Elementarmodell einer Arbeitsteilung – immer mit dem Ziel, die Markttauglichkeit zu sichern.

HANDLUNGSFELDER Die Praxis der Unternehmen weist ihre Zugehörigkeit zur Kreativwirtschaft aus. Als etablierte Unternehmen bestimmen sie sich über Branchenprodukte, als Kreativszene über Mischformen zwischen Idee, Produktion, Produktkategorie und Vermittlung.

Förderungen in diesem Feld zielen auf die Ausdifferenzierung der Praxis, indem sie von belastenden kompensatorischen Verrechnungen befreit wird. Die Akteure der Szene sollten ihre Kapitalsorten addieren können [VGL. ABB. 8].

7.3 EIN FÖRDERMODELL FÜR DIE KREATIVSZENE

Diese Operationalisierung des Spiralmodells ist die Grundlage für ein Fördermodell, das verschiedene Möglichkeiten für Förderinstanzen zeigt. Es verdeutlicht, dass keine der bestehenden Förderinstitutionen alle wichtigen Faktoren wahrnehmen und umsetzen kann. Stattdessen legt es nahe, Instanzen zu schaffen, die koordiniert und dezentral die Projektbezogenheit der Kreativszene in ihren eigenen Strukturen widerspiegeln.

Die Logik einer solchen Spiegelung ist einfach: Die Struktur der Förderung muss die Strukturen der Praxis aufnehmen. Gefördert wird in den Bezügen so, dass an die Stelle der Verrechnungen die Addition der Kapitalsorten tritt. Da die zentrale Einheit der Praxis in der Kreativszene die Projektorientierung ist, werden alle Massnahmen, wenn auch aus unterschiedlichen Richtungen, solche Projektarbeiten befördern.

Mit der Förderung können Ideen unterstützt werden, sie dürfen grösser sein als die Begrenztheit der Kleinstunternehmen erlaubt. Auch die Produktion von innovativen Produkten und Dienstleistungen kann unterstützt werden, sie sollten sichtbar werden und Marktzugänge finden. Weiter ist denkbar, Formen der medialen Vermittlung zu fördern, denn sie sollten neue Wege beschreiten können, die aus der Abhängigkeit vom etablierten Medienmarkt führen. Und auch die Entwicklung von Formen der Zusammenarbeit zwischen Kleinstunternehmen und etablierten Unternehmen der Kreativwirtschaft kann gefördert werden [VGL. ABB. 25].

Alle diese Schritte verbinden Beratungen, Vernetzungsangebote, kulturelle und soziale Legitimationen und Kompetenzansprüche miteinander. Zusammen bilden sie das Netz, das von koordinierten Förderinstanzen in seinen Interdependenzen wahrgenommen werden könnte. Gegenüber diesem Modell sind die im Folgenden erläuterten Empfehlungen pragmatisch gehalten. Daraus folgt aber nicht, dass sie nicht in ein komplexeres

Fördermuster integriert werden könnten. So wurde im Rahmen verschiedener Interviews und Gesprächsrunden [VGL. ANHANG KAP. 8.1] versucht, den Förderbedarf der Kreativszene konkret zu eruieren. Dabei galt es eine Unschärfe in den Argumenten als gegeben hinzunehmen: Akteure in der Kreativszene schwanken zwischen dem Eingeständnis, sich als Branche zu verstehen, und der Frage, ob es denn für sie so etwas wie (Wirtschafts-)Fördermassnahmen überhaupt geben könne. Selbst wenn in den Diskussionen die Bereiche «Finanzierung», «Infrastruktur», «Aus- und Weiterbildung», «Zugang» und «geistiges Eigentum» immer wieder erkennbar wurden, kann nicht von einer systematischen Grundlage gesprochen werden.

Diese Bereiche sollen nun systematischer als in den Gesprächen in einen modellhaften Zusammenhang gebracht werden, der mit den Orientierungen der Kreativszene korreliert. Damit soll erreicht werden, dass allfällige Fördermassnahmen das spezifische Profil der Kreativszene aufnehmen.

7.3.1 FINANZIERUNG Die Finanzierung wurde meist unter dem Aspekt der eigenen Ersparnisse oder eines Darlehens von nahe stehenden Personen diskutiert. Kreditinstitute wurden selten in Betracht gezogen, da diese Kredite für die Kreativszene selbst in bescheidenen Grössenordnungen nicht gewähren können (oder wollen).

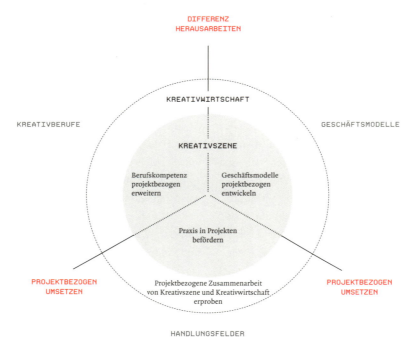

ABB.25_ FÖRDERMODELL.

Im Lauf der Gespräche wurde ersichtlich, dass Angebote, welche auf die üblichen Sicherheiten verzichten, die die Kreativszene nicht bieten können, von grossem Interesse sind – etwa in Form von spezifischen Bürgschaftsprogrammen: Förderinstanzen könnten marktbedingte Risiken zeitlich befristet als rückzahlbares Darlehen übernehmen; ebenfalls wäre es möglich, dass eine Förderagentur Bürgschaften für andere Kreditgeber leisten könnte.

Verfolgt man die internationale Diskussion, so wären auch steuerrechtliche Massnahmen zu erwähnen – Ansätze, die für die Schweiz mit ihrer dezentralen Steuerautonomie ebenfalls interessant sein könnten. Die Filmwirtschaft wird in Europa zunehmend durch Steuererleichterungen unterstützt; andere Branchen fordern – von den Finanzpolitikern teilweise mit Schrecken verfolgt – mittlerweile ähnliche Modelle. Diese werden in der EU als staatliche Beihilfen verstanden und fallen daher unter die Sonderregelung der Kulturausnahme. Bereits etabliert in Ländern wie Frankreich, Luxemburg und Belgien, werden entsprechende Grundlagen 2007 auch in Spanien diskutiert. Zu unterscheiden sind in der Regel generelle Steuerbefreiung («tax breaks»), Steuererleichterung («tax deductions», «tax shelter»), der Einkommensteuerausgleich zwischen den Jahren («income averaging») oder die Senkung bzw. Elimination des Mehrwertsteuersatzes.

Wohl motiviert durch die Schweizer Diskussion zum Kulturförderungsgesetz auf nationaler Ebene, wurden auch sozialrechtliche Rahmenbedingungen erwähnt wie das Sozialversicherungsrecht («social security laws»), ALV («unemployment assistance»), AHV («pension supplements»).[65] Auffallend war, dass diesem Bereich jedoch keine sehr hohe Priorität eingeräumt wurde. Die Gründe hierfür mögen sowohl in der mangelnden Vertrautheit mit der Materie wie auch im Selbstverständnis dieser Branchenvertreter zu suchen sein. Werden diese Aussagen nun auf das weiter oben eingeführte Fördermodell bezogen, so entsteht folgendes Bild:

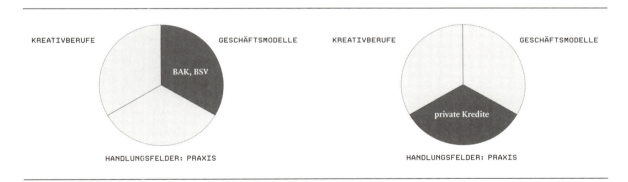

ABB.26_ FRAGEN DER FINANZIERUNG ALS THEMA FÜR FÖRDERINSTANZEN AUS DEM ÖFFENTLICHEN UND PRIVATEN SEKTOR.

[65] Vgl. auch: Bericht der Arbeitsgruppe Bundesamt für Kultur, Bundesamt für Sozialversicherungen und Staatssekretariat für Wirtschaft, Die soziale Sicherheit der Kulturschaffenden in der Schweiz, Situation und Verbesserungsmöglichkeiten, vom Bundesrat zur Kenntnis genommen am 28. Februar 2007.

Finanzielle Aspekte können sozialpolitische Rahmenbedingungen betreffen oder auf die Finanzierung von konkreten Produkten und Dienstleistungen ausgerichtet sein. Entsprechende Fördermassnahmen würden in den Segmenten «Geschäftsmodell» und «Praxis» ansetzen.

Die erfolgreiche Umsetzung eines Finanzierungsmodells in die Praxis setzt folglich die Kooperation zwischen öffentlichen (z. B. Bundesämter für Kultur, BAK, und für Sozialversicherung, BSV) und privaten Akteuren (z. B. Kreditinstitute) voraus.

7.3.2 INFRASTRUKTUR Die Möglichkeit von Zwischennutzungen in leer stehenden Gebäuden oder – analog zu Techno-Parks – die Idee von Kreativ-Parks wurde von verschiedenen Seiten in den Diskussionen eingebracht. Im Zentrum der Betrachtung standen Infrastrukturen, welche Kleinunternehmen im Bereich der Kreativwirtschaft Arbeitsräume zu günstigen und flexiblen Mieten zur Verfügung stellen. Darüber hinaus wurden auch Dienstleistungen im Bereich Sekretariat und Administration, Workshops oder Networking Events als interessant beschrieben.[66]

Werden diese Aussagen nun auf das weiter oben eingeführte Fördermodell bezogen, so entsteht folgendes Bild:

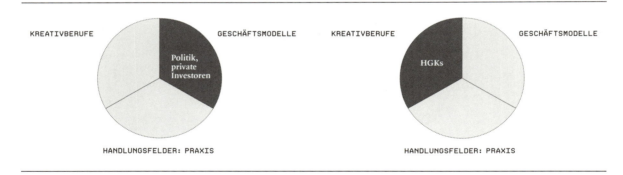

ABB.27_ FRAGEN DER INFRASTRUKTUR ALS THEMA FÜR FÖRDERINSTANZEN AUS DEM ÖFFENTLICHEN UND DEM PRIVATEN SEKTOR.

---

[66] Als konkretes Beispiel wurde das Round Foundry Media Centre, Leeds genannt.

Das Überlassen von Infrastruktur in den verschiedensten Ausprägungen basiert in der Regel auf privater Initiative (z. B. private Investoren). Zuständig für günstige Rahmenbedingungen ist die Politik. Ausbildungsstätten mit entsprechender Infrastruktur und geeigneten Geräten haben das Potenzial zum bedeutenden Akteur.

Entsprechende Fördermassnahmen setzen daher sinnvollerweise in den Segmenten «Kreativ-Berufe» und «Geschäftsmodelle» an. Die Schnittstelle zwischen Berufsqualifikation und Geschäftsmodell – konkret: der Austritt aus einer Hochschule für Gestaltung und Kunst (HGK) und der Eintritt in den Markt – ist dabei besonders zu berücksichtigen.

7.3.3 AUS- UND WEITERBILDUNG

Es ist den meisten Akteuren der Kreativszene bekannt, dass es in der Schweiz eine ganze Reihe von Existenzgründungsprogrammen für KMU, Start-up-Initiativen und «venturelabs» gibt. Bemängelt wurde, dass diese Programme oft branchenunspezifisch oder stark technologielastig sind.[67]

Zudem sind sie – und dies ist für die Kreativszene von besonderer Bedeutung – meist einseitig auf finanzielles Kapital ausgerichtet. Die Erstellung eines Businessplans entspricht jedoch in einer Welt, welche fehlendes finanzielles Kapital durch symbolisches Kapital kompensiert, nicht immer den primären Anforderungen.

Verschiedentlich wurde darauf hingewiesen, dass Kunst- und Designhochschulen aus einem besseren Kenntnisstand heraus spezifische Angebote konzipieren könnten, Angebote, welche sich an die fortgeschrittenen Studierenden oder auch an ehemalige Absolventen richten sollten. Auf diese Weise würde eine explizitere Schnittstelle zwischen diesem Hochschultypus und der Kreativszene entstehen. Eine ähnliche Schnittstelle wurde bereits für das Feld der Infrastruktur gefordert.

Ausbildung umfasst nebst der klassischen Vermittlung der Berufskompetenzen Wissen um das reale Marktgeschehen. Schnittstellen zwischen Bildungsinstitutionen (HGK) und der Berufswelt können etwa über Verbände oder ausgewählte Unternehmen etabliert werden.

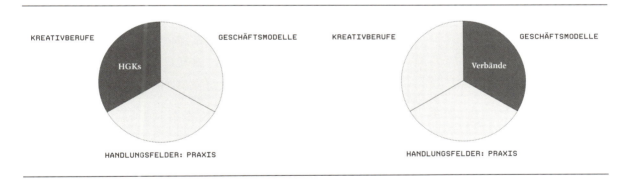

ABB.28_ FRAGEN DER AUSBILDUNG ALS KERNTHEMA DES ÖFFENTLICHEN SEKTORS MIT BEDEUTENDEN SCHNITTSTELLEN ZUM INTERMEDIÄREN UND PRIVATEN SEKTOR.
FRAGEN DER WEITERBILDUNG ALS THEMA FÜR FÖRDERINSTANZEN IM INTERMEDIÄREN UND IM ÖFFENTLICHEN SEKTOR.

---

[67] Als positives, also auf spezifische Aspekte der Kreativwirtschaft ausgerichtetes Beispiel kann das Gründerzentrum Kulturwirtschaft Aachen angesehen werden.

Spezifische Weiterbildungsangebote finden idealtypisch eine Anknüpfung an eine Bildungsinstitution und konzentrieren sich auf Aspekte, welche nicht Teil des regulären Studiums sein können. Im Vordergrund stehen strategische und praktische Verhaltensweisen zur Etablierung eines Unternehmens.

Erneut stehen die Segmente «Beruf» und «Geschäftsmodell» im Zentrum. Investitionen in diese Segmente können als indirekte Förderung der Praxisdimension begriffen werden.

7.3.4 ZUGANG ZUM MARKT

Unter diesem Begriff wurden Instrumente diskutiert, welche die Kreativszene weniger bei der Entwicklung innovativer Produkte als vielmehr bei deren Vermarktung auf dem (internationalen) Markt unterstützen. Attraktiv scheinen Initiativen, die wirtschaftliches Handeln ermöglichen und vereinfachen. Immer wieder wurde Grossbritannien als in dieser Hinsicht mustergültiges Land genannt.[68]

Spezifisch für die Schweiz wurde diskutiert, ob für einen besseren Zugang zum Markt ein neuer Akteur mit «Übersetzungskompetenzen» zu schaffen sei. Dabei gehen Akteure der Kreativszene davon aus, dass die Unterschiede zwischen den Arbeits- und Geschäftsmodellen der Kreativszene und den etablierten Nachfragern innerhalb und ausserhalb der Kreativwirtschaft derart gross sind, dass die Kompatibilität nur mit grossen Anstrengungen zu gewährleisten ist.

Ein Mittler zwischen den beiden Welten hingegen, an welchen man die Aufgabe des Türöffners, des Wegbereiters und des Kommunikators «mit der anderen Seite» delegieren kann, wird als prüfenswert erachtet.

Die Thematik des Marktzuganges für Produkte und Dienstleistungen der Kreativwirtschaft bezieht sich primär auf das Segment «Praxis». Massnahmen für einen

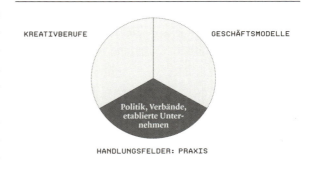

ABB.29_ ZUGANG ZUM MARKT ALS THEMA FÜR FÖRDERINSTANZEN IM INTERMEDIÄREN UND PRIVATEN SEKTOR.

besseren Zugang der Kreativszene binden Akteure aus allen drei Sektoren: Politik, Verbände und etablierte Unternehmen.

Ein Mittler zwischen der Kreativszene und den etablierten Akteuren des Marktes würde ebenfall im Praxis-Segment tätig werden; zudem würde er mit den beiden anderen Segmenten über wichtige Schnittstellen verfügen.

7.3.5 GEISTIGES EIGENTUM

«Managing creativity involves knowing, first, when to exploit the non-rivalrous nature of ideas and, second, when to assert intellectual property rights and make one's ideas-as-products rivalrous.»[69]

Dieses Zitat von John Howkins formuliert treffend das Dilemma, in welchem sich die Akteure der Kreativszene befinden. Der Bedarf nach Systemen und Beratungsmodellen scheint anzusteigen, welche den kreativen Umgang mit Ideen, Produkten oder Prozessen so lange wie möglich und so offen wie möglich zulassen, die jedoch den oft am Anfang von übergeordneten Wertschöpfungsketten agierenden Akteuren eine gewisse Sicherheit garantieren.

---

[68] In der Tat lassen sich eine ansehnliche Zahl an konkreten Beispielen nennen; deren zwei sollen hier kurz beschrieben werden: «Creative London» ist ein Think Tank, der in einer Public Private Partnership mit grossen Kulturunternehmen und Kulturinstitutionen unter dem Dach der London Development Agency geführt wird. Ziel von Creative London ist die Beseitigung der wesentlichen Hindernisse, mit denen die Kreativwirtschaft konfrontiert ist. Seit der Einrichtung der Institution im Jahre 2004 hat Creative London bereits eine ganze Reihe von Programmen entwickelt und implementiert. Dazu gehören Investitions- und Finanzierungsprogramme, Talentförderungsprojekte, Promotionsmassnahmen und die Bereitstellung von Liegenschaften. Zu den zentralen Aufgaben von Creative London gehört die Betreuung von zehn «Creative Hubs» – lokal verankerte Initiativen, bei denen Behörden, Immobilienbesitzer, Kulturschaffende und Bildungseinrichtungen im Sinne eines langfristigen Wachstums- und Wohlstandsprogramms zusammengezogen werden. 1999 richteten die Behörden der Stadt Manchester den «Creative Industries Development Service» (CIDS) als Promotionsagentur ein, nachdem der Ausbau bestehender Marktanteile und die Eroberung neuer Märkte als die zentralen Herausforderungen der jungen Kreativwirtschaft erkannt wurden. Die Agentur hilft bei der Marktentwicklung und beliefert die Kulturunternehmen mit Hintergrundinformationen und strategischen Analysen ausgewählter Branchen und Märkte. Als möglicherweise wichtigste Promotionsmassnahme hat CIDS eine Reihe von «trade shows» entwickelt, um Kulturunternehmen sowohl im Inland wie im Ausland zu vermarkten.

[69] HOWKINS, JOHN, The Creative Economy. How People Make Money from Ideas, Penguin Books, London 2001.

Fast alle, die ich kenne, müssen verschiedene
Sachen nebeneinander machen.
Stephanie Gygax, 31, Fotografin

«Selbst in den Redaktionen wollten sie nicht französisch sprechen.»

Stephanie Gygax kommt aus Vevey. Die Zahl der Französischsprechenden, die nach Zürich kommen, nimmt stetig zu. «In Kunst und Gestaltung passiert hier viel mehr als in der Westschweiz, und es gibt mehr Geld.» Alle müssen dann lernen, sich auf Deutsch zu verständigen.

Ihr Diplom hat Stephanie Gygax im Jahr 2000 gemacht. Ein Zürcher Besucher der Ausstellung war von ihrer Arbeit sehr angetan und hat sie vielen Leuten in Zürich gezeigt. Daran konnte sie anschliessen: Als sie 2001 den eidgenössischen Preis für Fotografie im Designbereich gewann, machte sie sich mit ihrer Mappe nach Zürich auf und stellte sich in Redaktionen vor: «Ich hatte da eine klare Strategie.» Sie erhielt in wachsendem Masse Aufträge für etablierte Magazine und Hefte.

Dennoch war die Integration in Zürich nicht einfach. Auch wenn man sich kennenlernte: Distanz blieb, wohl auch aus Konkurrenzgründen. Erst als Stephanie Gygax mit anderen Fotografen und Gestaltern ein Atelier eröffnen konnte, gross genug auch für gesellige Anlässe, wurde es besser. Nun konnten alle, die sich sonst bei anderen Partys und Vernissagen getroffen hatten, an den eigenen Ort eingeladen werden. «Erst wenn du selbst etwas anbietest, wirst du gut aufgenommen.»

«Nahrung meines Geistes.»

Für Stephanie Gygax ist Fotografie eine Sprache, die sie liebt. Wie Kunst und Gestaltung überhaupt. Sie ist beeindruckt von der amerikanischen Fotografie, William Eggleston ist ihr der wichtigste Fotograf. In der eigenen Arbeit geht es um einen «point de vue», einen sensiblen, subtilen Blick, der alles zum Motiv machen kann. Die kleine Kamera ist immer dabei. «Ob ich Bilder mache für Magazine oder Werbung, für mich selbst oder eine Ausstellung – meine Bilder sollen immer persönlich sein.»

Obwohl Stephanie Gygax selbst die Trennung von Kunst und Design nicht anerkennt, weiss sie, dass der Blick von aussen sie unterstellt. «Ich kenne viele Fotografen, die ihre freien Arbeiten nicht mehr zeigen können, weil ihre journalistischen Bilder zu bekannt geworden sind.» Noch veröffentlicht sie selbst nicht so viele Fotografien, dass ihr dasselbe droht. Aber sie weiss, dass zu viele Aufträge ein anderes Problem aufwerfen, das an die Substanz gehen kann: «Ich brauche Zeit, um mir die Bilder genau anzusehen, ich kann den Kontakt zu meinen eigenen Bildern verlieren.»

«Wir haben ein Kind.»

Der Partner von Stephanie Gygax ist Gestalter und hat einen festen 50%-Job als Grafiker. Sie selbst hat sich um eine 30%-Stelle als Dozentin an der Ecole Supérieure in Genf beworben und sie – zu ihrer Überraschung – erhalten.

Auf den ersten Blick geht die Rechnung ökonomisch auf. Die kleine Familie kommt gut über die Runden. Erst in der Zukunftsplanung zeigen sich die Grenzen. Stephanie Gygax fehlt es neben ihrer Beanspruchung als Mutter an Zeit, ihre fotografischen Interessen in der Intensität zu verfolgen, die notwendig ist, um das Persönliche der Bilder mit den Anforderungen der Aufträge und der Arbeit in der Schule zu verbinden. «Es ist, als müsse ich mich zwischen Aufträgen, dem Unterricht und der eigenen Arbeit entscheiden.» Das Zeitproblem ist in Wirklichkeit auch ein finanzielles. Es gibt keine Spielräume und damit auch keine wirklichen Strategien. Und so ist unklar, wie der Wunsch erfüllt werden kann, bald einmal wieder eine eigene Ausstellung zu haben.

«Alle kombinieren verschiedene Arbeiten.»

Die Mutterschaftsversicherung für Selbständige reicht nicht aus. Die Tarife der Medien sind in den letzten Jahren deutlich gesunken. Die diversen Aufträge bringen, nach allen Abzügen, keine 2000 CHF ein. «Fast alle, die ich kenne, müssen verschiedene Sachen nebeneinander machen. Fast alle haben finanzielle Sorgen.»

Bei ihren Studierenden in Genf sieht sie noch heute, was sie selbst auch erlebt hat: «Auch ich hatte die Idee, dass nach dem Diplom die Leute zu mir kommen und mir Aufträge geben.» Es gab keine Vorbereitung auf das Erwerbsleben: «Ich konnte keine Rechnung schreiben. Ich hatte keine Ahnung, was ich für das Copyright meiner Bilder verlangen darf.» Ältere Kollegen mussten immer wieder beraten. Es gab dennoch viele Fehler.

Andererseits: Stephanie Gygax ist nicht sicher, ob Naivität im Studium nicht doch eine Voraussetzung ist, um die Leidenschaft für eine persönliche Bildsprache zu finden. Und um die geht es ihr.

ABB.30_ DER KOMPLEX DES GEISTIGEN EIGENTUMS ALS THEMA FÜR FÖRDERINSTANZEN IM ÖFFENTLICHEN UND IM INTERMEDIÄREN SEKTOR.

Wissen um die Kernaspekte des geistigen Eigentums ist zentral für die meisten Berufsfelder der Kreativwirtschaft. Für die konkrete Ausgestaltung der Rahmenbedingungen im Praxisbezug sind die umsichtig agierende Politik und der Druck der Verbände zuständig. Als Teil eines Master-Curriculums scheint die Thematik ebenfalls angebracht.

Die fünf auf Gesprächen und Befragungen der Kreativszene beruhenden Beispiele zeigen, dass ein thematischer Förderschwerpunkt einem der Segmente «Kreativberufe», «Geschäftsmodelle», «Praxis» zugeordnet werden kann und dass die vorgeschlagene Dreiteilung für eine präzise Analyse der Kreativszene also zielführend ist. Ebenfalls zeigt sich, dass in der Regel Akteure aus verschiedenen Sektoren (öffentlich, privat, intermediär) an der Umsetzung beteiligt sind, dass es also darum gehen muss, mehrere Förderinstanzen mit komplementärer Ausrichtung einzubinden.

7.4 ANSTELLE EINES FAZITS: EIN BEISPIEL IN VIER PHASEN Anhand eines hypothetischen Beispiels kann aufgezeigt werden, wie die vorgeschlagene Verfahrensweise für die Schweiz in vier Phasen konkretisiert werden kann:

PHASE 1

WAS MÜSSTE GESCHEHEN? Eine geeignete Institution formuliert die Absicht, die Kreativszene als Wirtschafts-Fördersubjekt definieren zu wollen. Einer solchen Institution fallen eine initiierende und eine koordinierende Funktion zu.

WER MÜSSTE ETWAS TUN? In Frage käme die Kommission für Technologie und Innovation (KTI). Sie bezeichnet sich als Förderagentur für Innovation des Bundes und unterstützt den Wissens- und Technologietransfer zwischen Unternehmen und Hochschulen. Die KTI ist in einem Bundesamt verankert, arbeitet jedoch mit Milizkommissionen, welche wiederum die Verknüpfung mit Wirtschaft und Wissenschaft sicherstellen.

WESHALB KÖNNTE DIES GESCHEHEN? Die KTI kommt zu dem Schluss, dass sie in ihr Förderprogramm für Innovation die Kreativwirtschaft stärker berücksichtigen will. Hauptargument ist die Wachstums- und Beschäftigungsdynamik des Bereichs. Die inhaltliche und strukturelle Verknüpfung mit den Hochschulen für Gestaltung und Kunst ermöglicht es ihr, bewusst die Kreativszene – im Sinne eines vielschichtigen Treibers der Kreativwirtschaft – einzubeziehen. Insbesondere will sie das Innovationspotenzial der Kreativszene nutzen – dazu müssen die Förderprogramme und die Förderpraxen in der Schweiz modifiziert werden.

PHASE 2

WAS MÜSSTE GESCHEHEN? Der KTI wäre bewusst, dass sich die Arbeits- und Geschäftsmodelle insbesondere der Kreativszene von denjenigen anderer Branchen unterscheiden. In ihren flexiblen Projektkontexten und ihren bewusst gesetzten «unternehmerischen» Freiheiten entstehen Prototypen, Einzelanfertigungen, Kleinstserien; Kreativität und Innovation liegen hier nahe beieinander, Arbeitsmethoden orientieren sich an den Prinzipien der experimentellen Forschung. Die KTI versucht daher, eine Auswahl von Förderinstanzen zusammenzustellen, welche diesen spezifischen Bedingungen gerecht werden kann.

WER MÜSSTE ETWAS TUN? Die KTI überzeugt das BAK, das SECO, die ZHdK, eine prominente Förderstiftung, ein etabliertes Unternehmen mit einer professionellen Corporate social responsibility-Strategie und ein Kreditinstitut, sich als Kerngruppe an der Förderinitiative zu beteiligen.

WESHALB KÖNNTE DIES GESCHEHEN? Eine solche Zusammenstellung berücksichtigt den öffentlichen, privaten und den intermediären Sektor. Sie ermöglicht eine breite Diskussion unterschiedlicher Förderabsichten mit einer anschliessenden Fokussierung der Förderziele.

Zudem ist die Auseinandersetzung mit dem Thema Kreativwirtschaft für die meisten der Akteure neu und kann sich in verschiedener Hinsicht auf die eigenen Förderstrategien auswirken:

BAK: Das BAK würde in seiner Kulturförderung die Biografien und die Arbeitswelt der Künstler auf direktere Weise berücksichtigen.

SECO: Das SECO würde in seinen wirtschaftspolitischen Strategien aktuelle und gefestigte Ansätze, welche in anderen Ländern bereits praktiziert werden, rezipieren.

FÖRDERSTIFTUNG: Die Stiftung würde für ihre Vergabepraxis einen für die Schweiz neuen Innovationsbegriff besetzen.

UNTERNEHMEN: Das Unternehmen würde mit der Kreativszene einen endlich fassbaren Komplex zwischen Wirtschaft und Kunst stützen.

KREDITINSTITUT: Das Kreditinstitut würde sich durch eine für die Kreativszene adäquate Kreditvergabepraxis als Kreativbank positionieren und mittelfristig auch wirtschaftlich von seinem Engagement profitieren.

ZHdK: Die Zürcher Hochschule der Künste würde das Engagement als notwendige Erweiterung der klassischen Ausbildungswege verstehen. Sie wäre in der Lage, ihren Studierenden einzigartige, zukunftsfähige Programme zu offerieren.

PHASE 3

WAS MÜSSTE GESCHEHEN? Die übergeordneten Förderstrategien würden festgelegt. Dabei muss der kleinste gemeinsame Nenner zwischen den verschiedenen Akteuren gefunden werden: Welche Felder aus dem oben eingeführten Modell sollen ins Zentrum der Förderaktivitäten gesetzt werden? Berufsfelder, Geschäftsmodelle oder die Schnittstelle zum Markt? Muss die Kreativszene stabilisiert oder dynamisiert werden? Sollen die Schnittstellen zwischen der Kreativszene und den etablierten Unternehmen im Zentrum stehen oder die Kreativszene für sich alleine?

WER MÜSSTE ETWAS TUN? Die KTI würde in einer solchen Strategiediskussion eine moderierende Funktion übernehmen. Sie versucht, die in unterschiedlichen Sektoren verorteten Akteure komplementär zu vernetzen. Die unterschiedlichen Förderinstanzen stellen aus ihrer jeweiligen strategischen Ebene personelle Ressourcen zur Verfügung.

WESHALB KÖNNTE DIES GESCHEHEN? Erfahrungsgemäss sind Strategien, welche verschiedene Akteure einbeziehen, in der Entwicklungsphase vergleichsweise anspruchsvoll; sind sie einmal implementiert, sind sie jedoch stabiler und entsprechen zudem den subsidiären Grundprinzipien der Schweiz.

PHASE 4

WAS MÜSSTE GESCHEHEN? Einzelne Förderschwerpunkte würden entwickelt. Dabei sind die vorgängig beschriebenen Themenfelder sinnvolle Orientierungspunkte; weitere können hinzukommen.

WER MÜSSTE ETWAS TUN? Wenn bis zur Phase 3 aus Gründen der Effizienz eine reduzierte Anzahl an Institutionen beteiligt war, so könnte diese nun erweitert werden. So bezieht etwa die ZHdK die anderen HGKs der Schweiz mit ein und entwickelt eine umfassende Teilstrategie. Die Vergabestiftung könnte ihre neu entwickelten Ansätze über die Dachorganisation Swiss Foundations weiteren Vergabestiftungen zugänglich machen usw. Die KTI würde weiterhin die gesamtschweizerische Koordination sicherstellen.

8.0

ANHANG

8.1 ZU DEN INTERVIEWS UND GRUPPENGESPRÄCHEN

Eine wichtige Grundlage für die Aussagen zur Kreativszene wurde in verschiedenen Einzel- und Gruppengesprächen mit Vertreterinnen und Vertretern der Designszene sowie mit Dozentinnen und Dozenten verschiedener Schweizer Hochschulen erarbeitet. Die folgenden Angaben umschreiben die Anlässe, benennen die Teilnehmerinnen und Teilnehmer und geben stichwortartig die jeweils erörterten Themen an. Gesprächsleiter waren Manfred Gerig und Christoph Weckerle. Die Treffen wurden von Robin Haller koordiniert.

Die Gespräche wurden mit den qualitativen Forschungsmethoden des Fokusinterviews und der Gruppendiskussion geführt.[78] Die Teilnehmerinnen und Teilnehmer wurden typologisch ausgewählt; Kriterien waren Alter, Ausbildung, berufliche Position und spezifisches Profil im Designbereich. Die Gespräche wurden in Bild und Ton aufgezeichnet, transkribiert und inhaltsanalytisch ausgewertet. Die Reihenfolge der Gespräche, die Teilnehmerinnen und Teilnehmer und die thematischen Schwerpunkte waren:

---

[78] Vgl. dazu: FLICK, U., VON KARDORFF, E., STEINKE, I.: Qualitative Forschung, Reinbek 2000; darin: HOPF, CHRISTEL, Qualitative Interviews, S.349 ff, BOHNSACK, RALF, Gruppendiskussion, S.369 ff.; KOWAL, S., O'CONNEL, D. C. Zur Transkription von Gesprächen: MAYRINK, PHILIP, Qualitative Inhaltsanalyse, S.468.

30. JANUAR 2006

1. Gruppengespräch mit jungen Vertreterinnen und Vertretern der Designszene Zürich
__ Meret Aebersold, Industriedesignerin
__ Anna Colby, Fotografin
__ If Ebnöther, Industriedesigner
__ Stephanie Gygax, Fotografin
__ Max Rheiner, Interaction Design
__ Carmen Weisskopf, Medienkünstlerin
__ Annina Züst, Textildesignerin

Fokus der Gespräche
__ Begriffe Kreativität, Kreativwirtschaft, Design
__ Verhältnis zum Markt
__ Lebens- und Arbeitsformen
__ Bedeutung der Ausbildung und der Präsenz der Hochschule

6. FEBRUAR 2006

Gruppengespräch mit jungen und etablierten visuellen Gestalterinnen und Gestaltern
__ Monika Gold (etablierte Einzelunternehmerin)
__ Martin Lötscher
  (kleines Unternehmen mit wechselnden Arbeitsformen)
__ Alexander Meier (Kreativszene)
__ Sereina Rothenberger (Kreativszene)
__ Ruedi Rüegg (etabliertes kleines Unternehmen mit ca. 5 Angestellten)
__ Christian Tobler (etabliertes mittelgrosses Unternehmen mit ca. 20 Angestellten)

Fokus der Gespräche
__ Verhältnis zu den Ergebnissen der ersten Gesprächsrunde mit jungen Designern
__ Verhältnis zum Markt
__ Geltung der Arbeit, der Produkte, des Berufs
__ Bedeutung der Ausbildung

2. OKTOBER 2006

2. Gruppengespräch mit jungen Vertreterinnen und Vertretern der Designszene Zürich
__ If Ebnöther, Industriedesigner
__ Stephanie Gygax, Fotografin
__ Robin Haller, Grafiker
__ Jeannine Herrmann, visuelle Gestalterin
__ Max Rheiner, Interaction Design
__ Annina Züst, Textildesignerin

Fokus der Gespräche
__ Verhältnis zu den Ergebnissen der Gesprächsrunden im Januar und Februar
__ Begriffe Kreativität und Kreativwirtschaft
__ Differenzierung des Designbegriffs
__ Verhältnis zum Markt, zur unternehmerischen Initiative, zu Defiziten
__ Bestimmung der Arbeit und Arbeitsformen

20. NOVEMBER 2006

Gruppengespräch mit Dozierenden
Die befragten Dozierenden lehren an verschiedenen Schweizer Hochschulen im Designbereich
__ Polly Bertram, Mendrisio
__ Jürg Boner, Lausanne
__ Roland Fischbacher, Luzern
__ Claudia Mareis, Bern
__ Ralf Michel, Geschäftsführer SDN
__ Ruedi Widmer, Zürich

Fokus der Gespräche
__ Bereitet die Ausbildung auf den Markt vor?
__ Was zeichnet erfolgreiche Absolventinnen und Absolventen (Designer) aus?
__ Muss etwas verändert werden und wenn, was?

EINZELGESPRÄCHE

Die Einzelgespräche fanden zwischen dem 25. Oktober und 21. November 2006 statt.
- If Ebnöther, Industriedesigner
- Stephanie Gygax, Fotografin
- Robin Haller, Grafiker
- Martin Lötscher, Verleger
- Carmen Weisskopf, Medienkünstlerin
- Annina Züst, Textildesignerin

Die Personen können über den Herausgeber kontaktiert werden. Den Interviewpartnern wurde vor dem Gespräch ein Fragebogen zugestellt, der die Struktur des offenen Interviews bestimmte. Der Fragebogen wurde zusammen mit dem Gespräch ausgewertet.

Schwerpunkte
- Ausbildung, Tätigkeit, Verortung
- Gestaltungs- und Designauffassungen
- Arbeit und finanzielle Situation
- Arbeit im Verhältnis zur privaten Situation
- Orientierungen der eigenen Arbeit
- Vorschläge zur Verbesserung, Veränderung der Situation

8.2 BIBLIOGRAFIE

Eine periodisch aktualisierte Bibliografie zum Thema Kreativwirtschaft (national und international) ist unter www.kulturwirtschaft.ch zugänglich.

Finanzielle Unterstützung:
- KTI, Die Förderagentur für Innovation des Bundes
- AGS, Verband Schweizer Galerien
- IFPI, International Federation of Producers of Phonograms and Videograms, Schweiz
- SBVV, Schweizerischer Buchhändler- und Verlegerverband
- SIA, Schweizerischer Ingenieur- und Architektenverein
- Suisa, Schweizerische Gesellschaft für die Rechte der Urheber musikalischer Werke

HERAUSGEBER
Christoph Weckerle, Manfred Gerig, Michael Söndermann
Zürcher Hochschule der Künste
Research Unit Creative Industries

Verantwortlich Prof. Dr. Hans-Peter Schwarz, Rektor

Zürcher Hochschule der Künste
Departement Kulturanalysen und -Vermittlung
Institute for Cultural Studies and Art Education
Research Unit Creative Industries
Christoph Weckerle
Postfach
8031 Zürich

KONZEPT, GESTALTUNG, REALISATION
Eclat AG, Erlenbach/Zürich

DIAGRAMM- UND PORTRÄTENTWICKLUNG
Elisabeth Sprenger, Visuelle Kommunikation, Kilchberg/ZH

Dieses Buch ist auch in englischer Sprache erhältlich (ISBN: 978-3-7643-7973-5).

Bibliografische Information der Deutschen Nationalbibliothek
Die Deutsche Nationalbibliothek verzeichnet diese Publikation in der Deutschen Nationalbibliografie; detaillierte bibliografische Daten sind im Internet über http://dnb.d-nb.de abrufbar.

Dieses Werk ist urheberrechtlich geschützt. Die dadurch begründeten Rechte, insbesondere die der Übersetzung, des Nachdrucks, des Vortrags, der Entnahme von Abbildungen und Tabellen, der Funksendung, der Mikroverfilmung oder der Vervielfältigung auf anderen Wegen und der Speicherung in Datenverarbeitungsanlagen, bleiben, auch bei nur auszugsweiser Verwertung, vorbehalten. Eine Vervielfältigung dieses Werkes oder von Teilen dieses Werkes ist auch im Einzelfall nur in den Grenzen der gesetzlichen Bestimmungen des Urheberrechtsgesetzes in der jeweils geltenden Fassung zulässig. Sie ist grundsätzlich vergütungspflichtig. Zuwiderhandlungen unterliegen den Strafbestimmungen des Urheberrechts.

© 2008 Birkhäuser Verlag AG
Basel · Boston · Berlin
Postfach 133, CH-4010 Basel, Schweiz
Ein Unternehmen der Fachverlagsgruppe Springer Science+Business Media

Verwendete Schriften: Quadraat Regular und Small Caps/Autoscape
Inhalt gedruckt auf Munken Lynx, 130 g/m².
Gedruckt auf säurefreiem Papier, hergestellt aus chlorfrei gebleichtem Zellstoff ∞

Printed in Germany
ISBN: 978-3-7643-7972-8

www.birkhauser.ch
9 8 7 6 5 4 3 2 1

hdk
Zürcher Hochschule der Künste
Zürcher Fachhochschule